KB202385

21세기 천황제와 일본

- 일본 지식인과의 대담 -

이 도서의 국립중앙도서관 출판시도서목록(CIP)은 e-CIP 홈페이지(http://www.nl.go.kr/cip.php)에서 이용하실 수 있습니다.(CIP제어번호: CIP2006001587)

우에노 치즈코

다카하시 데쓰야

야스마루 요시오

고모리 요이치

나카무라 마사노리

윤건차

요시다 유타카

와타나베 오사무

스즈키 마사유키

21세기 천황제와 일본

일본 지식인과의 대담

박진우 편저

21세기 천황제와 일본
일본지식인과의 대담

편저자 박진우

초판1쇄 인쇄 2006년 7월 20일

초판1쇄 발행 2006년 7월 30일

펴낸곳 논형

펴낸이 소재두

편집 이경, 최주연

북디자인 에이디솔루션

등록번호 제2003-000019호

등록일자 2003년 3월 5일

주소 서울시 관악구 봉천2동 7-78 한림토이프라자 6층

전화 02-887-3561 **팩스** 02-886-4600

ISBN 89-90618-53-3 94910

가격 15,000원

논형출판사와 한림토이북은 한림토이스의 자회사로 출판과
문화컨텐츠 개발을 통해 향유 문화의 지평을 넓히고자 합니다.

머리말

　이 책은 MBC 시사교양국에서 해방 60년 특별 기획 5부작 다큐멘터리 〈천황의 나라 일본〉을 제작하는 과정에서 일본의 저명한 연구자들과 인터뷰한 내용을 엮은 것이다. 방송국에서 자문을 구해 와 합류한 것이 2004년 10월 하순경이었다. 그 후 약 1개월 반의 준비 기간을 거쳐 12월 6일부터 10일까지 5일간 현지 인터뷰가 이루어졌다.

　당초 방송국의 기획 의도는 해방 60년이 지난 시점에서 과거를 청산하고 한일 관계를 새롭게 정립하기 위해서는 일본의 본질을 바로 아는 데서 다시 시작해야 한다는 것이었다. 이 과정에서 일본을 이해하는 핵심적인 키워드는 바로 '천황'이라는 인식에서 천황과 그 주변의 이야기를 통해서 일본의 본질을 재정리해 보고자 하는 것이었다. 근대천황제를 전공하는 나로서는 한국의 미디어가 천황제 문제를 본격적으로 다루고자 하는 의욕을 보이는 것은 반가운 일이었지만 한편으로는 당혹스럽기도 했다. 천황제가 일본 내셔널리즘에서 중핵적인 역할을 해 온 것은 분명한 사실이지만, 오늘날 일본의 우경화는 반드시 천황제와 결부시켜 논하기 어려울 정도로 다변화되어 있으며, 금후 일본 내셔널리즘에서 천황제가 어떤 역할과 기능을 할 것인지는 그렇게 간단하게 논할 문제가 아니라고 생각했기 때문이다.

방송국의 기획 의도와 생각이 일치하지 않는 부분도 있었지만, 인터뷰에 관한 질문 내용과 구성은 전적으로 나에게 일임되었으며, 인터뷰 과정에서 방송국 측이 제시한 질문 사항은 이 책을 편집하는 과정에서 임의로 첨삭했다. 여기서 전체를 일관하는 가장 기본적인 문제 의식은 21세기 일본은 어디로 갈 것인가를 묻는 일이었으며, 그 핵심 주제어는 천황제와 일본 내셔널리즘이다. 그리고 소주제는 성차별과 젠더, 여성천황, 일본군 위안부, 식민지 지배, 침략전쟁, 전쟁 책임, 역사교과서, 역사인식, 히노마루·기미가요, 야스쿠니, 미일안보, 헌법 개정 문제 등으로 이들 역시 모두 천황제와 불가분의 관계에 있는 문제군이라 할 수 있다. 이상의 문제들을 연구자들의 전공에 따라 임의로 질문했으며, 천황제의 현재와 미래에 관해서는 대부분의 연구자들에게 공통적으로 견해를 물어보았다. 이 부분에서는 각자 조금씩 상이한 견해를 보이기도 하지만, 그것은 일본 사회를 바라보는 우리에게 다양한 분석과 판단의 시점을 제공해 준다는 점에서 오히려 유익한 일이라 할 수 있다.

또한 기본적으로 특집 방송을 위한 인터뷰라는 점에서 이미 상대가 어떤 생각을 하고 있다는 것을 예상하고, 가능하면 우리가 듣고 싶어 하는 답변을 유도하려는 질문이 있다는 것도 독자들은 금방 알아차릴 것이다. 그러나 인터뷰한 9명의 학자들은 모두가 자신의 전공 분야에서 확고한 위치를 차지하고 있는 사람들이며, 그 답변은 그들의 딱딱한 연구서에서 전개되는 논지들을 알기 쉽게 생생한 목소리로 우리에게 전해 주고 있다는 점에서 매우 귀중한 가치가 있다. 그리고 그들이 한 목소리를 내지 않고 제각기 자신들의 독특한 논지를 전개하고 있다는 것도 이 책이 가지는 가치를 배증시키는 것이라고 확신한다. 물론 그들은 천황제에 대해서 비판적인 입장을 견지하고 있다는 점에서는 공통적인 특징을 보인다.

단지 아쉬운 것은 이들과 같이 천황제에 대한 비판적인 입장이 일본 사회에서 주류를 이루고 있는 것이 아니라는 사실이다. 다시 말하면 그들의 목소리가 일본 사회를 대변하는 것은 아니라는 점이다. 오히려 그들은 나름대로 일본의 평화주의와 민주주의를 위해서 각고의 노력을 하는 양심적인 소수파 지식인 그룹에 속하는 자들이다. 따라서 일본의 보수 반동을 주도하는 지식인들과의 대화가 전혀 포함되어 있지 않은 것은 이 책의 한계이기도 하다. 이들과 반대의 입장에 있는 각계각층의 사람들이 일본 천황제를 어떻게 생각하고 있는가에 관해서는 2005년 8월에 방영된 MBC의 5부작 다큐멘터리를 참고하길 바란다. 거기에는 저명한 보수 정치인에서 보수적인 학자, 저널리스트, 그리고 풀뿌리 민중에 이르기까지 천황을 신봉하는 '민초'들의 생생한 목소리가 기록되어 있어 우리에게 일본사회를, 그리고 일본 천황제를 이해하는 대극의 관점을 풍부하게 제공해 주고 있다.

그런데 안타깝게도 이 프로그램을 방영할 때 인터넷에서는 '천황'의 칭호를 둘러싸고 열띤 공방이 벌어졌다. 여기서 천황 칭호를 사용하는 방송국을 비방하는 자들은 아직도 편협한 내셔널리즘의 우물 속에서 벗어나지 못하고 있다는 것을 명백히 드러내고

있다. 천황은 어디까지나 중국의 황제나 마찬가지로 역사적인 고유
명사이며 이를 사용한다고 해서 우리의 민족적인 자존심이 손상하
는 것은 결코 아니다. 일본인들이 천황에게 공손을 표할 때에는 '폐
하'라는 수식어가 따라붙는다. 천황이라고 부르는 것을 문제 삼는
자들은 위의 다큐멘터리에 등장하는 천황을 신봉하는 '민초'들과
같은 부류의 편협한 내셔널리스트일 뿐이다.

　여기서 한 명의 인터뷰 기록이 빠진 점에 대해서 양해를 구하
지 않으면 안 된다. 현재 고난대학甲南大学 교수로 재직 중인 기타하라
메구미北原惠 선생은 미술사와 표상 문화론을 전공을 하는데, 방송국
측의 요청으로 인터뷰를 맡았으나 사진과 영상 자료가 많아 편집에
어려움이 있었으며, 주로 그 내용도 다른 9명의 인터뷰 내용과 약간
의 차이가 있어 제외하지 않을 수 없었다. 기타하라 선생의 영상 자
료를 통한 세밀한 지적은 개인적으로 많은 것을 배울 수 있었다. 이
자리를 빌어 사과와 함께 감사의 말씀을 드린다.

　끝으로 천황제에 관하여 일본의 지식인들과 허심탄회하게 이
야기할 수 있는 기회를 마련해 준 MBC 시사교양국의 이채훈, 김
상균 프로듀서를 비롯한 스태프 여러분께 진심으로 감사드린다.
또한 자칫하면 그대로 사장되어 버릴 수도 있는 인터뷰의 번역 원
고를 보고 선뜻 출판을 제의해 주신 논형출판사 소재두 사장에게
도 감사의 뜻을 전한다.

2006년 5월 13일
박진우

차례

1장

일본 내셔널리즘과 천황제

1. 천황제와 국민 통합의 사슬

천황제는 일본 사회의 우경화를 이야기할 때 중요한 키워드이다. 더구나 오늘날과 같이 내셔널리즘 운동이 활기를 띠고 있는 일본 사회의 배경을 근원적으로 이해하기 위해서는 무엇보다도 천황제의 문제에 대해서 한 번쯤 집고 넘어갈 필요가 있다. 흔히 우리는 일본의 식민지 지배, 침략 전쟁, 역사 왜곡, 민족 차별 등 현상적인 문제에 초점을 맞추어 일본을 비판해 왔다. 그러나 이러한 현상들의 근원적인 배경에 천황제의 문제가 있다는 사실에 대해서는 이제까지 그다지 관심을 기울이지 않았다. 예컨대 피해자의 입장에서 가해자를 비판하는 한정된 시각에서 벗어나 일본 사회 내부에 파고들어가 근원적인 문제점을 파헤치고 이를 극복하는 논점을 모색할 때 보다 논리적이며 비판적인 안목을 가질 수 있게 될 것이다.

물론 최근 일본의 우경화 동향에서 천황의 존재가 전면에 부각되고 있는 것은 아니지만 그것이 곧 천황 · 천황제의 존재 가치가

약화되었다는 것을 의미하는 것은 아니다. 근대 이후 일본 내셔널리즘의 중핵에는 항상 천황제가 자리해 왔으며 천황의 존재를 대신하거나 이를 초월하는 국민 통합의 구심점을 발견하기는 어려운 것이 현실이다. 특히 냉전 체제 붕괴 이후 국민 통합의 강화가 절실히 요구되는 오늘날의 상황에서 천황·천황제의 존재는 어떤 형태로든 그 일익을 담당하지 않을 수 없다. 그리고 그러한 천황의 역할이 권력의 직접적인 갈등과는 동떨어진 곳에서 환경 문제나 국민 복지, 국제 친선 등으로 나타난다고 해서 근대천황제로 야기된 여러 가지 역사적 쟁점과의 관계가 간단하게 단절되는 것도 아니다. 예를 들면 21세기로 넘어오는 길목에서 성립된 히노마루·기미가요의 법제화는 패전 전 천황에 대한 충성을 표상하는 상징적인 기호들의 복권을 의미하며, 야스쿠니신사 문제는 군국주의 시대 국가와 천황을 위해 기꺼이 목숨을 바칠 수 있는 충성스러운 국민 자원의 양성이라는 역사와 분리해서 생각하기 어렵다. 또한 '새로운 역사 교과서'가 국가에 대한 절대적인 귀속과 천황제의 정통성·영속성을 강조하고 있는 것은 궁극적으로 천황을 중심으로 한 국민 통합의 재강화를 꾀하는 것으로 볼 수도 있다.

　단지 최근의 내셔널리즘 운동이 패전 전과는 달리 천황의 권위를 노골적으로 전면에 내세우지 않고 있는 데는 여러 가지 이유를 생각할 수 있다. 그 하나는 히로히토천황에 비해서 침략이나 전쟁의 기억과는 거리를 두는 아키히토천황의 이미지를 이용해서 가능한 한 과거의 어두운 역사와 천황제와의 관계를 단절하려는 의도가 있을 것이다. 더구나 아키히토 즉위 이후 '열린 황실'을 표방하고 천황제가 마치 민주주의·평화주의와 부합하는 것처럼 인식되어 오고 있는 상황에서 섣불리 천황의 권위 강화를 전면에 내세워 비판의 표적이 되는 화를 자초할 필요가 없다는 계산도 있을 것이다. 결국 천황·천황제를 전면에 내세우지 않고 '강한 국가'를 지향하기 위한 국민 통합의 강화라는 방법은 히노마루·기미가요의 법제화나 야스쿠니신사의 특수법인화, 그리고 국가주의적인 역사 교과서의 개편이라는 방향으로 나타날 수밖에 없는 것이다. 이와 같이 천황의 존재를 표면적으로 드러내지 않음에도 불구하고 '새로운 역사교과서'가 천황에 대한 경애심을 키울 것을 강조하면서 자국 중심적인 역사관을 고집하고, 실현 가능성은 없는 일이지만 이시하라 신타로石原慎太郎 등이 천황의 야스쿠니신사 참배를 주장하는 것들은 여전히 천황제가 내셔널리즘에서 중요한 일익을 담당할 수 있다는 것을 시사해 준다.

따라서 우리는 일본의 대국화와 우경화의 동향이 두드러지게 나타나는 오늘날에 천황제가 과연 어떤 역할과 기능을 하고 있으며 그것이 금후 어떻게 전개되어 갈 것인지를 예의 주시할 필요가 있는 것이다. 여기서는 이러한 문제점에 대한 독자들의 이해를 돕기 위해서 천황제의 역사를 간략하게 개관하고 패전 후 새로운 시스템으로 정착한 상징천황제가 안고 있는 문제점과 그 장래에 관하여 전망해 보기로 한다. 여기서 먼저 이해를 돕기 위해 근대 이후 일본 천황의 계보를 살펴보면, 일본 천황과 황족에게는 이름만 있고 성이 없는 것도 특징이다. 절대적인 지위에 있는 황족이 타인과 혼동되지 않고 구별하기 위해서 붙이는 성과 같은 부호는 사용할 필요가 없다는 것이 그 간단한 이유이다.

대	시호	이름	재위 기간	생몰년대
122	메이지(明治)	무쓰히토	1868~1912	1852~1912
123	다이쇼(大正)	요시히토	1912~1926	1879~1926
124	쇼와(昭和)	히로히토	1926~1989	1901~1989
125	헤이세이(平成)	아키히토	1989~	1933 ~

2. 천황제의 역사와 상징천황제의 탄생

천황 신격화의 역사

일본의 고대 국가 확립기에 해당하는 7세기경에 탄생한 천황을 중심으로 한 당시의 지배 권력은 자신들의 영속적인 일본 지배를 정당화하기 위해 천손강림의 신화를 조작했다. 현존하는 일본 최고의 역사서로 알려진 《고사기》(712년)와 《일본서기》(720년)에 실린 신화가 바로 그것이다.

이 신화에 따르면 하늘의 태양신 아마테라스 오미카미天照大神의 자손이 칼, 구슬, 거울로 상징되는 '삼종三種의 신기神器'를 가지고 규슈의 미야자키로 내려왔으며, 그 후손이 동쪽으로 정벌을 시작하여 기원전 660년에 야마토大和에 조정을 세우고 1대 진무神武천황으로 즉위했다고 한다. 이로부터 2666년이 지난 지금의 천황은 그 125대째 자손에 해당하는 셈이다. 일본에서는 이를 두고 하나의 혈통이 끊이지 않고 대를 이어왔다는 의미에서 '만세일계万世一系'라고 부른다. 물론 이는 다분히 고대 국가를 강화하는 과정에서 당시의 지배 권력이 자신들의 지배를 정당화하기 위해 조상의 계보를 작위적으로 신격화한 것으로 이해할 수 있다. 또한 역사적 사실을 보더라도 고대에는 권력 투쟁에 의한 혈육상쟁이 끊이지 않았다. 예를 들면 역대 천황 가운데 자살 2명, 암살 2명, 변사 2명이며, 폐위 6명, 강제 양위 10명에 이른다. 또한 16, 17, 18대 천황은 모두 형제간의 혈육상쟁으로 황위에 올랐다. 20대 천황은 숙부를 죽이고 숙모를 아내로 삼았다가 조카에게 살해당했다. 22대 천황도 형제들을 죽였으나 대를 이을 자식이 없어 23, 24대 천황은 모두 기존의 혈통과는 거리가 먼 혈족에 의해 계승되었다. 25대 천황은 잔학한 천황으로 유명하나 대를 이을 자식이 없어 15대 천황의 5세손을 데려와 26대 천황으로 즉위시켰다. '만세일계'의 황통도 그 내실을 들여다보면 별로 내세울 바가 못 되는 것이다.

고대 천황의 정치적 실권은 황실 내부의 내분으로 서서히 쇠퇴하고 9세기경부터는 외척에 의한 정치 간섭이 계속되었다. 11세기말 72대 천황은 양위 후 외척 정치에 대항하기 위해 무사 세력을 끌어들였다. 그러나 결과적으로는 내란의 연속과 함께 무사 계급에 의한 전국 지배, 즉 무사 정권의 개막을 가져오게 되었다. 이후 천황은 정치적 실권을 완전히 상실하고 메이지유신이 일어나기까지 근 700년간 종교적인 권위만을 유지해왔다. 특히 마지막 무사 정권에 해당하는 에도막부江戶幕府는 200여 년간 천황의 정치 행동을 철저하게 규제하고 문학·예능 방면 이외의 활동을 금지시켰다. 그러나 천황이 정치적인 실권을 상실하면서도 종교적인 권위를 유지해온 것은 18세기말부터 심화되는 대내외적인 위기에 대응하여 그 권위가 급격하게 상승하는 중요한 요인이 되었으며 그것은 메이지유신의 중요한 원동력이 되기도 했다.

메이지유신을 전후하여 천황의 권위는 급속하게 강화되고 신성화되어 갔다. 중세 이래 시녀들에게 둘러싸여 문학과 예능을 업으로 생활해 오던 연약한 천황은 메이지유신 이후 강력한 절대군주의 이미지로 서서히 탈바꿈되어 갔다. 동시에 고대 신화와 전통적인 일본 종교 신도神道를 바탕으로 천황에 대한 신격화가 체계적으로 진행되었다.

메이지유신에서 패전에 이르기까지의 근대천황제는 간단하게 논할 수 없을 정도로 복잡한 성격을 가지고 있다. 이러한 복잡한 성격 속에서도 일관된 특징은 근대 국가의 성립 과정에서 모든 가치질서를 천황을 정점으로 수행한 점, 그리고 신성한 신의 자손인 '만세일계'의 천황이 세계를 지배해야 한다는 환상적인 관념이 패전까지 이어지고 있었다는 점이다. 그리고 '만세일계'의 천황에 의한 세계 지배의 사명은 천황 개인의 자질에 의해서가 아니라 신의 자손이라는 정통성과 신화에 의거하여 카리스마성이 부여된 것이었다.

천황 숭배의 정착

그러나 대다수 일본 국민들이 역사적으로 처음부터 천황을 신적인 존재로 숭배한 것은 아니다. 일본 국민들의 대대적인 천황 숭배가 일상적으로 뿌리를 내리기까지는 메이지헌법의 제정과 국가주의 교육의 보급, 가족주의 국가관과 국가신도國家神道의 확립이 필요했다. 그리고 거듭되는 침략 전쟁에 따른 일본 군국주의의 강화는 이윽고 일본 국민들을 천황이 지배하는 신성한 국가의 일등 국민이라는 환상에 빠지게 만들었다.

1889년 천황의 이름으로 공포된 메이지헌법은 형식적으로는 입헌 체제하에서 삼권이 분립되어 있었지만 실질적으로는 모두가 천황의 통치를 보필하는 분업 기관에 지나지 않았다. 특히 제1조에서는 '만세일계'의 신화를 근거로 천황의 신성불가침과 천황 주권을 명시하고 있으며 국민은 천황의 충성스런 '신민臣民'이었다. 이와 같이 천황에게 모든 권한이 집중됨으로써 천황의 개인적인 의사와는 무관하게 천황의 절대적인 권위와 권력을 정치적으로 이용할 가능성을 남겨두는 결과가 되었다. 특히 육해군의 통수권은 천황에게 귀속되었으며 이를 보좌하는 것은 육군 참모본부, 해군 군령부와 전시에 육해군으로 구성된 대본영大本營에 한하며 정부는 물론 의회도 이에 일체 관여할 수 없었다. 이러한 특징은 1930년대에 들어와 군부의 정권 장악과 무모한 침략 전쟁을 확대하는 데도 중요한 요인이 되었다.

교육칙어教育勅語는 학교 교육을 통하여 천황에 대한 존숭심을 키우도록 하기 위해 보급되었으며 가족국가관은 교육칙어와 함께 국민들의 천황 숭배를 정착시키는 데 중요한 역할을 하였다. 가족국가관에 의하면 황실은 '본가', 각 국민은 '분가'이며 천황은 '가부장', 국민은 천황의 '어린 자식'으로 설명되고 있었다. 즉 천황과 국민의 관계를 권력 지배가 아니라 부모와 자식의 친애에 의한 결합으로 설명하여 충효일치와 충군애국을 국민 도덕의 기본으로 삼는 것이었다. 이로써 개인의 고유한 인격이나 가치는 '멸사봉공'의 기치아래 무시되었으며 '만세일계'의 황통을 잇는 천황이 통치하는 '국체國體'는 국가의 최고 가치이자 절대적 기준이요 중심이 되었다.

국민들의 천황 숭배를 유도하는 장치는 근대적인 법제도와 교육을 전통적인 요소와 접목시킨 이데올로기뿐만이 아니었다. 일본의 전통적인 민족 종교를 국가의 관리 하에 편입시키고 이를 이용하여 천황에 대한 충성을 유도한 것이 국가신도였다. 황실의 조상신을 최상위에 두는 국가신도는 메이지유신 이후 거듭되는 시행착오를 되풀이하면서 1880년대 이후 기독교, 불교 등과 같은 일반 종교와 분리하여 신도는 종교가 아니라는 이념에서 '국가의 제사'로서 그 특권적 지위를 확보하였다. 이후 야스쿠니신사를 비롯한 신사 참배는 종교의 유무를 불문하고 '국가의 제사'에 대한 국민 의무로 강요되었으며, 이는 곧 천황에 대한 충성과 애국심 함양에 이용되었다. 이로써 천황은 1945년 패전에 이르기까지 인간의 모습을 하고 나타난 신성불가침한 '현인신現人神'으로서, 그리고 절대적인 군주이자 동시에 최고 군통수권자로 군림하였다.

일본의 패전과 상징천황제의 탄생

1945년 8월 15일 일본의 패전은 천황제의 존속에 심각한 위기감을 안겨다주었다. 근대 일본의 모든 침략 전쟁이 천황에 의한 세계 지배의 미명아래 자행된 것이었기 때문에 패전으로 인한 천황의 전쟁책임은 면하기 어려운 일이었다. 그러나 당시 지배 권력의 입장에서 보면 이제까지 신적인 존재로 군림해오던 천황이 연합국에게 전쟁책임을 추궁 당하는 것은 꿈에도 생각하기 싫은 일이었다. 나가사키와 히로시마의 원폭 투하는 1945년 6월 오키나와가 미군에게 함락된 단계에서 일본이 항복했다면 일어나지 않았을 인류의 비극이었다. 그러나 일본은 본토 결전까지 불사하겠다고 버티면서 더 많은 비극과 희생을 초래하였다. 이처럼 일본이 항복을 미루었던 것은 패전 후 천황제를 유지할 수 있을 것인가를 둘러싸고 막바지까지 미국과의 사이에 막후 교섭을 하고 있었기 때문이었다. 대다수 일본 국민과 아시아 민중의 희생은 아랑곳없이 오로지 '국체호지國體護持', 즉 천황제의 연명이 패전 당시 천황과 지배층의 유일한 관심사였던 것이다.

천황의 전쟁책임을 회피하고 천황제를 존속시키기 위해 노력한 것은 일본의 지배층뿐만이 아니었다. 침략 전쟁기의 최고 통수권자 히로히토 천황 본인은 그 누구보다도 열렬하게 천황제 존속을 희구한 장본인이었다. 패전 직후 일본의 지배층 내부에서도 히로히토가 도의적인 책임을 지고 황태자에게 양위한 후 퇴위해야 한다는 주장이 제기되고 있었다. 그러나 히로히토 본인은 '국체호지'를 명분으로 이러한 목소리를 외면하고 무책임한 행동으로 일관하였다.

또한 패전국 일본의 점령 지배에서 결정적인 권한을 가지고 있던 미국은 히로히토의 전쟁책임 면책과 천황제 존속에 최대의 협력자였다. 당시 미국은 천황의 처벌을 주장하는 국제적인 여론에도 불구하고 히로히토를 도쿄국제군사재판에 회부하지 않았다. 그것은 천황제를 정치적으로 이용하여 보다 효율적인 점령 지배를 수행하고, 소련과의 대립이 격화되는 냉전 체제에서 공산주의 세력을 저지하기 위해서였다. 결국 천황제는 동아시아에서 공산 세력의 확대를 저지하려는 미국의 의도와, '국체호지'를 꾀하는 일본의 이해가 일치되어 그 존속이 가능하게 된 것이었다.

물론 그렇다고 해서 미국이 무작정 과거와 같은 절대적인 천황제를 남겨두려 한 것은 아니었다. 미국이 일본 점령 정책에서 가장 먼저 손을 댄 것은 천황 신격화를 폐지하는 일이었다. 미국은 제2차 세계 대전에서 일본이 그토록 무모한 전쟁을 감행할 수 있었던 배경에 일본인들의 천황에 대한 맹목적인 숭배와 충성이 있었기 때문이라고 판단했던 것이다. 사실 일본은 태평양전쟁에서 '황군', 즉 천황의 군대는 백전불패라는 신화를 믿고 있었으며 가미카제특공대와 같은 기상천외한 발상도 이러한 신화를 굳게 신봉하도록 만들었기 때문에 가능하였다. 미국이 점령 즉시 국가신도를 폐지하고 천황이 직접 국민들에게 '인간선언'을 하도록 한 것도 천황 신격화를 폐지하기 위한 조치였다.

동시에 미국은 메이지헌법을 폐기하고 새로운 민주주의적인 헌법을 만들도록 일본에 지시했다. 미국의 주도로 작성된 신헌법 제1조는 '천황은 일본 국가와 일본 국민의 상징'이라고 규정하고 있다. 패전 전의 절대주의적인 천황제와 구분하여 패전 후의 천황제를 상징천황제라고 부르는 이유가 여기에 있다. 이 새로운 헌법에 의해 천황은 정치적인 간섭이나 정치 행위가 일체 금지되었다. 천황은 국회 소집, 총선거일의 공시, 수상 임명, 영전의 수여 등 형식적인 의례 행위만을 하게 되었으며 모든 정치적인 책임은 내각이 지는 것으로 되었다. 이는 패전 전에 비하여 천황의 권한이 두드러지게 축소된 것이었다.

그러나 천황의 신격을 폐지하고 절대적인 권한을 박탈했다고 해서 천황제의 문제점이 사라진 것은 아니다. 패전 후 탄생한 상징천황제가 가지는 근본적인 문제점은 동일한 인물이 전혀 다른 시대를 연결하고 있다는 사실이다. 히로히토는 1926년 즉위한 이래 패전에 이르는 20년간은 절대적이고 신성불가침한 신으로서 군림하여왔다. 그러나 패전 후 모든 정치적 실권을 상실한 채 '상징'적인 존재로 연명함으로써 전쟁책임을 비롯한 천황제가 가지는 문제점을 애매하게 희석시켜 버렸다. 일본의 불충분한 전후 처리와 왜곡된 역사인식의 문제도 궁극적으로는 패전 후 히로히토의 연명과 무관하지가 않는 것이다.

결국 히로히토의 전쟁책임 회피와 천황제의 존속은 일본 국민들 사이에 전쟁에서 패했다는 사실이나 침략 전쟁에서 가해자로서의 책임 의식보다도 역시 천황은 국민 통합의 구심점이라는 인식을 확인시켜주는 결과를 가져왔다. 일본인들이 패전을 '종전'이라 하면서 좀처럼 과거의 침략 행위를 반성하려 하지 않는 것도 천황제의 존속이 중요한 영향을 끼친 것이다.

3. 상징천황제의 정착

천황상의 변신

패전 후 전쟁책임을 모면한 히로히토가 국민들 앞에 본격적으로 모습을 나타내기 시작한 것은 1946년 2월부터 수년간에 걸쳐 시행된 전국 순행에 의해서였다. 천황의 전국 순행은 이제까지 국민들에게 경외심의 대상이었던 '현인신'의 이미지를 탈피하여 친애감을 주는 인자한 모습을 국민들에게 인식시키는 중요한 계기가 되었다. 패전 전까지 군복을 입고 백마를 탄 모습으로 국민들에게 위압감을 주었던 권위적인 천황이 이제는 군복을 벗어버리고 중절모와 신사복을 입은 평범한 모습으로 국민들 앞에 나타난 것이다.

당시 언론은 천황이 전국 각지를 순회하면서 농민들의 모심기를 격려하는 모습이나 시중을 도보로 시찰하는 등의 '인간적'인 모습을 부각했다. 또한 천황이 방문하는 지역에는 거의 예외 없이 대대적인 환영 인파가 거리를 메웠으며 기미가요의 합창과 만세삼창을 발성하면서 열광하는 분위기를 자아냈다. 패전 직후 일본 국민들에게는 아직도 천황에 대한 존숭심이 뿌리 깊게 남아 있었으며 히로히토와 격동의 시대를 함께 했다는 시대적인 공감대가 형성되었을 것이다. 게다가 이제까지 신적인 존재로 생각해오던 천황이 친히 국민들 앞에 모습을 나타냈을 때 그들이 감격하는 것도 당연한 일일 것이다.

그러나 이 같은 군중의 감격과 열광의 배후에는 히로히토의 전쟁책임을 회피하고 천황의 권위를 강화하여 이를 국민 통합의 중심에 위치 지우려는 정치적 의도가 숨어 있었다. 지배층의 이러한 의도는 1952년 일본이 미국의 점령 지배로부터 독립하면서 표면적으로 드러나기 시작했다. 먼저 점령 기간에 박해를 받아왔던 신도계가 움직이기 시작했다. 1952년 10월 패전 후 7년만에 천황이 야스쿠니신사에 참배했으며, 1953년에는 천황의 조상신을 모시는 이세신궁의 천궁遷宮이 부활했다. 또한 신도 세력은 1957년 '기원절부활법안'을 국회에 제출하고 전국 각지의 신사에서 '기원절제전'을 개최했다. 학교에서도 독선적인 황국사관을 바탕으로 한 역사 교육을 강화하기 시작했다. 아마노 데이유天野貞祐 문부성 장관은 1951년 직접 '국민실천요령'을 작성하여 천황에 대한 경애심의 배양을 강조했으며, 1958년 작성된 '학습지도요령'에서는 천황을 특별한 존재로 학생들에게 가르칠 것을 지시했다.

천황제의 복고적인 권위 강화의 움직임이 지속적으로 펼쳐지는 가운데 정치적인 권력과는 거리를 두고 '평화주의'의 얼굴로 분장한 상징천황상도 이와 병행하여 선전되고 있었다. 1955년 이래 천황의 스모나 프로야구와 같은 스포츠 참관은 서민적이고 인간적인 면을 부각하는 데 종종 이용되었다. 히로히토는 특히 생물학에 관심이 있어 많은 저서를 펴냈는데 이 역시 천황을 평화를 사랑하는 과학자로 선전하고 미화하는 데 적극적으로 이용되었다.

황태자의 등장과 상징천황상의 소안

한편 아무리 히로히토의 평화주의적인 이미지를 강조해도 아직도 전쟁의 상흔이 강하게 남아있는 1950년대의 단계에서 히로히토의 역할을 전면에 내세우기에는 무리가 있었다. 이를 극복하기 위해 지배층은 전쟁이나 침략과는 무관한 황태자를 등장시켰다. 상징천황제의 안정된 정착을 모색하는 시기에 황태자 아키히토는 전쟁과 침략의 기억을 상기시키는 히로히토를 대신하여 전후 일본의 민주주의에 적응하는 황실의 이미지를 선도하는 역할을 하게된 것이다.

1952년의 입태자 캠페인과 성년식, 그리고 1959년 황태자의 결혼은 상징천황상이 국민의 관심 속에서 '대중화'되어 가는 중요한 계기가 되었다. 1958년 11월 황태자 약혼식의 발표에서 이듬해 4월 결혼에 이르기까지 매스컴은 황태자와 '평민' 미치코와의 러브스토리를 대대적으로 보도했으며 결혼식 퍼레이드는 때마침 전국적으로 보급된 컬러 텔레비전의 중계 방송을 통하여 국민들을 열광케 했다.

그러나 황태자의 결혼을 계기로 형성되는 황실의 서민적인 이미지는 애국심 함양이나 국민 통합과는 전혀 거리가 먼 것이었다.

이러한 취약성을 극복하기 위해서는 천황에게 일종의 위엄과 권위를 부여하고 국민과의 거리를 유지할 필요가 있었다. 패전 전의 절대적인 천황제와의 단절을 통해서 탄생한 상징천황제도 권위적인 요소를 완전히 떨쳐버리고 전혀 새로운 모습으로 존속할 수 있는 성질의 것은 아니었다. 더구나 천황이 정치적인 권력과 전통적인 권위를 전적으로 상실해버린다면 이미 그 존재 가치는 무의미한 것이 되어 버리는 것이다.

상징천황제를 평화주의나 민주주의와 부합하는 것으로 선전하면서도 한편으로는 야스쿠니신사 참배나 히노마루·기미가요 등과 같이 침략 전쟁기의 상징 장치들이 끊임없이 재생산되는 것도 이러한 필요성에 의한 것이라 할 수가 있다. 한편으로는 천황의 인자한 군주상과 함께 평화주의적인 이미지를 강조하면서 또 다른 한편으로는 천황의 전통적인 권위를 강화하려는 것은 이율배반적인 것으로 보일지도 모른다. 그러나 이 두 가지 얼굴이 교묘하게 조화를 이루면서 존속하는 것이야말로 상징천황제의 소안이다.

고도 성장기 천황의 권위 강화

1960년대부터 경이로운 고도 경제 성장을 이룩하고 이기주의적인 대중 소비 사회가 형성되면서 천황제의 국민 통합력은 두드러지게 약화되었다. 이를 우려한 보수 지배층은 안정된 경제 발전을 실현하기 위해서 여전히 천황제를 중심으로 한 국민 통합의 강화를 모색하고 있었다.

1964년에는 생존자 서훈과 태평양전쟁기 전몰자에 대한 서훈이 부활함으로써 천황제를 명예의 원천으로 인식케 하는 기능을 보강했다. 1966년에는 축일법 개정에 의해서 패전전의 '기원절' 이 '건국 기념일'로 바뀌었다. 이후 일본의 국가적인 축일은 과반수이상이 천황이나 황실 제사와 관련된 날로 정해졌다. 이 밖에도 야스쿠니신사를 전전과 같이 국가가 직접 관리해야 한다는 야스쿠니신사 '국가호지 운동'을 비롯하여 원호법제화 운동, 불경죄 부활 운동, 교육칙어 부활 운동, 교과서 재판 사건, 히노마루·기미가요를 중심으로 한 천황제 교육의 부활 등을 통하여 권위적인 천황제를 강화하려는 움직임은 지속적으로 전개되었다.

천황제의 권위 강화를 위한 시도와 함께 천황제에 대한 비판이나 반대를 금기시하는 풍조가 뿌리를 내리기 시작한 것도 1960년대부터였다. 1960년 소설 《풍류몽담》의 내용이 황실을 모독했다는 이유로 우익 테러가 발생한 것이 그 신호탄이었다. 이후 우익 테러와 궁내청의 압력으로 천황·천황제 비판을 회피하는 언론의 '천황 터부' 현상이 두드러지고 천황제에 대한 공적인 비판은 더욱 어려워졌다. 학문적인 입장에서 천황제를 비판하는 대부분의 학자들도 우익의 협박이나 공갈을 감수해야하는 용기가 필요했다.

이러한 가운데 상징천황제의 평화적인 얼굴도 동시 진행적으로 연출되고 있었다. 1962년의 도쿄 올림픽과 1970년의 오사카 만국 박람회의 개최 식전에서 천황은 '신생 일본'의 경제적 발전을 과시하는 상징적인 역할을 하였다. 1965년부터는 사회 각층의 유명 인사와 문화인들을 황궁에 초대하는 원유회가 봄, 가을 두 차례 정기적으로 개최되면서 천황을 명예와 일본 문화의 원천으로 인식케 하는 공식 문화의 하나로 자리 잡게 되었다. 이와 같이 상징천황제는 서민성과 민주주의·평화주의를 전면에 내세우는 평화적인

얼굴과 전통적인 권위 부활이라는 두 가지 얼굴이 항상 공존·상호
보완하는 상태에서 정치 사회적인 상황의 변화에 적응하면서 존속
해 오고 있는 것이다.

1980년대의 상징천황제

1980년대에 들어오면서 일본의 경제 대국화와 해외 자본 진
출의 증대, 국제적인 무역 마찰의 심화 등에 따라 내셔널리즘 강화
의 필요성이 증대되면서 상징천황제의 역할에 더욱 기대를 걸게 되
었다. 이러한 국제적인 조건과 더불어 히로히토의 고령화(1901년
태생)는 천황의 개성과 관계없이 제도적인 장치를 통하여 천황제를
강화할 필요성을 더욱 절실하게 만들었다. 더구나 침략 전쟁기에
유소년 시절을 보내고 일본의 고도 경제 성장과 함께 풍요로운 소
비 사회 속에서 성장한 아키히토의 자질로 볼 때 그 필요성은 더욱
절실했다. 아키히토가 천황이 될 경우, 그의 개성에서 결여된 카리
스마를 보강하기 위해서는 구체적인 군주의 인격이나 자질에 관계
없이 천황의 권위를 강화할 필요가 있었던 것이다.

물론 1980년대 천황 권위의 강화는 과거 군국주의 시대와 같
은 천황의 신격화나 절대군주화를 꾀하는 것이 아니었다. 그것은
오히려 시대착오적인 발상일 뿐이다. 1980년대 천황제 이데올로기
의 특징은 일본의 국제화와 국제 공헌의 표어에 맞추어 천황의 '평
화주의' 적인 이미지를 전면에 내세우면서 한편으로는 전통의 이름
으로 천황의 권위성을 강조하는 데 있었다. 이러한 논리는 일본 문
화의 우수성과 특수성을 강조하는 '일본 문화론' 의 유행에서도 잘
나타나고 있다. 때마침 일본의 경제 대국화에 따른 국민적인 자부

심의 증대는 이미 '일본 문화론'을 수용할 수 있는 기반을 마련하고 있었다. 여기서 천황은 과거와 같이 '신'으로서가 아니라 일본 문화의 '상징'으로 위치지워졌다.

쇼와의 종언

1989년 1월 히로히토의 죽음은 상징천황제가 안고 있는 문제점을 다시 확인할 수 있는 중요한 계기가 되었다. 1988년 9월 19일 히로히토의 중태가 보도된 날부터 전국 각지에서 매년 예외 없이 개최되던 운동회와 축제가 중지되고 프로야구 시즌에서 우승한 팀은 축하 파티도 열지 못했다. 1988년 서울 올림픽에 참가한 일본 선수단은 제각기 시합을 마치기가 바쁘게 귀국하여 황거 앞으로 몰려가 천황의 쾌유를 기원했다. 장관과 관료들의 외국 출장 계획도 대부분 취소되었으며 텔레비전의 오락 프로그램은 대폭 축소되었다. 특히 광고 방송에서 건강과 관계되는 장면이 모습을 감추었다. 황거 앞을 비롯하여 전국의 신사에서 히로히토의 쾌유를 기원하여 모인 사람들의 수는 무려 600만 명에 이르렀다. 일본열도는 상상을 초월할 정도로 과잉 자숙에 빠져들었으며 마치 일본에서 당치도 않는 큰일이 일어나고 있다는 착각을 불러일으키게 할 정도였다.

갖가지 기이한 과잉 자숙의 현상들은 전후 일본의 민주주의에 대한 회의를 가져다주는 계기도 되었다. 천황제를 반대하는 측에서는 히로히토 찬양 일변도인 언론의 보도를 비판하면서 천황의 전쟁 책임을 추궁하였다. 그러나 히로히토의 사망 당일 전반적인 과잉 자숙의 분위기 속에서 조기 게양에 반대하거나 묵도를 거부하는 행위는 일본 국민이기를 거부하는 '이분자'로 비난받을 각오가 필요했다. 일본 국민들의 집단적인 열광은 실로 일본의 폐쇄적인 내셔 널리즘을 단적으로 보여주고 있었다.

이러한 집단적인 과잉 자숙 현상의 배경에는 정부와 언론의 이데올로기 조작이 크게 영향을 미치고 있었다. 히로히토 사망에 즈음하여 발표된 수상을 비롯한 각 정당의 근화는 '격동의 시대', '세계 평화', '국민의 행복', '민주주의', '일본의 상징', '국민 통합의 상징' 등의 공허한 언설을 남발하였으며 공산당을 제외하고는 천편일률적인 논조로 일관하는 놀라움을 보였다. 패전 이후 지속적으로 선전되어 오던 평화주의적인 천황상이 히로히토의 죽음을 계기로 절정에 달한 것이다.

정부의 선전 이상으로 천황 찬미를 구가한 것은 매스컴이었다. 신문 · 텔레비전을 비롯한 매스컴은 비판 정신을 완전히 상실하고 히로히토를 평화주의자로 찬양하는 무책임하고 획일적인 보도자세로 일관했다. 히로히토는 '성스러운 판단', 즉 '성단聖斷'으로 전쟁의 비극을 종식시키고 전후 일본의 번영을 구축한 천황으로, 과학자이며 평화를 애호하는 천황으로, 그리고 한시도 국민의 행복을 잊은 적이 없는 인자한 천황으로 그려지고 있었다. 천황의 평화주의적인 인격을 되풀이해서 부각하는 정부와 매스컴의 공세에 접하는 일반 민중은 어느새 개인적인 견해와 독창성을 상실한 채 이러한 지배적인 정신과 사상 속에 매몰되어 가고 있었다.

황위 계승

히로히토의 죽음을 통하여 일본 국민 전체가 과거의 어두운 역사를 집단적으로 망각해 가는 과정은 황위 계승의 국가적인 의례 과정을 통하여 한층 두드러지게 나타나고 있었다. 히로히토의 장례식과 아키히토의 즉위식에서는 황실 의례의 역사와 전통을 심미화하여 군주의 신성한 권위성을 국민들에게 부각시켰다. 특히 천황의 대가 바뀔 때 단 한 차례 거행되는 대상제大嘗祭는 천황이 조상신과 교감함으로써 그 지위에 신비감과 권위성을 부여하는 중요한 의식으로서 텔레비전 중계를 통하여 전 세계에 방영되었다.

반면 대부분의 매스컴은 히로히토의 재위 64년간과 결코 분리해서 이야기 할 수 없는 소수 민족의 차별, 식민지 지배와 침략 전쟁, 강제 연행, 군위안부, 원폭 투하, 731부대 등과 같은 고통과 비극의 역사에 관해서는 마치 약속이나 한 듯이 외면했다. 그리고 식민지 지배나 침략 전쟁과는 무관한 아키히토의 즉위는 과거의 어두운 역사를 은폐하는 절호의 기회로 이용되고 있었다.

그러나 아키히토가 아무리 침략 전쟁과는 무관하더라도 상징천황제를 평화주의와 결부시키는 한 과거의 역사에 대한 왜곡에는 다름이 없다. 그럼에도 불구하고 아키히토의 온화하고 부드러운 이미지가 평화주의의 선전과 부합하면서 천황제와 어두운 역사와의 관계가 애매하게 망각되어 간다는 데 더욱 심각한 문제점이 있다. 예컨대 90년대 이래 전쟁책임과 전후 보상을 비롯하여 역사교과서 문제 등의 논란 속에서 천황제의 문제가 제외되는 경향을 보이는 것은 그 좋은 예이다. 아키히토 천황이 즉위한 후 10여 년이 지난 지금 천황제는 전쟁이나 침략과는 무관한 평화 일본과 민주주의의 상징이라는 새로운 전통을 정착시키고 있는 것이다. 그러나 상징천황제의 문제는 과거의 어두운 역사에 대한 전쟁책임에만 있는 것이 아니다. 표면적으로는 평화주의, 민주주의, 국제 친선에 노력하는 천황상의 이면에는 일본의 국제화와 민주화를 저해하는 또 다른 얼굴이 숨어있다는 것을 간과해서는 안 된다.

4. 상징천황제가 안고 있는 문제점

황실 터부와 테러

상징천황제의 존속은 전쟁책임이나 역사인식의 문제뿐만 아니라 일본 사회의 민주주의적인 발전과 참된 국제화에도 커다란 걸림돌이다. 특히 언론 보도의 통제, 사상·신조·표현의 자유를 억압하는 측면은 절대적인 권위를 상실한 상징천황제에서도 일관되고 있는 천황제의 속성이다. 소설 《풍류몽담》 사건은 그 대표적인 사례이다.

1960년 12월 작가 후카자와 시치로深澤七郎의 연재 소설 《풍류몽담》이 월간 잡지 《중앙공론》에 게재되었다. 이 소설은 주인공이 꿈에서 본 이야기 형식을 빌린 것으로, 혁명을 일으킨 도쿄 도민들이 황거로 침입하여 황태자 부처를 처형하는 장면을 리얼하게 묘사하고 있었다. 일본의 우익과 궁내청이 이를 가만 둘 리가 없다. 궁내청은 황실의 명예와 인권 침해로 법무성에 법적인 검토를 의뢰하였으며, 우익도 이를 황실 모욕이라고 격렬하게 항의하였다. 중앙공론사는 이듬해 1월호에 편집자 명의로 이례적인 사과문을 실었으나 여기서 그치지 않았다. 사태는 2월 1일 오후 9시경 17세의 우익 소년이 등산용 나이프를 들고 중앙공론사 사장 집을 습격하는 테러 사건으로 발전했다. 사장은 출장 중이어서 화를 면했으나 사장 부인이 중상을 입고 가정부가 사망하였다. 이 사건 이후 언론의 황실에 대한 터부는 더욱 심화되었다.

기타 언론 및 표현의 자유 침해 사건

이 밖에도 천황제와 관련하여 언론·표현의 자유가 침해받는 사건은 거의 해마다 일어나고 있으며 히로히토가 사망하기 직전에는 더욱 자주 발생하고 있었다. 예를 들면 1988년 《마이니치데이리뉴스》는 히로히토가 죽기도 전에 천황 사망에 관한 사설을 실었다가 주필과 국장이 해임되었으며, 《아사히신문》은 천황의 병을 '암'으로 보도했다가 궁내청의 항의를 받았다. 또한 《아사히신문》은 같은 해 10월 18일의 조간 13판에 '천황폐하天皇陛下'를 '천황도하天皇倒下'로 오식하여 관계자가 처분을 받았다.

아키히토가 즉위한 후에도 민주주의와 위배되는 사례는 부지기수로 발생하고 있다. 같은 해 12월 7일에는 나가사키 시장이 히로히토에게 전쟁책임이 있다고 발언 한 것이 발단이 되어 우익의 항의를 받고 이윽고 이듬해 우익 청년의 총격 테러를 받았다. 94년 5월 29일 천황 부처가 도쿄의 진구 구장에서 야구 시합을 관전하는 것을 반대하기 위해 삐라를 뿌리던 학생들이 건조물 침입죄 위반 등의 용의로 체포되었으며, 95년 10월에는 천황부처의 지역 방문을 반대하던 시민 단체가 연도에서 데모 활동을 하던 도중 경찰로부터 폭행을 당한 사건, 96년 4월 천황의 야마나시山梨시 시찰 중 시내에 있는 두 종합병원에서 정신과 병동의 입구를 폐쇄하고 환자들의 외출을 규제한 사건 등은 빙산의 일각에 지나지 않는다. 이 밖에도 언론에서의 천황·황실에 대한 경어 사용도 민주주의 원칙에 위배되는 것으로 종종 지적된다. 이와 같이 언론 보도의 통제, 사상·신조·표현의 자유에 대한 억압, 우익 테러와 궁내청의 압력 등은 명백히 민주주의에 역행하고 그 발전을 저해하는 요인으로 작용한다. 황실 터부가 온존하는 한 일본에 있어서 민주주의와 평화주의의 얼굴은 가면일 뿐이다.

천황제의 정치적 이용

일본의 보수 지배가 천황제를 정치적으로 이용하는 것도 심각한 문제점이다. 패전 전 군부가 천황의 통수권을 이용하여 정권을 장악했던 것은 그 대표적인 예이지만 패전 후 천황의 절대적인 권력이 상실되었음에도 불구하고 천황을 정치적으로 이용하는 관행은 좀처럼 수그러들지 않고 있다. 예를 들면 1950년대 후반 미일안보조약에 대한 대학생들의 반대 투쟁이 격렬하게 전개되는 가운데 황태자의 결혼을 추진 한 것은 국민들의 관심을 다른 곳으로 돌리기 위한 방책이기도 했다. 또한 다나카 가쿠에田中角栄 전 수상은 1976년 록히드 사건이 발생했을 때 히로히토 재위 50주년 기념식전을 대대적으로 거행함으로써 국민 여론을 록히드 사건에서 돌리게 하고 12월에 예정된 총선거와 이듬해의 참의원 선거에 대비하고자 했다.

나카소네　야스히로中曽根康弘 전 수상은 더욱 노골적으로 천황을 정치적으로 이용했다. 그는 1980년대에 들어와 일본의 국제적인 역할과 함께 내셔널리즘 강화의 필요성이 대두되자 거물급 학자들을 모아 '국제일본문화연구센터'를 설립하고 천황을 전통 문화의 상징으로 위치 지우는 이론적인 보강을 꾀했다. 그리고 천황 재위 60주년 기념식전을 히로히토가 즉위한 11월 10일이 아니라 히로히토의 생일인 4월 29일로 앞당김으로써 곧이어 치러질 중의원 선거에서의 승리와 자신의 3선을 실현하려 했다. 이로 인해 나카소네는 우익으로부터 천황을 정치적으로 이용한다는 격렬한 비난을 받았다. 또한 리쿠르트 의혹으로 단명으로 끝난 다케시타 내각도 천황의 와병을 구실로 세제개혁법안의 채결을 강행했다. 법안 통과 이전에 히로히토가 죽으면 그대로 한 해를 넘겨버리게 되기 때문이다. 그리고 사실 리쿠르트 의혹에 대한 여론의 공세도 히로히토의 죽음을 둘러싼 과잉 자숙의 열기 속에서 막을 내린다.

선별과 배제의 원천

천황제는 재일 외국인 차별 등 이질적인 소수자에 대한 선별과 배제의 원천으로 기능하고 있으며 이는 일본의 진정한 민주화와 국제화를 가로막는 최대의 장애물이 되고 있다. 현대 일본 사회에 있어서 상징천황제는 의례적인 의식 하에서 누구도 부정할 수 없는 권위와 중심을 연출하고 있으며 그것을 거부하는 자는 '양민'이 아닌 존재로 판정되는 선별과 차별의 원리를 내포하고 있는 것이다. 실제로 히로히토의 죽음에 즈음해서 조기 게양과 묵도를 거부한 자들은 '비국민'이라는 따가운 눈총을 감수해야 했으며 대부분의 일본인은 이를 거부하기가 어려웠다. 당시 재일 외국인 가운데 특히 재일 한국인과 조선인들이 일본 사회에 불필요한 존재로 부각되고 일본을 떠나라는 비난과 야유가 빗발 친 것도 선별과 배제의 원천으로 천황제가 기능하고 있다는 것을 단적으로 보여준다.

천황제는 또한 성차별의 원천으로서도 기능한다. 근대 이후 황실전범에서는 황통은 남자 직계 자손이 이를 잇도록 규정하고 있다.

이는 천황제가 가부장제의 정점으로 기능한다는 것을 말해주는 것이다. 오늘날도 황후는 항상 천황의 한발 뒤로 물러서 있어야 하며 여성에 대한 남성의 절대적인 우위를 감수하고 있다. 오늘날 남자 황손의 단절 위기에서 '여성천황'의 용인을 반대하는 논리 가운데 '만세일계'의 황통을 유지하는 것이 무엇보다도 중요하는 주장도 이러한 성차별적인 인식의 한 측면을 보여주고 있다. '여성천황'을 반대하는 자들은 황태자비를 한 사람의 인격으로서가 아니라 황통을 이어갈 왕자를 낳는 하나의 도구로 인식하고 있는 경향이 강한 것이다. 이렇게 볼 때 최근 일본의 여성 단체가 성차별의 원천으로 천황제를 비판하고 나서는 현상은 매우 중요한 의미를 가진다.

전쟁책임과 역사 왜곡

앞서 지적했듯이 패전 후 일본의 불철저한 과거사 청산과 되풀이되는 역사 왜곡의 가장 핵심적인 부분에 천황제의 문제가 은폐되어 있다. 천황 히로히토는 1926년 즉위한 이래 패전에 이르는 20년간 최고 통수권자임과 동시에 절대적인 신으로 군림하여왔다. 그리고 패전 후에는 '상징'적인 존재로서 침략 전쟁에 대한 아무런 책임도 지지 않고 40여 년을 연명하였다.

이와 같이 동일한 인격이 전전과 전후의 기본적으로 다른 시대를 '상징'이라는 애매한 개념으로 연결함으로써 천황의 전쟁책임을 은폐하고 과거의 어두운 역사를 정당화하려는 욕구는 더욱 강렬해지지 않을 수 없게 되었다. 만약 과거의 전쟁을 '침략'으로 인정한다면 그것은 곧 천황의 전쟁책임 문제와도 연결되며, 천황의 퇴위에 대한 논의로까지 이어질 가능성이 있기 때문이다. 결국 히로히토라는 동일한 인격을 매개로 하여 상징천황제가 탄생하였다는 사실 그 자체에 전쟁책임에 대한 자각적인 반성의 결여는 물론 과거의 역사를 정당화하지 않을 수 없는 필연성이 있었다고 할 수 있다.

또한 1989년 아키히토 천황의 즉위로 천황제의 전쟁책임 문제가 사라진 것은 아니다. 오히려 아키히토가 부왕 히로히토를 '평화주의자'로 공언하면서 어두운 역사의 중하로부터 해방시키고자 할 때 상징천황제가 안고 있는 역사 왜곡의 속성은 그대로 계승되는 것으로 보아야 할 것이다.

이상과 같이 상징천황제는 갖가지 문제점을 안고 있음에도 불구하고 여전히 일본 사회에 있어서 최고의 권위와 상징적인 중심으로서의 역할을 하고 있다. 그러나 앞으로의 장래가 반드시 밝은 것만은 아니다.

5. 상징천황제의 장래

황실의 구성

황족이란 천황의 일족에 대한 총칭이다. 여기서 천황은 독자적인 존재이며 황족에 포함되지 않는다. 따라서 황실은 천황과 황족으로 구성되어 있다. 패전 전까지는 14궁가의 독립된 황족이 있었다. 패전 후 황실 존속을 위한 구조 조정을 단행하여 히로히토의 친형제를 제외한 11궁가 51명이 1947년 10월 14일을 기해서 황적에서 이탈하여 '평민'이 되었다. 이후 히로히토가 사망하고 황태자와 차남이 결혼하여 아이를 낳는 등의 변화로 현재 황실은 천황과 황태자, 그리고 5궁가를 포함하여 23명으로 구성되어 있다. 황족 이외의 일반 남자가 황족이 될 수는 없지만 여자는 남자 황족과 결혼하면 황족이 될 수 있다.

역대 천황의 계보를 보면 여자 천황, 즉 여제女帝가 10차례 8명이 재위하였다. 그러나 메이지유신 이후 남자 직계 자손에 한하여 황위를 계승하도록 규정하였으며 이는 패전 후에도 그대로 계승되어 오고 있다. 황실제도를 정한 기본법인 황실전범 제1조에는 "황위는 황통에 속하는 남계의 남자가 이를 계승한다"고 되어 있으며 여성의 즉위는 규정되어 있지 않다. 현재 황위 계승 순위를 보면 그림과 같이 직계, 장자 우선으로 되어 있다.

● 황위 계승 순위도 ●

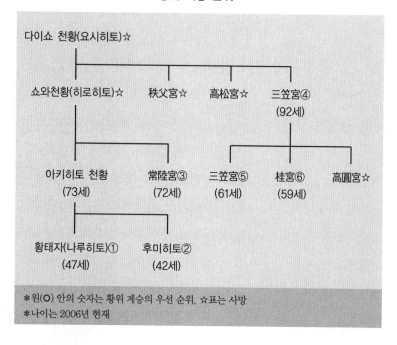

＊원(O) 안의 숫자는 황위 계승의 우선 순위. ☆표는 사망
＊나이는 2006년 현재

현재 황위 계승 순위가 6번까지 있으니 우선은 황통이 끊길 우려가 없는 것처럼 보일지도 모른다. 그러나 이상의 순위는 어디까지나 가변적인 것이며 현재로서는 이들 6명 가운데 아무도 남자아이를 얻지 못하고 있다는 사실에 사태의 심각성이 있다. 황태자는 최근 자식을 얻었으나(2001년 12월 1일) 왕녀이기 때문에 현재의 황실전범상으로는 즉위 대상에서 제외된다. 현재 황태자가 47세(1960년 생), 황태자비가 42세라는 나이를 생각하면 더 이상 자식을 얻는 것도 어려운 일이겠지만 만약 득남하게 되면 ②번 후미히토부터 서열은 자동적으로 하나씩 밀리게 된다. 그리고 만약 황태자가 끝내 득남하지 못하고 그 동생이 득남할 경우 역시 그 아래의 서열이 하나씩 밀리게 된다. 좌우간 황태자나 그의 동생이 명대로 살면서 힘써 득남한다면 그 이하의 서열이 천황이 될 가능성은 거의 없다. 황태자나 그 동생이 끝내 득남하지 못하고 명대로 살 경우 그때는 이미 이들의 삼촌에 해당하는 ③ 이하의 황족들이 살아있을 가능성은 거의 없기 때문이다. 그렇게 될 경우 앞으로 빠르면 30년 늦어도 50년 후에는 황통을 이을 남자 직계손이 없어지게 된다.

　　이러한 황통 단절의 위기 의식이 '여성천황'을 용인할 것인지에 관한 논의에 불을 붙이고 결국 2005년 10월 유식자회의에서는 황실전범을 개정하여 '여성천황'을 용인할 수 있도록 하는 방향으로 결론을 내리고 이를 수상에게 보고했다. 고이즈미 수상은 2006년 2월 황실전범 개정안을 국회에 상정하려 했으나 바로 이 때 천황의 차남 후미히토의 부인이 회임을 했다는 사실이 발표되자 일단 보류했다. 일본열도가 2006년 9월의 출산에 한 가닥의 희망을 걸게 된 것이다. 만약 남자 아이가 탄생하면 그 아이가 황위 계승 서열 3위가 되며, 황태자와 그 동생이 죽은 후 황통을 계승하게 될 것이다. 그러나 100% 남자 아이가 태어난다는 보증이 없는 한, '여성천황'의 논의가 재연될 가능성도 전적으로 배제할 수는 없다. 지금으로서는 사태의 추이를 지켜보는 수밖에 없다.

황통 존속의 비화

그렇다면 왜 이렇게 대를 이을 혈통이 귀한 것일까. 이는 아키히토가 황족으로서는 최초로 평민과 결혼한 점과도 관련이 있다. 사실 아키히토가 평민과 결혼 한 배경에는 대중에게 가까운 황실 이미지의 구축 이상으로 황통 존속을 위한 비밀이 있다는 사실을 아는 일본인은 그다지 많지 않다.

역대 일본의 황족은 자신들의 혈통을 지키기 위해 근친혼을 기본으로 삼았다. 일본 신화에서 남매신이 일본열도를 탄생시켰다는 것도 신화를 만들던 당시 지배 계층의 내부에 근친혼이 일반적이었다는 사실을 반영해주고 있다. 그러나 오랜 역사의 흐름 속에서 근친혼이 관행으로 되어 오면서 그 문제점이 드러나기 시작했다. 대부분의 천황은 정처와의 사이에서 거의 자식을 생산하지 못했다. 특히 히로히토부터 10대까지 거슬러가 보면 다음 대 천황의 친모가 된 황후는 한 사람도 없었다. 다시 말하자면 측실에서 태어난 자식, 즉 적자가 아닌 서자가 황위를 계승해 온 것이다.

지금 천황의 증조 할아버지에 해당하는 메이지천황(무스히토도), 그리고 할아버지에 해당하는 다이쇼천황(요시히토도) 모두 서자 출신이다. 메이지천황의 경우 정처와의 사이에 자식이 없었고 5

명의 시첩과의 사이에 15명의 자식을 가졌으나 거의 어려서 죽었다. 장기에 걸친 근친혼이 자손의 생식 능력을 쇠퇴시킨 것일까. 일본 황실이 일부일처제로 정착된 것은 다이쇼천황부터였다. 그는 정처와의 사이에 4명의 아들을 낳고 시첩은 두지 않았다. 그러나 뇌병 환자로 전해지는 다이쇼천황은 재위 후반 병세가 악화되어 황태자 히로히토가 일찍부터 섭정하였다.

요시히토는 다행히 4명의 아들을 두었으나 히로히토는 좀처럼 득남하지 못했다. 결국 4명의 딸이 태어난 후 5번째 태어난 것이 지금의 천황 아키히토이다. 아키히토와 평민과의 결혼을 적극적으로 추진한 사람은 당시 게이오慶応 대학의 총장 고이즈미 신조小泉信三였다. 그는 우익들로부터 황실의 피를 더럽혔다는 비난을 받았으나 그의 뇌리에는 근친혼에 의한 황통의 생식 능력 쇠퇴에 대한 강한 위기감이 있었다. 황통을 유지하기 위해서는 단호한 '피갈이'가 필요했던 것이다. 여기서 선택된 황태자비는 일본의 명문 대학을 수석으로 졸업하고 재색을 겸비한 재벌 집안의 장녀였다. 궁내청에서는 의도적으로 일본 부유층의 별장지 가루이자와軽井沢의 테니스 코트에서 이들을 짝 지워 주었다. 세간에서 말하는 '테니스 코트의 첫 사랑'인 셈이다. 아키히토는 황실에서 최초로 평민과 결혼한 인물이 되었다.

사실 히로히토의 두 동생과 히로히토의 차남(아키히토의 동생)은 아무도 자식을 얻지 못했다. 자식이 태어날 확률이 이 정도로 낮다면 '만세일계'의 존속도 결코 안심할 수 없는 일이다. 게다가 1965년 아키히토의 차남이 태어난 후부터 2001년까지 36년간의 사이에 태어난 9명의 아이가 모두 여자였다. 올해 9월 차남이 득남할 수 있을 것인지의 여부에 초미의 관심을 가지고 지켜보는 사람은 단지 천황만이 아닐 것이다.

감소하는 국민들의 관심

오늘날 상징천황제 존속의 또 다른 위기는 국민들의 관심이 서서히 멀어지고 있다는 점이다. 1989년 아키히토는 즉위한 후 천황제와 어두운 역사와의 관계를 단절하고 이제까지 '닫힌 황실'이라는 이미지를 바꾸기 위해 적극적으로 '열린 황실'의 인상을 국민들에게 심어주는 데 노력해 왔다. 예를 들면 천황과 황후가 고베 대지진의 재해자들을 직접 방문해서 맨손으로 악수를 청하면서 그들을 위로하는 모습은 이전에는 상상도 할 수 없는 획기적인 일이었다.

그러나 1990년대 이래 황실의 두드러진 '민주화'에도 불구하고 천황·황실에 대한 국민들의 관심은 점차적으로 멀어지는 경향이 보인다. 각 언론사가 행한 여론 조사의 데이터를 종합해 보면 1989년 아키히토가 즉위한 후 천황에 대한 존경심이 히로히토 재위 시에 비하여 감소(1986년 35.5%에서 1998년 27.2%)하는 반면 친근감은 반대로 증가하고 있다(1986년 20.0%에서 1998년 31.4%). 그러나 이러한 수치만을 보고 천황과 국민의 거리가 가까워졌다고 보기는 어렵다. 천황에 대한 무관심층이 아키히토가 즉위한 1989년의 17.5%에서 10년이 지난 1998년에는 23.8%까지 증가하고 있기 때문이다. 뿐만 아니라 천황제의 현상 유지를 지지하는 층은 10년간의 사이에 75%를 전후하면서 거의 변화가 없지만 무관심층은 역시 1989년의 9.8%에서 15.6%로 증가하고 있다.

이 밖에도 해마다 정월 초 국민들이 황거를 찾아가 천황과 황족들에게 신년 인사를 하고 천황의 장수를 기원하는 행사인 신년참하객의 수가 점차 감소하고 있는 것도 무관심층이 감소하고 있다는 것을 말해주는 것이라 할 수 있다. 아키히토의 즉위 후 신년 참하객이 10만 명을 초과한 것은 1994년 한 차례뿐이며 그것도 황태자와 캐리어 우먼 오와다 마사코小和田雅子의 결혼에 대한 국민들의 관심이 반영된 것이었다. 거의 해마다 10만 명을 훨씬 초과하던 히로히토의 재위 시에 비하면 두드러진 관심의 저하라 할 수 있는 것이다.

1990년대 이래 우파들의 천황 권위 강화의 움직임은 아키히토 이래의 '열린 황실' 추구에 따른 천황의 권위 실추에 대한 불만이 배경에 있었다. 그들은 황실의 노출이 지나치면 그만큼 권위도 상실된다고 생각하고 있는 것이다. 황족의 해외 여행과 외출을 제한해야 한다는 주장이나 천황과 황족이 전통적인 천년 고도古都 교토京都로 이사해야 한다는 주장도 이러한 발상에 의한 것이다. 그러나 황실과 국민과의 사이에 일정한 노출의 '장'이 존재하지 않는 한 망각이 시작되고 국민들의 관심이 더욱 멀어질 수도 있다. 노출이 심하면 권위가 실추되고 노출을 없애면 망각이 시작되는 미묘한 밸런스를 어떻게 극복할 것인가. 이는 '열린 황실'에 반대하는 입장이 가지는 최대의 딜레마일 것이다.

한편 이와는 반대로 '열린 황실'을 긍정적으로 보고 현상 유지를 지지하는 입장에서는 이를 통하여 천황제를 둘러싼 비민주적인 장치들이 서서히 제거되어 가기를 바라고 있다. 그들은 천황에 대한 국민들의 관심이나 천황제의 중요성이 감소하면 할수록, 천황이나 천황제를 신성화하거나 정치적으로 이용할 가능성이 줄어든다고 보는 것이다. 그러나 단순히 천황·황실의 존재가 국민들의 관심에서 멀어진다고 해서 천황제가 안고 있는 문제점들이 해소되는 것은 아니다. 오히려 전쟁책임, 민족 차별, 성차별 등과 같이 천황제가 안고 있는 근본적인 문제점들을 충분하게 논의하지 않고 망각하면서 자연 소멸되어 가고 있다는 사실에 더 큰 문제의 심각성이 도사리고 있는 것이다.

2장

일본 지식인과의 대담

2004년 12월 6일
東京大学 本鄕캠퍼스 우에노 교수 연구실

우에노 치즈코 上野千鶴子 _ 1948년 도야마현(富山県)
출신으로 교토대학 철학과를 졸업한 후, 동대학원에서
사회학전공 박사 과정 수료후 도쿄대학 대학원에서 사
회문화연구를 전공했다. 교토 세이카대학(精華大学) 조
교수를 거쳐 1993년 도쿄대학 문학부로 옮겨 현재 교
수로 재직 중이다. 전공은 가족사회학, 젠더론, 여성학,
기호론, 인류학 등으로 다양하며 1980년대 일본 페미
니즘의 기수로 불리었다. 1980년대 마르크스주의 페미
니즘을 주창하는 페미니스트로서 각광을 받으며 등장
했으며, 이후 다양한 방면의 연구에 그치지 않고 젠더
프리 문제와 위안부 논쟁 등 이데올로기 논쟁에도 관여
하여 적극적으로 발언하고 있다. 수십 권의 저서와 공
저가 있으며 한국에서 번역된 책으로는 《90년대 아담
과 이브》(동풍, 1991), 《가부장제와 자본주의》(녹두,
1994), 《내셔널리즘과 젠더》(박종철출판사, 1999), 《여
자놀이》(보고사, 2000), 조한혜정과의 서신 교환을 엮
은 《경계에서 말한다》(생각의 나무, 2004) 등이 있다.
자신이 생각하는 바를 직설적으로 말하며 도발적인 논
쟁을 마다하지 않는 성격으로 유명한데, 이 인터뷰에서
도 그런 분위기를 느낄 수 있다.

천황제의 동향

지금까지 천황제에 관해서는 많은 연구가 있었습니다만, 특히 천황제는 여성 차별, 민족 차별의 중심적인 존재로 지적되어 왔습니다. 그런데 이러한 천황제의 기본적인 특징이 최근 조금 변하고 있다는 느낌이 듭니다. 예를 들면 1999년의 천황 즉위 10년을 기념하는 국민제전 행사는 오키나와 출신의 가수가 출연하고, 대만계 귀화인 왕정치가 축하 연설을 하는 등 마치 '다민족 국가' 또는 '다문화 국가'로서의 일본이라는 이미지를 어필한 것처럼 보입니다. 그리고 최근에는 천황 자신이 직접 "간무桓武 천황의 생모는 백제 무녕왕의 자손"이라고 발언한 적이 있었습니다.[1] 이 밖에도 최근에는 보수 정치가들의 여성천황을 용인하는 발언이 잇따르고 있는데, 이러한 동향에 대해서 어떻게 보고 계십니까?

일본의 천황제는 절묘하게 시대의 변화에 적응하면서 지금까지 계속 존속되어 왔습니다. 예컨대 전후에는 시민 천황제, 이어서 핵가족 천황제, 그리고 소프트한 천황제로까지 변화해 왔습니다. 저의 기본적인 입장은 천황제라고 하는 것은 일본에서의 권위주의의 원천이라는 것입니다. 서훈敍勳 제도가 가장 전형적인 것입니다만, 천황을 정점에 두고 훈이등이라든가 훈삼등이라는 식으로 천황으로부터 어느 정도의 거리가 있는가를 가지고 사람을 서열 짓는데 가장 원점이 되는 것이 천황입니다. 원래 인간을 서열 짓는 차별의 중심이 되고 있는 것이 천황제인 것이죠. 저는 이런 것이 전후 일본

---

[1] 2001년 12월 23일 천황의 생일을 앞둔 기자회견에서 천황은 "저는 간무 천황의 생모가 백제 무녕왕의 자손이라고 속일본기에 기록되어 있는 것에 대하여 한국과의 인연을 느끼고 있습니다. 무녕왕은 일본과 깊은 관계가 있으며 이 때 일본에 오경박사가 대대로 초대되었습니다. 또한 무녕왕의 아들 성명왕은 일본에 불교를 전한 것으로 알려져 있습니다"라고 발언하여 화제가 되었다. 간무 천황은 50대 천황이다.

헌법에 남아 있다는 것 자체가 매우 이상한 일이라고 생각합니다. 물론 이것은 점령군의 음모이자 미국에 의해서 만들어진 천황제라는 측면도 있습니다. 따라서 전후 일본이 천황제가 아니라 공화국이 되었다고 해도 그렇게 이상하지는 않았을 겁니다. 그렇기 때문에 만약 헌법을 개정하는 기회가 있다면 여성천황을 논하기 전에 천황제 자체를 폐지해야 한다고 생각합니다.

최근 후지타니 다카하시가 쓴 논문에서 상징천황제의 장래에 관해서 논하면서, 특히 최근의 천황제 변화에 주목을 하고 있습니다. 여기서 후지타니는 최근 천황제가 변하고 있는 것처럼 보이지만 그것이 여성 차별이나 민족 차별의 개선으로 이어지는 것은 결코 아니라고 주장하고 있습니다.[2]

네. 절대 관계가 없다고 생각합니다.

그런 이야기 속에서 후지타니는 천황제, 또는 황실의 변화에도 불구하고 천황제는 여전히 민족 재통합의 중심적 기능을 할 수 있다고 보고 있는데, 선생님께서는 이 점을 어떻게 생각하십니까?

저는 전혀 그렇게 생각하고 있지 않습니다. 영국 연방은 영국 여왕을 세계 속의 연합 왕국의 군주로 만들어 나갔고, 일본의 천황주의자 중에서도 그런 것을 꿈꾸고 있는 사람이 없는 것은 아니지만 그런 생각을 하는 사람들이 그렇게 많이 있으리라고는 생각하지 않습니다. 저는 오히려 지금 일본에서는 천황제를 전제로 한 내셔널리

---

2 タカハシ・フジタニ, 〈象徴天皇制の将来について〉, 《日本の歴史25・日本はどこへ行くのか》 講談社, 2003.

즘의 시대는 이미 끝났다고 봅니다. 그런 의미에서 '천황 없는 내셔널리즘'이라고 하는 말이 있습니다. "천황이 없어도 일본의 내셔널리즘은 유지할 수 있다"고 보는 것이죠. 최근에는 젊은 세대를 중심으로 천황에게 무관심하고 동시에 비판적인 사람들이 내셔널리즘의 담당자가 되고 있는 새로운 경향이 있는데, 저는 그러한 동향이 더 위험하다고 생각합니다. 그것은 매스컴의 논조를 보더라도 알 수 있습니다. 예를 들면 황태자의 '황태자비 인격 부정' 발언3 이래, 매스 미디어가 황실에 대해 매우 비판적인 보도를 하고 있습니다. 그것도 《주간문춘週刊文春》이나 《주간신조週刊新潮》와 같은 우파계의 미디어가 그렇습니다. 그 미디어들은 천황을 지지하지 않으면 내셔널리즘은 무너진다고 보지만, 사실 전혀 그렇지 않습니다. 이와 같이 천황을 공격하는 것이 오히려 우파이고 보면, 천황이 없어도 내셔널리즘은 기능을 하게끔 된 것이 아닐까요?

그렇다면 '천황 없는 내셔널리즘'이라고 할 때, 천황을 대신해서 내셔널한 국민 통합의 중심적 역할을 하는 것은 어떤 것이 있다고 보십니까? 방금 천황에게 무관심한 젊은이들의 내셔널리즘이 오히려 위험하다고 하셨는데, 예를 들면 어떤 점에서 그렇게 보이는 것입니까?

---

3 황태자비 '인격 부정' 발언 : 2004년 5월 10일 황태자가 유럽 순방에 앞서 가진 기자회견에서 "마사코(황태자비)의 캐리어나 인격을 부정하는 것과 같은 움직임이 있었던 것은 사실입니다"라고 발언해서 파문을 일으켰다. 이 발언은 외교관 출신의 황태자비와 보수적인 궁정과의 사이에 갈등이 있다는 항간의 소문을 뒷받침하는 것으로 내외의 주목을 모았다. 당시 황태자비는 왕녀 출산(2001년 12월 1일) 이후 황위 계승자 탄생에 대한 스트레스를 받고 휴양 중에 있어서 황태자의 해외 순방에 동행하지 못했으며 궁내청에서는 황태자비는 '적응 장애'로 인하여 전문의에 의한 정신 요법과 약물 요법을 받고 있다고 발표했다. 이후 황태자는 이 발언에 대한 설명을 위해 문서를 발표하여 사태 수습에 나섰으나, 황태자비의 역할이 황위 계승자의 출산이라는 무거운 과제를 안고 있다는 사실을 새삼 인식하게 만드는 계기가 되었다.

2006년 4월 9일 네리마주둔지 창립 55주년 기념 행사에서
자위대를 사열하는 이시하라 신타로 도쿄 도지사

그것을 능숙하게 유도하고 있는 것이 예를 들어 이시하라 신타로石
原愼太郎4 도쿄 도지사와 같은 인물이라고 생각합니다.

대중정치와 같은 것을 말씀하시는 건가요?

그렇죠.

최근 와타나베 오사무渡辺治 선생도 '천황 없는 내셔널리즘'이라는 표현

---

4 이시하라 신타로(石原愼太郎, 1930~), 고베시(神戸市) 출신으로 히토츠바시대학(一橋大学)
을 졸업했다. 제34회 아쿠다가와상(芥川賞) 수상 작가, 정치가, 현 도쿄 도지사, '새로운 역사
교과서를 만드는 모임'의 협찬자이며 일본 보수 우익 단체인 '일본회의'의 대표 위원이기도
하다. 자신의 사상이나 정치적 입장을 직설적으로 표현하기로 유명하며, 그것이 때로는 물의
를 일으키기도 하지만 대중의 갈채와 지지를 받는 중요한 자산이 되고 있는 것도 사실이다. 특
히 한국, 중국, 북한에 대해서 과격하고 차별적인 발언을 서슴지 않으며 야스쿠니신사에도 매
년 참배하고 있다. 2003년 도쿄 도지사 선거에서는 사상 최고의 득표율(70.21%)로 재선했다.
한 때 '이시하라 수상 대망론'이라는 말까지 떠돌았으나 고이즈미 내각 이후 정계 재편이 진
행하는 가운데 정치적인 영향력은 쇠퇴하고 있다. 그러나 여전히 일본에서 가장 주목받는 인
물 가운데 한 사람인 것은 사실이다. 최근에는 그의 말을 빌리면 "특공대를 미화하려는 것이
아니라 그들의 비참한 청춘군상을 그렸다"고 하는 패전 시 특공대를 소재로 한 영화 〈나는 너
를 위해서야말로 죽으러 간다〉의 제작 발표회를 하고 그 각본과 총지휘를 맡았다. 영화는
2006년 가을에 공개될 예정이다.

을 사용하고 있는데, 대체로 그것과 비슷한 의견이신가요?

네. 그런데 매우 재미있는 사실은 우익들이 천황에 대해 비판하는 것을 듣고 있으면, 예를 들어 황태자의 발언에 대해 "분수를 알라"는 식의 말을 하고 있습니다. 그것은 군주가 신하에게 하는 말이지 신하가 군주에게 하는 말은 아닙니다. 그런 말들이 뜻밖에 나오고 있기 때문에 완전히 주객이 전도되었다고나 할까요. 그래도 역시 그들은 내셔널리스트이기 때문에 자유주의적인 군주는 오히려 내셔널리즘에는 방해가 된다는 그러한 부분이 드러난 것입니다. 최근 황실에서는 자유주의적이며 시민적인 천황상을 만들어 내려는 움직임을 보이고 있는데, 우파들 가운데 그것을 오히려 방해라고 생각하는 사람들이 나오고 있는 것입니다. 따라서 천황제와 내셔널리즘이 밀월관계를 유지하는 시대는 지금 끝나가고 있는 것이 아닐까요?

그렇다면 최근 '황실의 국제화'라고 하는 움직임에 대해서는 어떻게 보고 계십니까? 예를 들면 지금의 천황을 비롯하여 황실에서는 쇼와천황 때에 비해서 보다 빈번하게 '황실외교'를 전개하고 있습니다. 그런 황실의 국제화라고 하는 측면도 우익에게는 불만스러운 요소로 작용하지 않겠습니까?

그것을 상당히 능숙하게 이용하고 있다고 생각합니다. 여하튼 쇼와천황은 전쟁 범죄자였기 때문에 불명예스러운 점을 지니고 있었던 것이죠. 그렇기 때문에 네덜란드나 영국에 가서도 계란 세례를 받을 수 있는 사람이었지만, 그 아들(현 천황)은 우선 전쟁과 직접 관련이 없습니다. 게다가 지금의 황태자는 국제파로 알려져 있고,

'황실외교'의 한 장면
2004년 11월 16일 덴마크 마르그
레테 2세 여왕과 남편 헨리크공을
맞이하여 천황과 황후가 궁중만찬
으로 안내하고 있다.

그 부인도 외교관 출신이기 때문에 '황실외교'는 절묘하게 지금 정
부에 의해 활용되고 있다고 봅니다. 본래 천황은 정치에 관여해서
는 안 된다고 하지만 일본은 '다테마에'와 '혼네'를 교묘하게 이중
기준으로 사용하고 있는 나라이기 때문에, 실제는 정부에 의해 이
용되어 온 것입니다. 그것은 우파에게도 이용 가치가 있지 않겠습
니까.

황실의 국제화를 정부가 교묘하게 이용한다고 할 경우, 국민들은 자신
들도 모르는 사이에 황실의 국제화를 지지하는 방향으로 간다고 볼 수
있겠군요.

단지 예를 들어 제가 조금 전 황실의 국제화라고 들었을 때 무엇을
생각했는가 하면, 황족이 국제 결혼을 할 가능성을 생각했습니다.

왜냐하면 유럽의 왕족에게는 결코 불가능한 일이 아니기 때문이죠. 예를 들어 지금의 황태자가 좀처럼 결혼을 하지 못하고 있을 때, 우리들은 "왜 태국의 왕실에서 부인을 구하지 않는가"라는 식으로 말하기도 했는데, 그런 일은 일본에서 일어나지 않았습니다. 그것은 일본의 황실이 지금도 피의 순결이나 '일본인'이라는 것을 굳게 지키고 있기 때문입니다. 그 결과로 지금의 소자화小子化 현상이 일어났는데, 이는 말하자면 자업자득이라고나 할까요. 그렇다고는 해도 천황제 그 자체는 어떤 의미에서 황족에게 있어서는 인권 침해의 제도라고 생각하기 때문에 만약 '여제女帝' 용인론이 나온다고 한다면 또 한 명의 피해자가 탄생하는 것이라고 저는 생각합니다. 그렇기 때문에 황족이 좀더 인권을 가진 인간다운 생활을 하도록 하게 위해서도 천황제는 없어지는 것이 좋지 않을까요.

황태자비 관련 보도

방금 지적하신 인권 침해라는 점과 관련하여 언론의 보도 입니다만, 마사코 황태자비의 회임에서 출산에 이르는 과정까지 언론의 보도를 보면 상당히 문제점이 많았다고 생각합니다. 이 문제점에 대해 의견이 있으시다면?

아시다시피 일본의 매스 미디어는 '기자 클럽제' 라는 대단히 배타적이고 통제적인, 덧붙여 말하면 서로가 순응하는 보도 방법을 지키고 있습니다. 그래서 영국과 같이 남몰래 앞질러 취재를 하는 따위의 일은 없으며, 황족에게 경어를 사용하는 규칙을 서로 공유해 왔습니다. 그런 점에서는 어느 신문을 읽어도 한 가지 색깔의 보도밖에 볼 수 없다는 것이 저희들에게 있어서는 대단히 불행한 일입니다. 그러나 요즘 매스컴이나 중앙 신문의 논조를 읽어 보면 황태자나 가족, 그의 형제들, 또는 황족의 가족 관계에 대해 의외로 거리낌 없는 서술 방식이 많이 나오고 있기 때문에, 이른바 황족도 일종의 유명인으로 바뀌었다는 인상을 받고 있습니다.

인터넷 자료에서 반천황제 운동을 하고 있는 사람들의 글을 읽어보면, 매스컴의 보도 방식은 마사코 씨를 마치 아이를 낳는 기계와 같이 취급하고 있다는 비판을 하고 있습니다. 그러한 점에서 보면 마사코 씨도 한 명의 피해자라고 볼 수 있지 않을까요?

네. 저도 그렇게 생각합니다. 가여운 사람이라고 생각해요. 단지 일본어로 "유령의 정체를 자세히 보니 억새더라"는 속담이 있는데, 반천황제 운동을 하는 사람들은 대단하지도 않는 것을 지나치게 큰 적으로 삼는 느낌이 들지 않는 것도 아닙니다. 또 하나 지금 우리는 인터넷 덕분에 매스 미디어 이외에도 미니 미디어라든가, 인터넷 미디어 등의 다양한 정보들을 대량으로 접하고 있습니다. 거기에는 황족을 둘러 싼 언더그라운드 정보라고 하는 것이 대량으로 존재합니다. 겉으로는 도저히 드러낼 수 없는 여러 가지 숨겨진 정보들이 그럴듯하게 전해지고 있는데, 그것이 권위의 기반을 무너뜨리고 있기 때문에 매스컴만 본다면 그 일면 밖에 알 수 없겠죠.

'여성천황'과 남녀 차별

이번에는 여성천황제에 대해 좀더 구체적으로 여쭤보고 싶습니다. 최근 페미니스트들의 천황제를 둘러싼 논의 가운데 '여성천황'이 실현된다고 해서 남녀 차별이 해소되는 것은 아니라는 주장과, 또 하나는 '여제'를 부정하는 것이 곧 천황제를 부정하는 것을 의미하는 것은 아니라고 하는 논의가 있는 것으로 알고 있습니다. 또 다른 한편으로는 우익 측에서도 '여제'를 부정하는 주장이 제기되고 있는데, 이러한 문제를 둘러싼 논의에 대해 선생님의 의견을 듣고 싶습니다.[5]

하나는 '남제'이거나 '여제'이거나 천황제는 천황제라는 것입니다. 권위주의의 원천이니까요. 따라서 이런 것은 없어지는 것이 낫다고 생각합니다. 그리고 실제로 '여제'가 탄생한다고 해서 일본 여성의

---

5 2001년 12월 1일 황태자비가 왕녀를 출산하면서 '여성천황'을 용인할 것인가에 대한 논의가 본격화되었다. 고이즈미 수상은 유식자회의에서의 보고서를 바탕으로 2005년 10월 25일 '여성천황'을 용인하는 황실전범의 개정안을 2006년 통상국회에 제출할 뜻을 표명했다(《朝日新聞》, 2005. 10. 26). 그러나 2006년 2월 초 천황의 둘째 며느리 기코(紀子)비의 회임 발표로 개정안의 국회 제출안은 자동 보류되었다. 기코비의 출산은 2006년 9월로 예정되어 있으며, 여기서 만일 남자 아이가 태어난다면 황실전범을 개정하지 않을 가능성이 높다. 그러나 또 여자 아이가 태어난다면 황실전범을 개정하지 않을 수 없게 된다. 한편 황실의 '혈통'을 중시하는 우익들은 '여성천황'을 용인할 경우 황실의 순수한 혈통을 유지할 수 없다는 입장에서 반대하고 있다.

지위가 향상하는 것은 아닙니다. 예컨대 일본 황실의 조상신인 아마테라스는 여신이지만, 조상신이 여신이라고 해서 일본 여성의 지위가 높은 것이 아니기 때문에 그런 것은 기대하지 않는 것이 우선 첫번째입니다. 단지 '여제' 부정론자 중에는 이미 전통이 되어 버린 '중계 천황제'6 논의가 있습니다. 아마 박 선생님도 알고 계시리라고 생각합니다만, 그것은 역사학자의 말을 빌리면 전전의 '만세일계'를 강조하는 남계 천황제의 논자들이 고대에 존재했던 '여제'의 지위를 폄하하기 위해서 의도적으로 만들어 낸 이론입니다. 실제로는 '중계 천황'이라고 불리는 '여제'들도 매우 커다란 권한을 가지고 있었으며, 그렇게 어중간한 위치의 존재는 아니었다는 것이 고대사에서도 입증되었죠. 따라서 '중계 천황제'라는 것은 근대에 들어와 만들어진 전통으로서 역사의 날조라고 말할 수 있다고 봅니다.

보수적인 정치가들의 경우에도 1980년대까지는 '여제' 문제와 남녀 차별은 별도의 문제라고 말하면서 '여성천황'을 용인하지 않던 사람들이, 1990년대 후반부터는 시대의 흐름을 지켜보면서 '여제'를 용인하는 발언을 조금씩 해오고 있습니다. 그러한 발언을 하는 의도의 배후에는 우선 '피의 계승'을 유지해야 한다는 것이 하나 있고, 또 하나는 마사코 씨 붐과 마찬가지로 '여제'가 탄생했을 때 다시 천황제 붐을 일으켜 대중적인 인기를 얻으려는 의도가 있다고 보는데, 이 점에 관해서는 어떨

---

6 역대 천황 역사상 10대에 걸쳐서 8명의 '여제(女帝)'가 존재했다. 33대 스이코(推古), 35대 고교쿠(皇極) = 37대 사이메이(齊明)※, 41대 지토(持統), 43대 겐메이(元明), 44대 겐쇼(元正), 46대 고켄(孝謙) = 48대 쇼토쿠(稱德)※, 109대 메이쇼(明正), 117대 고사쿠라마치(後櫻町)이다(※은 두 번 즉위 = 重祚). 이들은 모두 '남계(男系)'의 천황이며 황태자의 과부이거나 독신의 여성 황족으로서 황실에서 남아가 즉위할 때까지 이른바 '중간 계투'로 황위를 이어왔다. 참고로 현재 일본의 천황은 125대이다.

게 생각하십니까?

우익에게 있어서 이용 가치는 아직 있겠죠. 지금도 천황제는 매번 새로운 요소를 첨가해서 변화해 오고 있기 때문에, 그런 점에서 전후의 천황제는 지금까지 잘 살아 남았다고 봅니다. 역시 이용 가치가 있다고 생각하기 때문에 그런 식으로 조금씩 바꿔왔겠지만, 바꾸어 말하자면 '여제'를 용인했다고 해서 다른 것에도 파급 효과가 있는 것은 아니라는 것을 알았다고나 할까요. 천황제 그 자체를 지키고 싶은 것이기 때문이라고 생각합니다. 단지 일본에는 예를 들어 미국에서의 대통령과 같은 구심력이 없습니다. 한국에도 대통령제가 있습니다만. 그러한 구심력이 없기 때문에 무언가 전혀 결점이 없는 심벌을 만들어 두고 싶다는 그런 동기 부여는 보수파들에게 있다고 봅니다.

가노 미키요加納実紀代 씨는 《천황제와 젠더》[7]라는 책에서 '여제' 문제는 남녀 차별의 해소로 이어지는 것이 아니라, 기본적으로 인간 평등에 모순되는 것이라는 이야기를 하고 있습니다. 이러한 가노 씨의 '여제'론에 대한 주장을 선생님은 어떻게 보고 계시는지요?

가노 씨는 참 안타까운 일을 했습니다. '여제' 용인론을 받아들이자마자 천황제 반대론자들에게 가혹한 공격을 받았습니다. 가노 씨는 단지 문제 제기를 하고 싶었던 것이었는데요. 가노 씨의 기본적인 입장은 천황제를 반대하는 입장이기 때문에 그것은 이해할

---

7 加納実紀代, 《天皇制とシェンダー》, インパクト出版会, 2002.

수 있다고 생각합니다. 단지 뒤돌아보면 75년 '국제연합부인연맹'이 생겼으며, 1980년에 일본 정부가 국제 연합의 여성 차별 철폐 조약에 서명하고, 1985년에는 국회에서 비준을 합니다. 국제법이 국내법보다 상위에 있기 때문에, 국제 조약에 서명을 한 자체로 일본은 국내법을 모두 이것에 맞추어 일관성을 가지게 할 필요성이 생겨난 것입니다. 그것으로 '남녀고용기회균등법'이 생겼습니다만. 그때 황실전범皇室典範8도 단순히 국내법의 하나이기 때문에 본래라면 여성 차별 철폐 조약에 맞추어 남녀 양계로 바꿀 필요가 있었던 것입니다. 따라서 만약 누군가가 황실전범은 조약 위반이라고 말했다면, 그것은 부정할 수 없는 부분이었지만 아무도 그 부분에 대해서는 언급하지 않았습니다. 그러나 같은 시기에 국제 결혼의 부계주의가 새롭게 바뀌었습니다. 일본에는 매우 기묘한 법률이 있었는데, 아버지가 일본인이고 어머니가 외국인일 경우에 아이는 일본 국적을 가질 수 있지만, 반대로 아버지가 외국인이고 어머니가 일본인일 경우 아이는 일본인이 될 수 없다고 하는 아주 불공평한 국적법의 부계주의가 있었습니다. 그것은 1985년의 조약 비준에 맞추어 개선됩니다. 이와 똑같은 것이 황실전범에도 필요했지만 그런 일은 일어나지 않았습니다. 그렇다고 해서 제가 그것을 지지하는 것은 아닙니다.

---

8 황실전범은 황위 계승 순위 등의 황실제도와 구성에 관한 일본의 법률이다. 황실전범에는 대일본제국헌법 시대의 것(1890년 2월 11일 제정)과 일본국헌법 하에서의 그것(1947년 1월 16일 법률 제3호)이 있으며 전자는 후자와 구별하기 위해서 구황실전범이라고 부른다. 구황실전범은 헌법과 동격으로 법률이 아니었으며 이 점에서 현행 황실전범과 큰 차이가 있다. 현 황실전범에는 남자 직계 자손이 황위를 계승하도록 규정되어 있다.

천황제와 전쟁책임

최근의 뎃사 모리스의 논문에 "무해無害한 군주제"[9]라는 표현이 나옵니다. 쇼와천황 때와 비교해 볼 때 지금의 천황제는 전쟁책임과의 관계가 점점 옅어지고 있습니다. 그리고 황실 또는 천황제가 민주주의나 평화주의, 또는 국제 친선에 선구적인 역할을 하는 듯한 인상을 국민들에게 보이고 있습니다. 최근의 여론 조사를 보더라도 국민들의 황실에 대한 기대를 조사한 바에 의하면 국제 친선에 노력하기를 바란다는 의견이 지배적입니다. 이와 같이 국민들의 천황제에 대한 의식이 점차 변화해 갈 때, 과거의 천황제, 특히 전전의 천황제에 대한 기억이 망각되어 버린다는 점이 문제라고 생각합니다. 이에 더하여 만약 여성천황이 현실화 된다면 더욱 그러한 경향이 강해져서 '무해한 천황제'라는 인식이 정착되는 한편, 과거의 어두운 기억과 천황제와의 관련성이 국민들의 의식 속에서 잊혀지게 되지는 않을까요?

여기에는 두 가지 문제점이 있습니다. 우선 "무해한 천황제"에 대해서는 지금의 황족은 상당히 현명하게 행동하고 있다고 봅니다. 무해하게 정치적으로 위험한 언동을 하지 않고 또한 시민적으로 행동하는 모습을 보이고 있습니다. 그러나 장차 황족 중에서 중국을 적대시 하는 따위의 이시하라 신타로와 같은 사람이 결코 나타나지 않는다고는 볼 수 없기 때문에 황족의 퍼스널리티나 캐릭터에 의존해서는 역시 위험하다고 봅니다. 완전히 무해하게 하기 위해서는 예전부터 나오고 있는 말이지만, '문화재 천황제'라고 하는 생각이 있습니다. 그것은 천황제를 하나의 종가로 보고, 연금을 지급하면

---

9 テッサ・モーリス゠スズキ, 〈無害なる君主制として天皇制は生き延びられるか — 英国君主制との比較—〉, 《世界》, 2001. 1.

서 황거에서 떠나 교토로 돌아가게 한 후, 거기서 문화재로서 정치에 일절 관여하지 않는 식의 천황제를 만들자는 아이디어는 옛날부터 교토 사람들 사이에서는 있어 왔습니다. 고작해야 100년 동안 에도성(황거)에 가 있었던 것이니까 다시 돌아오면 된다는 생각입니다. 그것을 위해서는 먼저 제도 자체를 바꾸지 않으면 안 됩니다. 즉 헌법 제1조**10**를 바꾸지 않으면 천황을 단순히 문화재로 바꾸는 것은 현실적으로 가능성이 없다고 저는 봅니다. 그리고 천황제를 바꾸어 간다면 일본이 과거의 역사를 잊어버리는 것은 아닌가 하는 점인데, 그것은 천황제가 이어지든 이어지지 않든 과거의 역사를 어떻게 기억할 것인가의 문제는 별도의 과제이기 때문에 천황제와 직접 연결되는 것은 아니라고 생각합니다.

제가 여쭤보고 싶었던 것은 전전의 천황제는 전쟁책임이 분명히 있다고 하는 입장이기 때문에, 천황제와 침략전쟁의 관련성에 대한 문제의식이 시대가 내려오면서 점차 옅어지는 것이 아닌가 하는 점이었습니다.

그것은 천황의 대ft가 바뀌거나 여제가 탄생해서 그렇게 된다기보다는 시간이 지남에 따라 기억이 점차 변화해 가는 것과 관련된 문제라고 생각합니다. 천황제의 변화와 직접 연결되는 문제는 아니라고 봅니다. 그것으로 말하자면 히로히토 천황은 60년 이상 재위를 했는데, 국제적으로 본다면 전쟁 범죄자가 계속해서 재위를 해 온 것이 됩니다. 그 자체에 대한 일본의 전후책임이라는 것이 있기 때문

---

10 일본국헌법 제1조는 "천황은 일본국의 상징이자 일본 국민 통합의 상징이며 그 지위는 주권을 가지는 국민의 총의에 의거한다"고 되어 있다.

에, 히로히토를 연합국이 재판하지 않은 동시에 일본인을 재판하지 않았다는 그러한 문제가 전후에도 계속해서 관련되어 왔습니다. 그것이 지금부터 어떻게 될 것인가에 대해서는 독립된 문제라고 생각합니다.

젠더와 천황제

이번에는 가부장제에 대해 질문드리겠습니다. 선생님은 이미 이에 관련한 책[11]도 내신 걸로 알고 있습니다. 일반적으로 근대 국민국가 형성기에 가부장제라는 것이 정착하기 시작했다는 의견에 대해서는 어떻게 생각하십니까? 즉 단지 천황제가 있어서 가부장제가 형성된 것이 아니라 보편적으로 근대 국민국가를 만들어 가는 과정에서, 예를 들어 징병제 등이 생김으로써 남성 우위 사회가 만들어졌다고 하는 것에 대해 말입니다.

네, 이 부분에 관해서는 여러 가지 연구가 있습니다. 근대화와 여성의 지위 향상이 일치하는지에 대한 여러 연구 결과에서 알 수 있는 것은, 근대화는 여성의 지위를 한편으로는 향상시켰지만 다른 한편으로는 낮췄다고 하는 것입니다. 근대화로 여성의 해방이 이루어지지 않았다는 것은 분명한 사실입니다. 예를 들어 프랑스 혁명 이후 기혼 여성의 지위는 내려갔습니다. 그리고 대체로 어느 나라에서건 근대화라는 것은 공업화인데, 공업화와 함께 여성의 지위는 내려갔습니다. 그리고 자영업의 사회라든가 농업 사회에서 여성의 지위가

---

11 上野千鶴子, 《家父長制と資本制 — マルクス主義フェミニズムの地平》, 岩波書店, 1990.

낮다고 생각할지도 모르겠지만, 민속학 연구나 역사학 등의 여러 가지 연구에서 알 수 있는 것은, 며느리로서의 지위는 낮을지 모르나 주부로서의 지위는 분명히 높다는 것이죠. 그건 한국도 마찬가지 아닌가요?

네, 그렇습니다.

그렇기 때문에 일면만을 봐서는 안 됩니다. 어떤 의미에서 근대화가 여성의 지위를 낮췄다는 것은 여성이 생산 현장에서 배제되었기 때문이라는 것이죠. 그것은 국민국가와 일치합니다. 국민국가는 어쨌든 처음에는 남성에게만 선거권을 주었는데, 저는 선거권은 권리 중의 권리라고 생각합니다. 자신의 운명을 정하는 권리인 것이죠. 자신의 운명을 결정하는 권리마저 받지 못한 것이 근대 국민국가에서의 여성이었기 때문에, 그러한 점에서는 지위가 내려간 것이 아닌가요. 메이지시대를 연구해서 잘 아시리라 생각합니다만 메이지 이후 여성은 호주가 될 수 없도록 제도가 정비되었습니다. 이렇게 여성이 호주가 될 수 없다고 규정되었을 때, 마을 자치 회의에서 줄곧 회의의 권리를 갖고 있던 한 미망인이 어째서 자신의 권리를 호주로서 행사할 수 없는가 하는 생각으로 메이지 정부에 항의를 한 일도 있습니다.

이번에는 군위안부에 관한 질문입니다. 제국주의 시대의 군위안부 문제에 관하여 최근의 논의를 포함하여 선생님의 의견을 들려주십시오.

아시다시피 '여성을 위한 아시아평화국민기금(아시아여성기금)'**12**은 전 위안부 여성들에게 국민적인 배상과 여성의 명예와 존엄에 관한 문제 해결에 임할 것을 목적으로 1995년 7월에 발족하고 같은 해 12월 8일에 재단 법인으로서 설립되었으며 거기에는 사죄문이 포함되어 있었습니다. 그러나 여기서 모은 돈은 국민의 돈이지만 세금에서 나온 것은 아닙니다. 그렇기 때문에 국민은 사죄하고 있어도 국가는 사죄하고 있지 않는다는, 대단히 기묘한 형태로 일본은 "사죄를 했다"고 말하고, 피해자들은 "그것으로는 사죄가 되지 않는다"고 말합니다. 게다가 잘 알고 계시겠지만, 그것을 받아들인 사람과 받아들이지 않은 사람 사이에 분단이 생겨서, 이런 정치적인 선택이 행해진 탓으로 어떤 의미에서 위안부 문제는 암초에 부딪힌 채로 10년 이상 시간이 흘렀습니다. 그 사이에 할머니들은 점차 나이가 들어 재판을 진행하는 도중에 돌아가시는 분들이 계속 생겨나고 있습니다. 그렇기 때문에 한국에서건 일본에서건 혹은 다른 나라에서건 이러한 상황을 어떻게 타개하면 좋을까 하는 문제에 직면하고 있는 상황이라고 생각합니다.

지난해였나요? 재판에서 원고패소**13**라고 하는 판결이 나왔던 것이.

---

12 일본 정부는 1990년대에 들어와 위안부 문제가 국제적 이슈로 떠오르자 1995년 무라야마 도미이치(村山富市) 총리 때 아시아여성기금을 발족시켜 각국 위안부 피해자들에게 보상금 지급을 추진해 왔다. 한국의 경우 1997년 11월 관계자들이 서울에서 피해자 5명을 만나 위로금 2백만 엔과 함께 하시모토 수상의 편지를 전달했다. 그러나 이후 한국에서는 "군위안부 피해자들에 대한 일본 정부의 배상 책임을 회피하기 위한 편법"이라는 반발의 목소리가 커지면서 그동안 위로금 지급이 사실상 중단돼 왔다.

13 일본 군위안부 8명을 포함하여 원고 40명에 의한 '아시아태평양전쟁한국인희생자보상청구재판' 소송은 2003년 7월 22일 도쿄 고등법원에서 판결이 기각되었고, 2004년 11월 29일 대법원 판결에서도 기각되었다.

네 그렇습니다. 예상했던 패소였습니다. 그것은 위안부에게만 한정된 것이 아니라 모든 전후 보상을 둘러싼 재판 투쟁은 전부 국내법에는 기준이 없다는 이유로 문전박대를 당하는 식으로 되어 왔기 때문에, 같은 식의 판결이 위안부들에게도 내려진 경우가 되겠습니다. 그러나 이것을 타개하는 방법이 실은 없는 것도 아닙니다. 국내법에는 그런 기준이 없다고 하는 것이 재판의 판결 이유입니다만 국내법에 특례법을 만들면 되는 겁니다. 그것은 '전후보상입법'이라고도 불리는 것인데요, 전후 반세기 이상을 방치해 둔 채로 지나왔기 때문에 늦은 감이 있습니다만 그것을 만들자는 움직임이 없는 것은 아닙니다. 단지 그것이 국회에서 다수파를 점하고 있지 않기 때문에 좀처럼 실현되고 있지 않는 것입니다. 그러나 제가 한 가지 희망을 가지고 있는 것은 군위안부에 관한 전시회나 시사회 등이 일본열도 각지에서 행해지고 있다는 점입니다. 지금 일본인의 3분의 2가 전후 세대입니다. 저도 그렇고 박 선생님도 그렇습니다만, 서로가 전쟁의 기억이라는 것이 없습니다. 이것을 지금 전국 각지에서 담당하고 있는 사람들은 대부분 젊은 세대들입니다. 제가 전쟁 범죄자의 아이들 세대라고 한다면, 손자 세대들이 이러한 활동을 하고 있는 것이 되죠. 전쟁의 기억이 없는, 당사자가 아닌 세대들 사이에서 이러한 '기억의 계승'이 이루어지려고 한다는 것입니다. '전후처리입법'을 만들자는 의견을 내고 있는 사람들도 전후 세대입니다. 국회의원의 태반이 전후 세대입니다. 물론 전후 세대는 양극으로 나뉘어져 있습니다. 전후 세대 중 전쟁을 좋아하는 사람들도 한편으로는 있습니다만, 이러한 전쟁의 기억을 물려받으려고 하는 움직임을 보이는 전후 세대들이 확실히 있습니다. 그 점에 대해서는 군위안부 할머니들이 목소리를 높여준 것의 영향은 참으로 컸다고 봅니다.

이 피해 여성들의 개인적인 경험과 고통이 지금 논의되고 있는 것을 보면, 마치 일본 제국주의에 의한 조선 민족 억압의 표상으로 거론되고 있는 경우가 있는데, 그것에 대해서는 어떻게 생각하시는지요.

확실히 말씀드려 저는 매우 위선적이라고 생각합니다. 왜냐하면 할머니들이 목소리를 높이기 전에는 한국에서는 그 누구도 말을 하지 않았습니다. 그런 할머니들을 50년간 입을 다물게 해 온 것은 한국 사회였습니다. 할머니들이 목소리를 높이고 나서야 처음으로 그것이 '민족의 수난'이었다는 식으로 생각하는 사람들이 나타났기 때문이죠. 초기의 경우에는 오히려 할머니들이 목소리를 높일 때 그것을 못하도록 방해하는 사람들이 한국에 꽤 있었다고 들었습니다. 가족이나 친족들이 반대를 하는 경우도 있었다고 말입니다. 그러나 이분들은 한국 민족의 대표로서 자기의 고난을 말한 것이 아니라, 개인으로서의 고난을 이야기한 것입니다. 그렇기 때문에 국가가 국가에게 보상해달라고 하는 것이 아니라, 국가를 상대로 나 개인에 대한 보상을 요구하는 것입니다. 예컨대 "내가 피해를 입었을 경우, 미안하다고 하면서 아버지나 동생에게 위자료를 보낸다면 납득할 수 있겠는가? 피해를 입은 것도 나고 보상을 받고 싶은 것도 나다"라고 할머니들은 말씀을 하고 계신 겁니다. 즉 국가 대 개인, 일본이라는 국가 대 할머니라는 개인의 관계인데요. 한국과 일본, 국가 대 국가의 보상 이야기가 아닙니다. 그런 식으로 요구를 하고 있는 것이 아니란 이야기지요.

그렇죠. 그렇게 된다면 위안부 할머니들에게는 더욱 더 큰 고통을 주는 결과가 될 수도 있겠지요.

한국도 실은 할머니들의 이익을 제대로 대변하고 있지 못한 부분에 있어서 상당히 불만을 품고 있는 할머니들이 국적 이탈을 하는 경우가 있다고 들었습니다. 저는 기본적으로 국가는 나를 대표하지 않는다고 생각하기 때문에, 할머니들의 입장도 그러할 것이라고 생각합니다.

천황제의 장래

이제까지의 선생님의 말씀에 의하면 다케우치 요시미竹内好**14** 씨가 1960년대에 말한 "한그루 나무에도, 한포기 풀에도 천황제가 있다"라는 말은 지금 일본에서는 이미 통용되지 않는다고 봐도 좋을 것 같습니다만.

"일목일초一木一草의 천황제"를 말씀하시는군요. 그 세대는 그랬는지 모르겠습니다.

전전의 세대 말씀이시죠.

네. 어떤 멘탈리티도 역사와 교육에 의해 만들어지기 때문에, 그 시대의 교육을 받은 사람들, 예를 들어 국민학교의 교육을 받은 사람들, 즉 군국 소년·군국 소녀의 마음을 저는 이해할 수 없습니다. 마찬가지로 그러한 사람들도 젊은 세대의 마음을 이해할 수 없을 겁니다. 여러 가지 여론 조사를 보면, 젊은 세대일수록 천황이나 천

---

14 다케우치 요시미(竹内好, 1910~1977)는 나가노현(長野県) 출신으로 도쿄제국대학 문학부 지나문학과를 졸업했다. 중국 문학자, 문예 평론가. 루쉰의 연구·번역과 일본과 중국, 일본 문화 등의 문제에 관심을 가지고 언론계에서 발언권을 행사했다. '대아시아주의'의 입장에서 일본군의 아시아 침략전쟁을 엄격하게 규탄했다.

황제에 대한 관심이 점차 옅어지고 있습니다. 그렇기 때문에 그것이('일목일초'의 천황제) 일본인의 DNA처럼 피로써 또는 유전으로 흐르고 있다고 하는 것은 절대 있을 수 없는 일입니다. 그대로 두면 점차 희미해져 가는 것이 아니겠습니까?

저도 1990년대의 여론 조사를 검토해 보았습니다. 물론 여론 조사가 그것을 전부 말해주는 것은 아닙니다만. 그 중에서 제가 가장 흥미롭게 생각하는 부분은 천황제에 대한 무관심층이 점차 증가하고 있다는 점입니다. 1989년 쇼와천황이 죽었을 당시 8% 정도에 지나지 않던 것이 98년경에는 15%를 넘었습니다. 그러니까 시간이 지날수록 무의미한 존재가 되어버리는 것이 아닌가 하는 생각이 들었습니다.

예, 그렇기 때문에 매스 미디어에 대한 전략으로서는, 예를 들어 가능한 한 천황제를 문제화시켜 그것을 비판하는 방법과, 문제시하지 않고 무시한다고 하는 두 가지 방법이 있습니다. 어떤 의미에서는 끄집어내서 비판하면 할수록 상대의 모습을 크게 부풀리게 되는, "마른 억새풀을 큰 괴물처럼 보이게 하는" 효과가 있기 때문에 그냥 두면 관심은 점차 사라지는 것입니다. 그렇기 때문에 이벤트를 만들어내고 싶어 한다고 생각합니다. 특히 무관심층이 점차 증가해 가고 있는 상황에서 지금 궁내청을 포함해서 황실이라는 일본의 문화재를 유지하기 위해서 얼마만큼의 예산이 사용되고 있는지를 국민들이 알게 된다면 모두가 깜짝 놀라서 "비싸게 치이니까 그만두라"고 말할지도 모릅니다.

다 카 하 시 데 쓰 야

2004년 12월 7일
東京大学 駒場캠퍼스 다카하시 교수 연구실

다카하시 데쓰야高橋哲哉 _ 1956년 후쿠시마현(福島
県) 출신으로 도쿄대학 교양학부 프랑스학과를 졸업
한 후, 동대학원 인문과학연구과 박사 과정을 수료했
다. 현재 도쿄대학 대학원 종합문화연구과 교수로 재
직 중이다. 원래는 프랑스 사상가 자크 데리다를 연구
하는 철학이 전공이지만 1990년대 중반 이후 자유주
의사관 비판과 가토 노리히로(加藤典洋)와의 논쟁을
계기로 역사수정주의와 역사인식 논쟁, 전후책임론에
서 유력한 논객의 한 사람으로 활동하고 있다. 2005
년의 저서 《야스쿠니문제》는 20만부를 넘는 베스트셀
러가 되었으며 그 내용을 둘러싸고 논쟁이 일고 있다.
이 책은 한국에서 《결코 피할 수 없는 야스쿠니문제》
(역사비평사, 2005)로 번역되었다. 이 밖에도 한국에
서 나온 책으로는 《일본의 전후책임을 묻는다》(역사
비평사, 2000), 서경식과의 대담집 《단절의 세기 증
언의 시대》(삼인, 2002) 등이 있다. 2004년 NPO '전
야(前夜)'를 창립하고 같은 이름의 잡지 《전야》를 창
간했다. 국립대학 교수로서 한국이나 중국의 반일적
인 역사인식에 지나치게 우호적이라는 비난을 받고
있으나 그만큼 일본의 보수 우경화에 대한 강한 위기
감으로 폭넓은 연구 활동을 하고 있다. 단정한 외모에
온화한 성격의 인품이 무척이나 인상적이었다.

히노마루 · 기미가요 · 야스쿠니신사

최근 선생님께서는 히노마루 · 기미가요 반대 운동이나 야스쿠니신사 참배 반대 운동을 적극적으로 하고 계시는 것으로 알고 있습니다. 그리고 카토 노리히로加藤典洋 씨의 《패전후론敗戰後論》[1]이라는 책이 한국에서 번역되었는데, 그것에 대해서 선생님이 비판을 가한 책[2]도 물론 한국에 번역되어 있습니다. 먼저 가토 씨의 히노마루 · 기미가요에 대한 선생님의 비판적 의견을 들려주십시오.

가토 씨의 히노마루 · 기미가요에 대한 의견을 한마디로 말하자면 히노마루라고 하는 것은 일본이 과거사를 아직 제대로 청산하지 않은 것의 상징이기 때문에 오히려 이것을 계속 유지해 나가는 것이 좋다고 하는 것입니다. 즉 간단히 다른 국기로 바꿔버리면 오히려 일본의 침략을 받은 사람들의 불신감을 불러일으킨다고 하는 기묘한 의견을 제시하고 있습니다. 히노마루는 과거 대일본 제국 시대에 조선과 중국, 아시아를 침략했을 때의 상징이자, 천황제의 상징입니다. 국내적으로도 국외적으로도 그 자체가 청산되어야만 할 부채였는데도 불구하고 그것을 일본이 과거를 청산하고 있지 않는 상징으로서 계속 유지해 나가야 한다는 것은 논리로써 볼 때 넌센스라고 생각합니다. 예를 들어 독일과 이탈리아는 일본의 동맹국으로서 전쟁을 했고 패전에 이르렀습니다. 이후 두 나라 모두

---

1 加藤典洋, 《敗戰後論》, 講談社, 1997(《사죄와 망언사이에서 ― 전후일본의 해부 ―》, 서은혜 옮김, 창작과 비평사, 1998).

2 高橋哲哉, 《戰爭責任論》, 講談社, 1999(《일본의 전후책임을 묻는다》, 이규수 옮김, 역사비평사, 2000).

곧바로 국기를 바꿨습니다만, 그것이 주변 여러 나라의 불신감을 초래한 것은 아니었습니다. 완전히 정반대라고 생각합니다. 그것이 하나입니다.

그리고 기미가요에 대한 가토 씨의 의견도 멜로디는 바꾸지 말고 가사만 바꾸면 된다는, 일종의 말을 바꾸면 된다고 하는 논리입니다. 왜냐하면 가사가 대일본제국 시대의 천황제, 즉 천황의 통치가 영원히 이어지기를 바라는 가사이기 때문에 그것을 전후 상징천황제에 맞는 것으로 바꾸면 된다고 하는 그런 제안입니다. 즉 "천황은 일본 국가와 일본 국민의 통합의 상징"이라고 하는 그런 의미에서의 가사를 노래한 것이라고 하는 기미가요에 대한 정부의 공식 견해에 대하여 전전의 가사를 현재에 맞는 것으로 바꾸지 않으면 안 된다고 하는 것이 그의 의견인 것입니다. 그것은 곧 전후의 상징천황제를 긍정하는 논리인 것입니다.

그러나 제 생각으로는 히노마루, 기미가요, 상징천황제, 야스쿠니신사 참배, 이러한 것들은 모두가 과거 대일본제국 시대의 부負의 측면을 전후에 약간만 변화시킨 형태로 남겨버린 부의 유산입니다. 물론 전후 히노마루나 기미가요는 전전과 같은 형태로 강요하면 안 된다는 식으로 바뀌었지만 사실상은 계속 강요해 왔습니다. 야스쿠니신사도 전전에는 해군과 육군에 소속되어 있는 군의 신사라는 아주 기묘한 성격의 국가 기관이었던 것입니다. 그것이 전후에는 매우 위험하다는 이유로 종교 법인으로 바뀌었습니다. 다른 불교의 절이나 기독교의 교회와 같이 종교 법인이 된 것입니다. 그러나 그런 식으로 자격은 완전히 바뀌었지만, 아직도 국가와의 애매한 관계가 이어져 수상의 참배가 이루어지는 형태가 된 것입니다. 천황제도 마찬가지입니다. 대일본제국 시대의 천황제와는 다르지만, 상징천황제라는 형태로 일본의 정신 문화라고 하는 그러한 것에 대한 지배가 존속되고 있는 것입니다. 조금은 바뀌었지만, 실은 그것은 대일본제국 시대의 부의 유산을 완전히 청산하고 있지 않다는 흔적들이죠. 그러나 가토 씨의 논리에서는 그것이 전혀 청산하지 않는 것이 되어 버린다는 그 점이 바로 제가 비판하는 부분입니다.

가토 씨의 그러한 논의에 대한 일반적인 반응은 어떻습니까? 지지한다거나 지지하지 않는다고 하는.

히노마루 · 기미가요 문제에 대해서는 특별히 지지가 그렇게 강한 것은 아니라고 봅니다만, 상당히 재미있는 점은 당시 이시하라 신타로 도쿄 도지사도 히노마루 · 기미가요에 관해서 기미가요의 가사를 바꾸면 된다는 의견을 말했습니다. 비슷한 견해라고 보지만 가토 씨의 논의가 구체적인 문제를 통해서 나오는 기본적인 생각은 "일본의 국민이라고 하는 아이덴티티를 확립해야만 한다. 패전의 결과 일본 국민이라는 것은 호헌파와 개헌파, 혁신파와 보수파로 인격이 분열해버렸다"고 보고, 그것을 통일된 국민으로 다시 한번 만들지 않으면 안 된다는 것입니다. 이것은 이른바 보통 내셔널리즘, 보통 국가로 해야만 한다는 생각으로 일본 국내의 지식인들 중에서도 이에 가까운 생각을 가진 사람들이 적지 않게 존재한다고 봅니다. 그런 점에서는 영향력이 있다고 보는 것입니다.

그런 의미에서 가토 씨는 자신의 주장은 네오내셔널리즘을 주장하는 자유주의사관**3**이나 '새로운 역사교과서를 만드는 모임'(이하 새역모)**4**의 사람들과 다르다고 말하고 있지만 실은 비슷한 부분이 많다는 생각이 듭니다. 선생님께서는 대체로 어떤 점이 유사하고 또 어떤 점이 다르다고 보시는지요?

분명히 다른 점은 가토 씨의 경우는 자유주의 사관이나 새역모의 사람들과는 달리 일본이 침략전쟁을 치른 과오를 일단 인정하고 있습니다. 우선 그러한 점이 다르고, 또한 이른바 우익적인 생각과는 거리를 두고 있습니다. 원래는 혁신파에서 나왔다고 가토 씨 스스로가 말하고 있으니까요. 다만 두 쪽의 공통점은 국민이라는 존재의 아이덴티티를, 우파는 대단히 강고한 것으로 믿어 의심치 않으며 가토 씨는 그것이 분열하니까 다시 한번 하나로 만들자고 하는 것입니다. 그러나 만들어 내자고 할 때의 그 논리라는 것이 제가 보

---

3 자유주의사관은 1994년 후지오카 노부가츠(藤岡信勝) 도쿄대학 교수(당시)가 제창한 역사 검증법을 말한다. 종래의 일본사, 특히 근대사에 대한 서술을 '자학사관'이라고 공격하면서 등장하여 세간의 관심을 모았다. '자유주의'란 보수파의 '대동아전쟁사관', 미국 중심의 '도쿄재판사관', 소련 중심의 '코민테른사관'의 그 어느 쪽에도 치우치지 않는다는 의미에서 사용하고 있으나 그 실상은 '대동아전쟁사관', 또는 '황국사관'의 재판으로서의 '역사수정주의'라는 비판을 받고 있다. 그러나 보수적인 성향이 강한 종교 단체나 출판사, 그리고 산케이신문을 비롯한 언론이 이를 지지하고 있어 대중적인 확산에 영향을 미치고 있다. '새로운 역사교과서'도 '자유주의사관'의 역사관에 입각하여 제작되었다.

4 '새로운 역사교과서를 만드는 모임'은 자유주의사관에 입각하여 기존의 역사교과서, 특히 중학교의 그것이 필요 이상으로 '자학적'이라는 인식하에서 이를 극복하기 위해 일본인으로서의 긍지와 책임을 질 수 있는 교과서를 만드는 것을 목적으로 하는 단체로 1997년 1월 30일 발족했다. 2006년 7월 현재 회장 고바야시 다다시(小林正) 전 참의원 의원·평론가, 부회장 후지오카 노부가츠 다쿠쇼쿠대학 교수 외 2명을 비롯하여 변호사, 작가, 평론가 등 보수적인 입장의 저명 인사들이 다수 동참하고 있다.

기에는 상당히 문제점이 있는 것입니다. 즉 가장 중요한 점은 일본이 일으킨 전쟁에 의한 사망자를 어떻게 애도할 것인가 하는 문제를 둘러싸고 1990년대 전후 보상 운동이 일어났습니다. 한국에서는 김학순 씨를 비롯해서 위안부나 강제 연행 피해자들이 일본의 사죄와 보상을 요구하면서 법정에 소송을 했습니다. 이 소송이 나온 후 일본 측에서도 이들을 지지하는 운동이 시민 운동으로서 나왔습니다. 이것이 일본 전체로 봐서는 결코 다수를 차지하는 것은 아니지만, 그 자체는 상당히 귀중한 운동입니다. 그러나 가토 씨는 이러한 운동에 귀를 기울이지 않습니다. 즉 그에 따르면 아시아의 피해자에게 보상하고 사죄해야 한다고 진보파의 시민 운동이 격렬하게 말하면 말할수록 일본 사람들은 그것에 반발해버린다고 하는 것입니다. 야스쿠니나 우파의 문제도 그러한 것에 대한 반발로서 나오는 것이라고 보는 것이죠. 그러니까 아시아 사람들에게 먼저 사죄하는 것이 아니라 일본의 죽은 병사들을 우선 애도하고, 그리고 일본의 국민적인 공동체, 주체를 다시 한번 만든 후에 아시아와의 관계를 생각하자고 하는 그런 생각입니다. 저는 그것에 반대합니다.

묘한 논리라고 생각합니다. 제가 보기에도 자국의 병사와 아시아 희생자들 사이에 순번을 정해 놓은 듯한 느낌이 드는데, 오히려 희생자로서의 아시아인, 가해자로서의 일본이라는 시점에서 바라볼 필요가 있지 않을까요.

가토 씨는 객관적으로 보면 자신이 우익이 아니라고 하는 이상 일본의 병사들이 침략군이라는 것을 인정하지 않을 수 없다고 생각합니다. 그러나 그런 침략군인 병사가 우리들의 아버지이자 할아버지였다고 하면서, 우리들의 아버지이자 할아버지가 잘못된 일을 했는지는 몰라도, 아버지이자 할아버지였기 때문에 먼저 그들에게 깊이 감사하지 않으면 국민이 인격적으로 분열해 버린다는 그런 이유 때문에 자국의 병사를 먼저 애도해야 한다는 것입니다. 거기에는 국가를 하나의 가족으로 생각하는 견해도 포함되어 있습니다. 구체적으로 전개해보면 다양한 논의가 나오겠지만 많은 문제가 있는 것이죠. '애도 공동체'라고 하는 형식으로 일본 국민을 다시 한번 일으켜 세운다고 하는, 거기에는 타자의 기억은 처음부터 배제되어 있는 것이죠.

오늘날 일본은 아이덴티티가 지극히 혼돈된 상태에 있다고 보는데, 가토 씨는 자기 나름대로 이러한 상황에서 국민적 아이덴티티를 재확립하려는 의도가 있었던 것이 아닐까요?

의도는 그러한 생각이 있었다고 생각합니다. 그것에 의해서 일본의 과거를 확실히 청산하자고 하는 그룹과 우익적인 그룹을 통합하자고 하는 것이고, 통합하기 위해 국민이라는 틀로 전부 묶어버리자고 하는 것이며, 그러기 위해서는 우선 자국의 병사들에게 감사하지 않으면 안 된다고 하는 것이죠. 그리고 또 다른 문제점은, 역시 식민지에 대한 책임 의식이 지극히 희박하다는 점입니다. 그가 침략전쟁이 있었다고 말하는 것은 기껏해야 중국 침략전쟁에서 시작하고 있는 이야기입니다. 그렇기 때문에 300 몇 십 만의 사망자라고 하는 정부의 공식 수치를 가져오고 있는 것입니다. 저는 야스쿠니 참배 문제이건, 천황제의 문제이건, 히노마루나 기미가요의 문제이건, 이 모두가 19세기 후반부터 진행된 일본의 조선 침략 또는 대만의 식민지화, 그리고 아시아 전체로 일본이 침략해 나가는 과정과 완전히 근본부터 얽혀 있는 것으로 보고 있습니다. 야스쿠니신사의 문제도 그렇습니다. 이것은 한국에서도 중국과 마찬가지로 'A급 전범'이라는 것이 클로즈업되고 있습니다만. 'A급 전범'이라고 하는 것은 어디까지나 도쿄재판5, 즉 극동국제군사재판에서 중국 침략 이후의 전쟁에 책임을 지는 사람들입니다. 물론 태평양전쟁의 경우에는 조선으로부터 많은 사람들이 징병으로 또는 위안부로, 그 외에도 강제 연행, 강제 노동으로 동원되었습니다만. 그 베이스에 있었던 것은 병합이라는 것을 생각해도 1910년 이후부터는 식민지 시대였고, 그 이전에도 침략의 프로세스는 있었던 것입니다. 그러한 것들과 야스쿠니신사는 전부 관련이 있다는 겁니다. 이것은 'A급 전범'만으로는 전부 다룰 수 없는 문제입니다. 저는 거기까지 포함해서 보아야만 한다고 생각합니다.6

그러니까 한국과 중국이 수상의 야스쿠니신사 참배를 비판할 때 주로 'A급 전범'에 대한 문제만을 제기하고 있는데 문제가 있다고 생각합

---

5 도쿄재판의 정식 명칭은 '극동국제군사재판'(The International Military Tribunal for the Far East)이다. 1946년 1월 19일 포츠담 선언 제10항에 의거하여 극동국제군사재판소조례(극동국제군사재판소헌장)가 정해지고 1946년 4월 26일 일부 개정 후 재판이 개시되었다. 기소는 쇼와천황의 생일에 해당하는 1946년 4월 29일 시작되었으며 27억 엔의 재판 비용은 일본 정부가 지출했다. 1946년 5월 3일부터 심리가 시작되어 1948년 11월 4일~11월 12일에 걸쳐 형의 선고를 포함한 판결이 언도되었다. 'A급 전범' 7명에 대한 교수형은 현 아키히토 천황의 생일에 해당하는 같은 해 12월 23일에 집행되었다. 이 재판에서 쇼와천황의 전쟁책임을 추궁하는 호주, 소련 등 연합국의 목소리가 있었으나 재판을 주도한 미국과 일본 정부의 정치적 '담합'에 의해 천황의 전쟁책임은 면책되었다.

6 이 점에 대한 다카하시의 주장은 高橋哲哉, 《靖国問題》ちくま新書, 2005(《결코 피할 수 없는 야스쿠니문제》, 현대송 옮김, 역사비평사, 2005) 및 《国家と犠牲》, NHKブックス, 2005 참조.

니다. 그렇기 때문에 일본의 우파 가운데는 "자, 그러면 야스쿠니신사로부터 'A급 전범'을 분사分祀하자"[7]라는 주장으로 이어지는 논의도 나오고 있습니다만, 앞으로 야스쿠니신사에서 'A급 전범'을 분사할 가능성은 있습니까?

야스쿠니신사의 'A급 전범' 분사가 왜 지금 이루어지고 있지 않는가 하면, 1985년에 나카소네 야스히로中曽根康弘[8] 수상이 공식 참배를 했습니다. 그때 처음으로 중국으로부터 공식 비판이 나왔고, 한국에서도 동남 아시아에서도 많은 미디어가 엄중한 비판을 했습니다. 나카소네 수상은 그러한 이유로 이듬해부터 참배를 중지했습니다. 그리고 'A급 전범'을 분리하면 문제는 없다는 중국 측의 말에 따라, 그는 분리하는 것이 가능한지를 야스쿠니신사에 문의했습니다. 그러나 야스쿠니신사는 이것을 완전히 거부했습니다. 야스쿠니신사 측에서는 한 번 모신 혼령은 분리할 수 없다는 대단히 기묘한 논

---

7 'A급 전범'으로 처형된 7명의 유골은 미군에 의해 도쿄 앞바다에 버려졌으나 당시 'A급 전범'의 변호인에 의해 화장터에서 은밀하게 회수된 7명의 유골의 일부가 화장터 가까운 곳의 절에 맡겨졌다가 1949년 5월 이즈(伊豆)로 옮겨 묻은 후, 1960년 8월 16일 아이치현(愛知県) 산가네(三ヵ根)산 정상 부근으로 옮겨졌다. 그후 1978년 야스쿠니신사는 이들과 함께 다른 7명의 'A급 전범'을 포함하여 '쇼와순난자'(昭和殉難者)로 합사하여 오늘에 이르고 있다. 일본의 수상이 야스쿠니신사에 참배하는 데 대하여 한국과 중국 등에서 A급 전범을 합사하고 있다는 이유로 비판이 거세지자 일본의 보수파 정치가들 사이에서 'A급 전범'의 위패를 다른 곳으로 옮겨 수상이 야스쿠니신사에 참배해도 외국에서 비판할 수 있는 명분이 없도록 만들자는 취지에서 'A급 전범' 분사론이 제기되었다.

8 나카소네 야스히로(中曽根康弘, 1918~)는 군마현(群馬県) 출신으로 도쿄제국대학 법학부를 졸업했다. 일본의 우파 정치인으로 내각총리대신(1982년 11월~1987년 11월), 다쿠쇼쿠 대학 제12대 총장 겸 이사장·명예회장과 동아시아공동체 평의회회장 등을 역임했다. 1985년 8월 15일 수상으로서 야스쿠니신사에 공식 참배하여 중국과 한국의 반발을 사기도 했으며, 1980년대 일본 정치의 우경화를 주도했다. 2003년 정계 은퇴 후 현재는 세계평화연구소 이사장. 최근에는 고이즈미의 개혁 정치와 야스쿠니 참배에 이의를 제기하고 있다.

리를 제시한 것이죠. 그리고 'A급 전범'의 유족 가운데 야스쿠니신사로부터 분리되는 것에 반대하는 사람이 있습니다. 그러한 반대가 지극히 강한 것이었기 때문에 나카소네는 포기할 수밖에 없었던 것입니다. 그러나 나카소네는 지금도 'A급 전범'을 분사해서 해결해야 한다고 말하고 있는데요. 야스쿠니신사가 스스로 'A급 전범'을 분리한다는 결단을 내린다면 불가능한 것도 아닙니다. 유족도 설득한다면 불가능한 것도 아닙니다만, 지금까지 불가능하다고 말해 온 이상 어려운 것이 아닌가 생각합니다.

고이즈미 준이치로小泉純一郎수상은 내외로부터 많은 비판을 받고 있음에도 불구하고 계속해서 참배를 해 왔습니다. 최근 중국에서도 또 다시 야스쿠니신사 참배에 대해서 비난을 했지만, 그래도 수상 자신은 계속해서 참배하겠다는 식의 답을 했습니다. 그러나 한편으로는 최근 일본의 재계에서 참배를 하지 않는 편이 좋지 않는가 하는 의견이 제기되었습니다. 이것에 대해 고이즈미 수상은 앞으로 어떤 대응할 것으로 보십니까?

'A급 전범'으로 처형된 7명의 유골을 묻은 무덤. 아이치현 산가네산 정상에 있다.

고이즈미 수상의 정치 판단에 대해서는 예측이 불가능하지만, 최근 언동을 본다면 지금 말씀하신 부분이 있기 때문에 조금은 적당한 대응을 생각하고 있다고 봅니다. 지금까지는 참배를 하겠다는 의지를 견지해 왔지만 최근에는 적절한 대응을 생각하고 있다고 말하기 때문에 변할 가능성이 없다고는 말씀드릴 수 없습니다, 그러나 그렇다면 지금까지 그가 견지해 온 것을 배신하는 것이 된다는, 지극히 딜레마에 빠진 상태라고 할 수 있습니다.

이 점과 관계있는 이야기가 되겠습니다만, 최근 천황이 원유회園遊会9에서 히노마루·기미가요를 강요하지 않는 편이 좋다는 이야기를 했습니다. 거기에 대해서는 어떻게 생각하십니까?

현재 도쿄에서는 이시하라 신타로 도쿄 도지사 때문에 히노마루·기미가요의 강제가 대단히 성행하고 있습니다.10 기미가요 제창 때

---

9 원유회(園遊會)는 매년 봄과 가을에 두 차례 황궁의 별궁에 해당하는 아카사고엔(赤坂御苑)에서 개최된다. 천황과 황후는 중참 양원의 의장, 부의장, 내각총리대신, 국무대신, 대법원장과 판사 기타 입법·행정·사법 각 기관의 요인, 전국 지방자치체 의회 의장, 그리고 산업, 문화, 예술, 사회 사업, 스포츠 등 사회 각계의 공로자와 그 배우자들을 포함하여 약 2000명을 초대한다. 여기에는 황태자 부부를 비롯한 황족들도 출석하며, 특히 봄의 원유회에서는 각국 외교사절단의 장 이하 외교관과 각국 영사관의 장 및 그 배우자와 영양(令孃)도 초대된다. 이는 얼핏 보면 단순히 사교와 친목을 위한 연례 행사와 같이 보이지만 실은 천황이야말로 일본의 문화적, 상징적 권위의 최정점에 있다는 것을 각계 각 분야의 인사들이 직접 눈으로 확인하는 중요한 계기가 되고 있으며, 실로 일본국 및 일본 국민 통합의 상징에 걸맞는 천황의 모습을 적극적으로 연출하는 계기로 활용되고 있다.

10 히노마루·기미가요는 일본 제국주의 시대에 대외 침략의 상징으로 이용되었다는 점에서 일본 국내에서도 반대와 저항의 목소리가 높았다. 1990년대에 들어와서 히노마루·기미가요의 사용을 둘러싼 논의가 격화되는 가운데 국론이 양분되고 있었으나 1999년 2월 히로시마의 한 고등학교에서 졸업식 행사에서의 사용 여부를 둘러싸고 교사와 학부모 사이에서 고민하던 교장이 자살한 사건을 계기로 서둘러 국회에서 통과되어 1999년 8월 13일 국기·국가법으로 제정되었다.

2004년 10월 28일의 원유회. 약 1700명이 출석했다.
정면을 향해서 서있는 좌측의 두 명이 천황과 황후이고 나머지는 황족들이다.

자리에서 일어서지 않은 교원 300명 정도가 처분되고, 입장을 바꾸도록 강제적인 연수까지 억지로 받았다고 합니다. 그것을 진행시키는 사람 가운데 하나가 요네나가[11]를 비롯한 그런 교육 위원입니다. 그가 원유회에서 천황에게 "일본 전국의 학교에서 국기 · 국가를 실행하도록 노력하고 있습니다"라고 말했는데, 천황은 그때 "강제적으로 하지 않는 것이 바람직하다"라고 말했습니다. 요네나가 씨가 국기 · 국가를 실행하도록 노력하고 있다고 했을 때,

자신을 칭찬할 것이라고 생각했겠군요?

네. 요네나가 씨는 칭찬해 주었으면 하는 마음이겠죠. 그러나 그때 천황이 "분발해 주세요"라든가 "확실하게 해주세요"라는 식으로 말

---

11 요네나가 쿠니오(米長邦雄, 1943~)는 야마나시현(山梨県) 출신으로 쥬오대학(中央大学) 상학부를 중퇴했다. 일본 장기 최고의 기사. 일본장기연맹 회장, 도쿄도 교육위원. 2004년 가을 원유회에 초대되어 천황과 대화하는 중에 자신의 교육위원으로서의 업무에 관해서 "일본 전국의 학교에 국기를 게양하고 국가를 제창하도록 하는 것이 제가 맡은 일입니다"라고 말했지만 천황이 이에 대하여 "역시 강제로 하지 않는 것이 바람직하지요"라고 말했고 요네나가는 그 자리에서 "물론입니다. 훌륭하신 말씀 감사합니다"라고 대답하여 화제가 되었다.

했다면 그것은 정말 큰 문제입니다. 더욱 강제적으로 진행시키게 되니까요. 그렇기 때문에 천황이 강제성에는 반대한다고 하는 의미의 발언을 한 것은, 지금의 천황이 개인적으로는 자유주의적 입장을 가지고 있다는 그러한 경향의 표현이라고도 볼 수 있습니다. 비교적으로 그런 점에서는 평가할 수 있다고 보지만, 바꾸어 말하자면 우선 한 가지는 천황은 정치적인 문제와 관련하거나 정치적 발언을 해서는 안 된다는 것이 있기 때문에 거기에 저촉될 가능성이 있다는 것입니다. 그리고 또 다른 하나는 소수파에 대한 강제는 근대 국가로서 당연한 것이지만, 강제해서는 안 된다고 하는 것은 졸업식이나 입학식에서 히노마루나 기미가요를 국기·국가로서 사용하는 것을 커다란 전제로 하고 있다는 것을 의미합니다. 그것을 전제로 '강제'는 안 된다고 말한 것입니다. 저는 이러한 대전제 자체를 반대합니다. 졸업식, 입학식 때 히노마루와 기미가요를 하는 것은 당연한 것이다, 그러나 거기에 개인적으로 반대하는 사람들도 있기 때문에 그 사람들에 대해서는 강요하지 않는다고 하는 그런 시스템 자체, 하는 것이 당연하다고 하는 그런 시스템 자체에 저는 비판적이기 때문에 천황의 발언이 반드시 좋은 것이었다고는 말할 수 없습니다.

'새역모' 비판

이번에는 '새역모'의 활동에 대해 여쭤보고자 합니다. 어제(2004년 12월 6일) 한국의 《한겨레신문》에서는 일본의 자민당이 후원하고 지지하면서 '새역모' 교과서의 채택율을 높이도록 노력할 것이라는 기사가 크게 보도되었습니다. 이 점과 관련해서 최근 '새역모'의 활동과 그 전망에 대한 선생님의 의견을 듣고 싶습니다.

'새역모'는 2001년에 그들이 만든 교과서가 '검정 합격' 되었을 때 폭넓은 채택을 노리고 노력했으나 그때는 지극히 적은 수에 머물렀습니다. 일종의 '패배선언'까지도 했습니다만. 내년에 다시 한 번 채택의 해가 오는데, 거기에 대비해서 그들은 굉장히 힘을 모아 운동을 하고 있습니다.12 그들이 하는 운동 가운데 특히 주목되는 것은 교육기본법13을 개악하는 일입니다. 교육기본법은 민주주의와 평화주의에 기반을 두는 교육을 한다는 것으로, 패전 후에 일본국헌법의 민주주의와 평화주의에 대응해서 만들어진 것입니다. 이것을 개악하고자 하는 운동에 '새역모'가 뛰어든 것입니다, 교육기본법의 평화주의를 바꿔서 그 속에 애국심 교육이나 전통 문화의 존중, 일본인으로서 자각을 강화하는 내용 등을 넣으면 자신들의 교과서가 교육기본법에 적합한 것이 된다고 보는 것이죠. 국가주의적인 또는 자민족 중심적인 역사를 정당화한다고 하는 것이야말로 애

---

12 '새역모'의 '새로운 역사교과서' 채택률은 2001년 0.039%(전국 11개교)에서 2005년 0.43%(77개교)로 증가했다. 교과서는 4년마다 채택되고 있으며, 2005년 9월 '새역모'는 4년 후의 재도전을 선언함과 동시에 지리, 가정과, 국어 등의 교과서에도 진출할 뜻을 밝혔다.

13 교육기본법은 문자 그대로 일본의 교육에 관하여 전문과 본칙 11조 및 부칙으로 이루어진 법률로 일본국헌법이 시행되기 1개월 전인 1947년 3월 31일 시행되었다. 패전 전의 황국사관, 유교 사상에 의거한 '교육칙어'(1890년 제정)에 대신하여 새롭게 제정된 일본국 헌법의 정신에 입각한 교육 이념을 선언한 것으로도 평가되고 있다. 이후 수차례 개정론이 제기되어 왔는데, 개정을 주장하는 입장에서는 '애국심'과 '전통의 존중'에 대한 인식이 결여되어 있다고 주장하고 있으며, 이를 반대하는 입장에서는 복고적인 내셔널리즘과 국가에 대한 봉사를 강요하는 것으로 이어질 가능성이 있다고 주장하여 대립이 되풀이되고 있다.

국심이라는 식입니다. 이와 같이 교육기본법을 바꾼다면 교과서의 채택에 유리해진다고 하는 판단으로 일을 진행시켜 오고 있는 새로운 움직임이 있습니다. 또 다른 하나는 일본에서 교육 개혁이라고 하는 것으로, 중학교와 고등학교를 일관적으로 연결시키는 엘리트 고등학교를 만들자는 움직임이 각지에서 일어나고 있는데, 그러한 부분에서 그들의 교과서를 채택하도록 하는 운동을 개별적으로 하고 있는 것입니다. 예를 들어 도쿄에서는 이번에 발족하는 중학교와 고등학교를 연결하는 엘리트 고등학교에서 '새역모'의 교과서를 채택하도록 하는데 성공했습니다. 이것은 이시하라 신타로 지사와의 연계를 강화하면서 '새역모'가 활동하고 있다는 것을 말해줍니다. 현재 문부과학성의 나카야마 장관 자신이 '새역모'의 운동에 의원으로 연계하면서 활동해 온 사람이기 때문에 내년 채택이 결정될 때나 또는 내년 채택을 위해 '새역모'는 정치가와 연계해 나가면서 그 운동을 강화해 갈 것이라고 저는 예상합니다.[14]

그들은 10% 정도 채택된다면 성공한 것이라는 식으로 말하고 있습니다. 그 가능성은 어떤가요?

---

[14] 자민당과 공명당의 간사장과 정조(政調)회장으로 구성된 '교육기본법개정에 관한 협의회'는 2006년 4월 13일 여당의 검토회가 정리한 개정법 문안을 최종적으로 승인하고 관방장관과 문부과학성장관에게 법안 제출을 위한 작업을 요청했다. 최종 보고에서는 전문 등에서 '공공의 정신', '도덕심을 배양한다'는 등 '공'과 '도덕'을 강조하고 있다. 이제까지 교직원조합 등이 "국가는 교육에 개입하지 말라"고 주장할 때의 근거가 되었던 "교육은 부당한 지배에 굴복하지 않는다"는 문언에 관해서 자민당은 삭제를 요구했으나 최종 보고에서는 남기기로 했다. 특히 자민당의 문교 관계 회의에서는 '애국심'을 표현한 부분에 삽입된 '타국을 존중하고'라는 문언에 관해서 '북조선도 존중하는가' 하는 불만의 목소리가 나오는 등 이론이 속출했다. 또한 '일본국헌법에 입각하여', '부당한 지배에 불복하지 않고' 등의 문언을 남긴 데 대해서도 비판이 잇달았다. 이 개정안이 국회에서 성립할지의 여부는 미지수이며, 공산당과 사민당 등의 야당은 교육기본법 개정에 반대하는 자세를 명확히 하고 있다.

일본말에 "예측을 불허한다"는 말이 있습니다. 지금 이야기한 것처럼 각지에서 착실히 정치가들과 연계해 나가고 있습니다. 예를 들어 도쿄의 경우는 말씀 드렸습니다만, 도쿄 근처에 있는 사이타마현도 역시 우에다 지사라는 사람이 이전에 '새역모'의 간부였던 다카하시 시로高橋史朗라는 인물을 교육 위원으로 채용한다는 안을 의회에 제안하겠다고 얼마 전에 발표했습니다. 그것도 역시 지금 큰 문제가 되고 있습니다. '새역모'의 전 간부가 교육위원이 된다면 일본 최초의 사례가 되는데, 이것은 분명히 내년의 채택을 노리고 일어난 일이라고 생각합니다.

'새역모'의 '내부 분열'도 있다는 이야기를 듣고 있습니다만,

그것은 다양한 사람이 있으니까 견해가 조금씩 어긋나는 경우가 있을 것입니다. 또는 여러 이해 관계에 대한 것이 있을지도 모르겠지만, 아마 그런 말이 나오고 있는 것은 예를 들어 이라크 전쟁에 있어서 미국을 어떻게 평가할 것인가의 문제와도 관련이 있다고 봅니다. 일본의 고이즈미 정권은 이미 미국의 부시 정권에 밀착해서 전혀 자주적인 판단은 할 수 없게끔 되어 있다고 보고 이것을 답답하게 생각하는 우익들도 있으니까요. 만약 진짜 우익의 입장을 관철한다면 미국의 부하와 같은 일본은 만족할 수 없다는 것이 되죠. 미국으로부터 독립해서 일본 독자의 국가주의를 세우고 싶기 때문입니다. 그런 입장의 사람들과, 또 다른 한편으로는 미국과 밀착해 나가지 않으면 일본은 대국으로서의 지위를 유지해 나갈 수 없다고 보는 입장이 있습니다. 미국에 대한 '추종파'와 미국에 대한 '독립파'라는 것

이 보수층 또는 우익들 사이에서 나뉘어져 있다는 것이죠. 예를 들어, '새역모'의 전 회장 니시오 간지西尾幹二15는 친미파입니다. 그것에 비해 만화가 고바야시 요시노리小林よしのり16는 미국을 비판하고 있는 것이죠. 이와 같은 대립이 존재하는 것은 사실입니다.

이러한 '새역모'를 비롯한 우익들의 움직임에 대해서 선생님들을 비롯한 시민 운동의 활동은 어떤 식으로 대응하고 있습니까.

'새역모'의 역사교과서 문제에 대해서 2001년에는 일본 시민 운동이 각지에서 일어났습니다. 교과서 검정은 문부과학성이 국가적인 차원에서 하지만, 실제로 학교에서 어떤 식으로 어떤 교과서를 쓸 것인가는 지방 차원에서 결정되는 것이기 때문에, 각지의 시민 단체가 교육위원회 등을 상대로 여러 운동을 전개해서 거의 채택되지 않도록 하는 데 성공을 했습니다. 그러므로 일본의 시민

---

15 니시오 간지(西尾幹二, 1935~)는 도쿄 출신으로 도쿄대학 문학부에서 독일 문학을 전공했다. 평론가 및 전기통신대학의 명예 교수이다. 친미보수의 입장이지만 고이즈미 내각에는 비판적이며 고이즈미 정권의 대북, 대미 외교, 우정 민영화 등의 규제 완화 노선을 과격한 필치로 공격하고 있다(《Voice》 2005년 10월호에서는 '미친 수상'이라고 부르고 있다). 2006년 1월 17일 "젊은이들과 말이 통하지 않게 되었다"는 이유로 '새역모'를 탈퇴했다. 이러한 배경에는 고바야시 요시노리와 같은 젊은 층과의 사이에 노선의 입장 대립이 있었을 것으로 생각된다.

16 고바야시 요시노리(小林よしのり, 1953~)는 후쿠오카현(福岡県) 출신으로 후쿠오카대학 문학부를 졸업했다. 만화가, 사회 평론가. 계간지 《わしズム》(小学館)의 책임 편집장을 맡고있다. 반미주의의 입장에서 태평양전쟁에 관해서는 일관해서 백인과 중국인의 잔학성을 강조하고 일본은 '팔굉일우'(八紘一宇)의 정신으로 전쟁을 치렀다고 주장한다. 군위안부와 남경대학살에 대한 일본의 책임을 전면적으로 부정하며 중국인과 한국인에 대한 멸시관을 노골적으로 드러내고 있다. 또한 동시 다발 테러 사건 이후에는 반미 자세를 더욱 강화하여 미국에 추종하는 일본의 대외 정책을 비판. '새역모'는 탈퇴했으나 역사인식은 자유주의 사관의 문맥 속에 있으며 젊은층에서 많은 지지를 얻고 있다.

운동이 전혀 힘이 없는 것은 아닙니다. 2005년에 있을 채택에서 도 이것을 허락하지 않겠다는 운동을 강화하고 있다고 봐도 좋지 않을까 합니다. 다만 최근 수년간 1999년 이후 '새역모'와 같은 역사수정주의적인 운동이 강해진 것은 1990년대 중반부터입니다 만, 이른바 그것을 바탕으로 하면서 1999년경에는 정부측이 국가 주의나 일본의 군사화를 진행시키기 위한 다양한 법률을 만들어 왔습니다. 자위대는 지금 이라크에 다국적군으로 파견되어 있습 니다만, 최종적으로는 헌법 9조를 개악해서 자위대가 미군과 함께 글로벌하게 활동할 수 있는 힘을 기르도록 하는 움직임이 있습니 다. 이러한 움직임에 대해 일본의 시민 운동, 반전 또는 평화주의 를 외치는 시민 운동들이 현재 꽤나 고전하고 있는 상황이 아닌가 생각합니다.

일본의 역사인식에 관하여

이번에는 역사인식에 대해 여쭈어보고 싶습니다. 특히 일본 정치인들 의 문제 발언을 한국에서는 '망언'이라고 표현하고 있습니다만, 전후 보수 정치가들의 식민지 지배를 정당화하거나 침략전쟁을 부정하는 발 언은 지금까지 끊이지 않고 이어져 오고 있습니다. 그런데 특히 그것 이 1980년대 후반부터 상당히 빈번하게 나오고 있는 배경에는 무엇이 있다고 생각하시는지요.

분명히 1980년대 이후, 1990년대에 들어서 그러한 경향 두드러지 고 있습니다. 일본 정치인들이 과거 일본의 전쟁에 대해서 과거를 반성하고 있어야 하는데 확실히 하지 않고 있습니다. 그 전쟁이 침략전쟁이었는가 아닌가에 대해서 후세의 역사가들의 판단을 기다린다는 식으로 애매하게 넘어가려 하고 있습니다. 그리고 그중에는 원래 그것이 정당한 아시아 해방전쟁이었는데, 패전의 결과 일본 국민은 미국적인 견해를 강요당한 것이라는 식으로 말하는 정치가가 나오고 있다는 것이죠.

저는 젊었을 때 이것은 전전, 전중의 여파이기 때문에 시간이 지날수록 전전의 세대가 사라지면 결국 이와 같은 발언도 사라질 것이라고 생각했습니다만 그렇지 않았습니다. 1980년대 1990년대 이후에는 오히려 늘어나고 있는 인상을 주고 있습니다. 왜 그런가하면 우선 첫 번째는 패전 후 1970년대까지는 일본의 미디어, 저널리즘 또는 일본의 여론에서는 '역시 그 전쟁은 잘못된 것이었다', '그 시대는 좋은 것이 못 된다'고 하는 막연한 분위기가 상당히 퍼져있었습니다. 그렇기 때문에 보수적인 생각을 품고 있는 정치가라고 해도 공공연히 자기 생각을 겉으로 드러낼 수 없었습니다. 공공연히 이야기한다면 저널리즘이 공격을 하고 야당이 공격을 하기 때문이죠. 그것이 때에 따라서는 면직당한다거나 사임하지 않으면 안 되었던 것입니다.

그러나 1980년대 이후 그러한 경향이 약해졌습니다. 저널리즘이나 매스 미디어가 그런 정치인들의 발언이 있어도 강하게 비난하지 않고, 여론도 그것을 용인하는 분위기가 생긴 것입니다. 그 이유는 역시 그러한 전쟁의 기억이 옅어졌다고 하는 것이 크지 않나 생각합니다. 전후 일본의 전쟁의 기억이라고 하는 것은 '전쟁에 졌다' 또는 '엄청난 시련을 겪었다'고 하는, 즉 흔히 말하는 피해자 의식으로서 가해자 책임의 의식이 지극히 부족했다는 것이 문제입니다. 그렇다고는 하지만 그 시대가 좋지 못했다고 하는 인식이 있다면 이

전의 시대를 정당화 한다거나 미화하는 발언이 나올 때 역시 이것은 이상하다고 여기기 마련입니다. 그러나 그 전쟁의 기억 자체가 세대 교체에 의해 옅어지고 역사 교육도 제대로 받아 오지 못한 경우 비판력이 상당히 약해진 것입니다. 예를 들면 아베 신조安部晋三**17** 자민당 전 간사장은 아베 신타로安部晋太郎**18** 전 외상의 아들이고, 기시 노부스케岸信介**19** 전 수상의 손자에 해당합니다. 그는 기시 노부스케 전 수상을 대단히 존경하고 있습니다. 기시 노부스케로 말하자면 구 만주국 지배 체제에서 권력을 휘둘렀던 관료였고 이른바 'A급 전범'으로 소추된 인물이었습니다. 이런 인물이 전후 수상이 되었습

---

17 아베 신조(安倍晋三, 1954~)는 도쿄 출신으로 세이케이대학(成蹊大学) 법학부를 졸업했다. 현재 자민당 중의원 의원이다. 패전 시 'A급 전범'이며 1957~1960년간 수상을 역임한 기시 노부스케(岸信介)의 외손자이자 아베 신타로(安倍晋太郎)의 아들이다. 북한의 일본인 납치 문제에 대한 진상 규명에 적극적인 자세로 임하여 대북 강경 외교를 주장하면서 국민적 지지를 폭넓게 얻고 2003년 자민당 간사장으로 발탁되었다. 자민당 내에서 포스트 고이즈미의 유력한 후보 가운데 한 사람으로서 2005년 10월부터 고이즈미 내각 관방장관이 되었다. '일본의 앞날과 역사교육을 생각하는 젊은 의원의 모임'에서는 사무국장을 지냈으며 현재 회원으로 있다. 중국과 한국의 반일적인 역사인식을 강경하게 비판하고 있으며 야스쿠니신사에도 적극적으로 참배하고 있다.

18 아베 신타로(安倍晋太郎, 1924~1991)는 도쿄 출신으로 도쿄제국대학 법학부를 졸업했다. 아베 신조의 친부, 기시 노부스케의 사위, 중의원 의원, 외무대신, 자민당 간사장 등을 역임했으며 1980년대 자민당을 주도하는 유력한 정치가의 한사람이었다.

19 기시 노부스케(岸信介, 1896~1987)는 야마구치현(山口県) 출신으로 도쿄제국대학 법학부를 졸업했다. 패전 전에는 농상무성을 거쳐 만주국 산업부의 차장으로 착임하여 경제 경책을 입안하면서 만주 관동군 참모장 도죠 히데키(東条英機)와 교분을 쌓았다. 1941년 도죠내각에서 상공대신(商工大臣)으로 입각. 전후 'A급 전범'으로 체포되어 스가모 형무소에 수감되었으나 동서 냉전의 격화로 미국의 대일 정책이 전환하면서 도죠 등이 처형된 이튿날(1948년 12월 24일) 석방되었다. 1953년 자유당 후보로 출마하여 처음으로 당선됐다. 이후 자유당과 민주당의 보수 합동을 주도하여 1955년 자유민주당(현재의 자민당)의 초대 간사장으로 취임. 제56, 57대 내각총리대신(1958~1960) 역임. 재임기간 중 미일안보조약 조인으로 안보투쟁이 격화되면서 1960년 책임을 지고 내각총사직 단행했다. 이후에도 막후 실력자로서 발언권을 행사해 왔으나 1979년 중의원 해산을 계기로 정계를 은퇴했다.

기시 노부스케

니다. 말하자면 과거에 국가 권력을 쥐고 있던 사람의 2세, 3세가
지금 유력한 정치인이 되었다는 것입니다. 그것은 곧 패전 후 자신
의 아버지나 할아버지가 했던 일들이 부정되어 왔지만, 이제 그것
을 부정해 온 세력이 대단히 약해진 상황에서 다시 한번 자신들의
과거를 정당화하고 싶다는 식으로 생각하고 있다고 봅니다.

또 하나의 문제점은 보수파의 정치인뿐만 아니라 이른바 혁신파로 알
려진 사람들조차도 아시아에 대한 가해자 인식의 결여라든가, 천황제
를 극복하지 못하고 있다는 점들이 지적되고 있습니다. 그 점에 관해
서 근본적인 요인은 어디에 있다고 보십니까?

우선 아시아에 대한 인식에 관해서 말하자면 저도 그렇게 생각합니
다. 조금 전에 가토 씨에 대해서 말했습니다만 그보다 훨씬 혁신적
입장을 취하는 사람들 중에도, "1930년대부터 일본은 이상해지기
시작했다"고 하는 논의가 공적인 자리에 서는 지극히 주류였습니
다. 양심적인 신문이나 저널리즘에서도 공적인 자리에서는 1930년
경 만주사변[20]이라는 중국 침략 때부터 군부가 독주해서 초국가주
의가 되어 잘못된 길로 나가기 시작했다고 합니다. 물론 분명히 30

년대부터 초국가주의는 나오지만, 그 이전의 청일전쟁, 러일전쟁, 그리고 한국 병합, 이러한 근대 일본 국가의 발자취에 대해서는 오히려 부負의 역사로 이야기하지 않습니다. 이 점은 명백하다고 생각합니다. 여기에는 역시 침략전쟁이라고 하는 것과 식민지 지배를 연관시키지 않는 지극히 뿌리 깊은 문제가 있습니다. 식민지 지배라고 하는 것은 항상 먼저 무력 침략이 있고, 그리고 반대하는 사람들을 전부 제압한 후에 일견 법률에 근거하는 통치가 이루어지는 것입니다. 그 지배가 확립되어 버리면 일단 산발적인 저항이 있어도 일상생활은 이어지는 것처럼 보이기 때문에, 예를 들어 중국 침략전쟁 중에 있었던 일상적인 파괴나 살인에 비하면 대만과 조선의 식민지 지배에서는 피투성이의 인상이 옅어지겠죠. 그러나 실체는 무력을 가지고 지배하는 것입니다. 그러한 일상적인 지배의 폭력이라는 것이 1930년대 이후 초국가주의에 의한 침략전쟁의 폭력과 좀처럼 연관되어 다루어지지 못하고 있는 데 문제가 있다고 봅니다.

그밖에도 천황의 전쟁책임을 부정하는 우익들의 주장은 역사교과서의 왜곡과도 밀접한 관계가 있다고 생각합니다. 그들이 만약 천황의 전쟁책임을 인정한다면 그것은 곧 근대 일본의 침략전쟁도 인정하는 결과가 되기 때문에, 역시 천황의 전쟁책임 문제와 역사교과서 왜곡은 밀접한 관계를 가지고 있다고 생각합니다만.

---

20 만주사변(滿洲事變, 1931. 9. 18)은 중국 동북부에서 관동군(대일본제국육군)의 독자적인 군사 행동(유조구사건)으로 촉발된 일본의 만주 침략전쟁이다. 중국에서는 '9 · 18사변'이라고 한다. 이를 계기로 중국 동북부를 점령한 관동군과 중국의 항일운동과의 충돌이 격화되었으며 이를 이용해서 군부는 발언권을 강화하여 중국 침략을 본격화하기 시작했다. 이때부터 일본이 패전하는 1945년까지를 통털어서 '15년 전쟁기'라고 부르기도 한다.

저도 그렇다고 생각합니다. 저는 천황의 전쟁책임을 확실히 인정해야 한다고 봅니다. 이른바 전쟁책임이라고 하는 말은 흔히 'A급 전범'의 전쟁책임에 한해서 생각하는 경우가 많습니다. 전쟁책임이라는 것이 어디부터의 전쟁책임인가? 전쟁이라고 할 때 일반적으로 일본인은 미국과의 전쟁에서 진 것이라고 그렇게 생각을 합니다. 그러한 역사인식이 조금 발전하면 중국 침략에서 태평양전쟁에 이르렀다고 보게 됩니다. 그러니까 1930년대부터 초국가주의의 문제까지만 보게 되는 것인데, 그 이전의 역사에는 눈을 돌리고 있지 않습니다. 때문에 저는 전쟁책임이라는 말 그 자체에 상당히 문제가 있다고 봅니다. 오히려 침략책임, 식민지 지배의 책임까지 포함해서 생각하는 역사책임이라는 것을 인식할 필요가 있습니다. 침략책임이나 역사 책임이라는 말로 다루지 않으면, 어쨌든 전쟁이라는 것이 한정되어 버리기 때문입니다.

천황의 전쟁책임이라고 할 때도 마찬가지입니다. 천황의 전쟁책임을 인정하는 사람의 경우에도 대부분 진주만 공격, 태평양전쟁 당시 개전의 칙어를 내린 것이 천황이라고 하는 한정된 인식을 가지고 있습니다. 그 이전의 중일전쟁이라는 것은 개전칙어를 내리지 않고 사변으로서, 전쟁이 아닌 형태로 행해졌기 때문에 천황에게 책임이 없다고 하는 말도 안 되는 이유를 들고 있습니다. 천황은 군의 최고 사령관이었기 때문에, 식민지 지배에 대해서도 책임이 있습니다. 조선총독부도 대만총독부도 일본 정부가 아니라 천황의 칙령으로 만들어진 것입니다. 때문에 식민지 지배에 관해서 천황은 직접적인 책임이 있습니다. 그렇게 생각해 보면 천황의 전쟁책임이라는 것도 결코 한정된 것이 아니라, 좀더 일본의 근대사와 근본적으로 얽혀있는 역사

책임으로써 다루어져야만 합니다. 이것은 메이지천황에서 쇼와천황까지의 역사 책임으로써 다시 다루어져야 할 문제입니다만, 우익은 이것을 완전히 부정하고 있고, 혁신파 중에서도 여기까지는 인식이 미치지 못하고 있다고 말할 수 있습니다. 그러나 저는 다시 고쳐서 다루어야만 한다고 보고 있으며 그렇게 주장하고 있습니다.

천황과 전쟁책임의 문제를 이야기할 때 헤이세이平成 천황으로 바뀐 이후 그는 직접적으로 전쟁과 관련이 없기 때문에 전쟁책임을 묻기 어려운 부분이 있다고 봅니다. 그러나 천황제라는 것은 계승에 의해 이어지고 있는 것이기 때문에, 헤이세이 천황 개인의 전쟁책임이 아니더라도 천황제의 전쟁책임이라는 것은 계속해서 논의할 필요가 있지 않을까요.

저도 그렇게 생각합니다. 먼저 패전 후 현재 일본의 헌법에서도 상징천황제라는 것이 대체 무엇인가 하는 것입니다. 역사적인 기원에서 볼 때 점령군의 주력인 미국이 쇼와천황의 전쟁책임을 재판에서 추급했다면 유죄가 될 수도 있었습니다. 그런 재판에서 호주나 소련, 중국 등이 천황의 전쟁책임을 추급하자는 것을 미국이 저지합니다. 미국이 천황을 이용해서 일본을 원활하게 점령 통치하기 위해서 천황제를 남긴 것이 상징천황제였습니다. 또 다른 하나는 현재의 천황이 개인적으로는 자유주의적인 마인드를 가지고 있는지 모르겠지만. 그렇다고 해서 공적인 자리에서 쇼와천황의 전쟁책임에 관해, 또는 과거의 천황제의 전쟁책임에 대해 확실히 인정하고 사죄하는 것은 불가능하다고 생각합니다. 결국 이것이 불가능하다는 한에서는 역시 패전 후의 상징천황제라고 해도 전쟁책임, 역사

책임 문제는 계속해서 남게 됩니다, 만약 지금 천황이 확실하게 천황제, 또는 쇼와천황의 책임을 공적인 자리에서 인정한다면, 그 다음에는 천황제 시스템 그 자체가 일본의 국가 시스템으로써 어떠한 것인가라는 논의로 옮겨갈 것이라 생각합니다. 역사 문제는 그러한 것이 없는 한 해결되지 않는다고 저는 생각합니다.

천황제의 행방

마지막으로 앞으로의 천황제의 행방에 관해서 질문드리겠습니다. 천황제라고 하는 것은 근대 이후 일본 내셔널리즘의 중심적인 역할을 해왔다는 것은 부정할 수 없는 사실이라고 생각합니다. 그러한 천황제가 최근 황실의 변모를 포함해서 상당히 소프트화 했다는 인상을 주고 있습니다. 이와 같이 21세기에 들어와 이렇게 소프트화 한 황실상이라고 하는 것이 과연 앞으로 일본 내셔널리즘의 중심으로서의 역할을 할 수 있다고 보시는지요?

글쎄요, 천황제라고 하는 것은 역시 대일본제국 시대의 지극히 군사적이고 남성적인 이미지, 그리고 강압적인 지배라는 이미지를 가지고 있습니다만, 소프트한 지배라는 것도 현대의 사회에서는 지극히 중요한 문제라고 생각합니다. 소프트화 했기 때문에야말로 일견 민주적인 요소를 취하는 지배, 또는 문화나 정신에 대한 지극히 교묘한 지배가 이루어질 수 있는 가능성이 있기 때문에, 저는 오히려 그러한 것이 지금 문제라고 생각하고 있습니다. 물론 지금도 일본의 군사화를 강화하자고 하는 사람이 동시에 천황을 일본 내셔널리즘의 중심에 두려고 할지 모르지만, 그런 것이 아니라 소프트한 천황제가 되면 좋은 것인가라고 한다면 저는 그렇게 생각하지 않습니다. 자민당이 최근에 제출한 헌법 개정의 초안[21]이 있습니다. 여기에는 일본이라는 '국가의 품격'에 어울리는 헌법을 만들자는 말을 하고 있습니다. '국가의 품격'이라고 하는 것은 그들의 생각에서는 일본의 문화, 국민 통합의 상징이었던, 줄곧 그래왔던 천황제라는 것이 중심적입니다. 그것은 곧 일본의 역사·문화·전통의 상징이라는 것을 강조한 헌법 개정 초안입니다. 만약 이것을 인정해 버린다면, 현재도 일본과 일본 국민의 상징이기 때문에 그런 의미가 있습니다만, 예를 들어 천황이 모든 역사와 전통 문화의 상징이라고 한다면 저와 같은 연구자 또는 철학자로서 다양한 문화적인 활동을 하고 있는 모든 일본인의 문화적 활동이 전부 천황제에 상징되어 버리는 상황이 됩니다. 그렇게 된다면, 그것은 사상과 양심의 자유라든가 신교의 자유라고 하는 다양한 부분에서 근대의 원칙과 부딪히게 된다고 생각합니다. 그렇기 때문에 소프트한 황실에 의한 교묘한 국민에 대한 정신적 문화적 지배라는 것이 있을 수 있으며 이를 문제화하지 않으면 안 된다고 봅니다.

---

21 2004년 11월 16일 자민당 헌법조사회가 제출한 '헌법 개정대강' 원안은 안전 보장에 관해서 '자위군'을 설치하고 집단적 자위권의 행사와 국제 공헌 활동에서의 무력 행사를 인정하며, 천황제에 관해서는 천황을 원수로 위치지우고 여성천황도 용인하는 등의 내용으로 되어 있다. 그러나 '중의원의 우위성 강화' 등에 대하여 참의원에서 비판이 일어나 백지 상태에서 다시 검토하게 되었다. 이후 2005년 10월에 발표한 '신헌법초안'에서는 초점이 되고 있는 헌법 9조의 전쟁 포기를 선언한 1항을 그대로 살리면서 2항에 '자위군'의 보유를 추가하고 2항에 있던 '전력보유 포기'와 '교전권의 부인'을 삭제했다. 이 밖에 상징천황제의 유지, 환경 보호의 이념 등을 담고 있다. 전문에서는 "국민은 소속하는 국가와 사회를 애정과 책임감과 기개를 가지고 스스로 지탱하고 지킬 책무를 공유한다"고 되어 있어 자유, 권리에는 책임과 의무가 있다는 것을 명기하고 있다.

그렇다면 내셔널리즘의 기축으로서, 예를 들어 자위대에게 "누구에겐가 충성을 하라"고 할 때는 어떻게 되겠습니까? 히노마루가 될 것인가 아니면 야스쿠니신사가 될 것인가, 아니면 내셔널리즘의 기축으로서 다른 것이 등장할 가능성은 없을까요?

저는 국가, 일본이라는 국가와 일본 국민이라는 것을 강조하는 내셔널리즘이 중심이 될 것이라고 생각합니다. 단지 거기에는 계속해서 말씀드리는 바와 같이 전쟁의 흔적으로서의 야스쿠니신사, 히노마루·기미가요나 황실이라고 하는 것이 재활용되어 이용되고 있습니다. 그것 이외의 내셔널리즘의 기축이라는 것은 패전 후에는 쉽게 보이지 않기 때문입니다. 본래 그런 것이 있다면, '천황제 없는 내셔널리즘'이라고 하는 것이 좀더 힘을 가질 수 있겠지만, 전후 일본의 내셔널리스트는 전전에 만들어 낸 내셔널리즘의 심벌 이외의 심벌을 만들어내고 있지 않습니다. 그렇기 때문에 오래된 것을 재활용하지 않으면 안 된다고 하는 상황이라고 생각합니다.

간단히 덧붙여 묻겠습니다. 최근에 논의되고 있는 '여제'의 문제에 대해서는 어떻게 생각하시는지요.

일본의 역사에는 예전에는 '여제'가 있었습니다만, 저는 천황제라는 존재 그 자체가 우선 민주주의라는 원칙의 철저성을 강조한다면 이상한 형태가 되어 버린다고 생각합니다. 그렇기 때문에 저는 일본은 공화제가 되어야만 한다고 봅니다. 여성이 천황이 될 수 있게 되었다고 해서 남녀평등이 되었다고 말해도 천황제가 없어지는 것이 아니고, 역시 여자 천황은 그 다음의 천황을 낳는 것이 황실 속에서는 기대되는 것입니다. 이른바 국민으로서의 권리라는 것을 갖고 있지 못하는 것이죠. 저는 천황제가 존재한다는 자체가 민주주의 원칙에서 보면 이상한 것이기 때문에 '여제' 론이라고 하는 것도 적극적으로 지지한다는 생각은 갖고 있지 않습니다.

야스마루요시오

2004년 12월 7일
야스마루 교수 댁 응접실

야스마루 요시오安丸良夫 _ 1934년 도야마현(富山県)
출신으로 교토대학 문학부 사학과를 졸업한 후, 동대학
원 문학연구과에서 국사학을 전공하여 박사 과정을 수
료했다. 주 전공은 일본사상사이다. 1960년대 안보투
쟁의 좌절을 교훈으로 일본사 연구에서 독자적인 영역
을 차지하기 시작한 민중사상사 연구에서 제일인자로
손꼽힌다. 메이죠대학(名城大学) 조교수를 거쳐 1970
년부터 히토츠바시대학(一橋大学) 사회학연구과에서
재직하고 1998년 정년퇴임 후 동 대학 명예 교수,
1997년부터 2005년까지 와세다대학(早稲田大学) 대학
원 문학연구과의 객원 교수로 있다. 기존의 마르크스주
의 역사학이나 마루야마 정치학에서의 천황제 연구와
는 거리를 두고 민중사상사를 연구하는 독자적인 시점
에서 근대천황제를 분석하고 있으며 그 대표적인 저작
으로 《近代天皇像の形成》(岩波書店, 1991)이 있다. 민
중사상사 연구의 대표작으로는 《日本の近代化と民衆
思想》(青木書店, 1974), 《出口なお》(朝日新聞社, 1977)
등이 있다. 번역서로는 《천황제국가의 탄생과 종교혁
명》(소화출판, 2000)이 있다. 야스마루 선생과의 대화
는 언제나 나 자신의 얕은 사고를 새삼 깨닫게 해주는
기회가 되어 좋다.

천황제와 민중

최근 천황제에 관해서는 특히 1989년 쇼와천황 사후 새로운 연구가
많이 나왔다고 봅니다. 미국에서도 퓰리처상을 수상한 저서가 연이어
출간되고 일본에 번역되어 소개되는 등 관심이 다시 집중되고 있습니
다. 이러한 천황제 연구의 동향을 포함하여 선생님의 의견을 간단히
말씀해 주십시오.

1970년대 후반부터 천황제에 대한 연구는 어떤 의미에서는 진전이
있었다고 생각합니다. 제 직업은 역사가입니다만, 역사를 거슬러
올라 천황제에 대한 여러 가지 상세한 연구가 이루어졌고, 그러한
점에서 연구의 진전은 컸다고 할 수 있겠습니다. 이것은 고대, 중
세, 현대의 거의 모든 시대에서 그러한 진전이 있었다고 말할 수 있
습니다. 단지 이러한 연구가 천황제의 본질론과 관련하여 어느 정
도 진전이 있었는가에 대해서는 의문스러운 점도 있습니다. 즉, 젊
은 연구자는 아무래도 실증적인 성과를 올리지 않으면 안 되기 때
문에 자신의 관점과 시야를 한정시켜 상세하게 연구하는 경향을 보
입니다. 이 점에 대해서는 조금 더 근본적인 문제를 생각하는 연구
가 있었으면 하는 바람입니다.

최근의 미국에서의 천황제 연구에 대해서는 어떻게 생각하십니까? 예
를 들면 다워와 빅스의 연구[1]와 같은 것에 대해서입니다.

---

1 ジョン・ダワー著, 《敗北を抱きしめて》上・下, 三浦陽一・高杉忠明・田代泰子訳, 岩波書店,
2001; ハーバート・ビックス, 《昭和天皇》上・下, 岡部牧夫・川島高峰訳, 講談社, 2002.

다워와 빅스의 연구는 모두 훌륭한 연구라고 생각합니다. 이들 연구는 일본에서의 연구를 바탕으로 하고 있습니다만, 이러한 것을 전제로 다시 재해석을 해서 역사의 큰 흐름 속에서 파악하고 있다는 점에서 매우 훌륭하다고 할 수 있습니다. 일본의 연구자 가운데, 앞서도 말했듯이 제각기의 분야에서는 뛰어난 연구가 있습니다만, 이러한 다워나 빅스와 같은 연구가 그다지 없다는 것이 저로서는 유감입니다.

그런 점에서는 미국에서의 연구를 평가를 하신다는 말씀이군요. 이번에는 역사적인 문제로 들어가겠습니다. 선생님께서는 오랫동안 '민중사상사'에 관해서 연구해 오셨습니다만, 일본의 근대사에 있어서 천황제와 민중의 관계를 간단하게 정리한다면 어떻게 설명할 수 있을까요?

천황이나 천황제에 대해서 논하는 방법에는 여러 가지가 있습니다만, 내가 하고 있는 민중사와의 관계에서 말한다면 민중의 의식이나 생활이라는 것과 천황제와는 원래 전혀 관계가 없다고 말할 수 있을 정도로 무관하다고 생각합니다. 천황제라는 것은 지배 시스템으로서 편성된 것이고, 민중은 이와 동떨어진 측면에서 생활하고 있기 때문에 민중이 생활해 나가는데 있어서 의식이나 행동 양식이라는 것과 천황제는 원리적으로 확연하게 구별되는 것입니다. 그러나 다른 관점에서 보면 천황제라는 것은 반드시 민중의 지지를 얻지 않으면 존재할 수 없는 것이고, 민중도 자신의 생활이라는 것이 일본 사회라는 하나의 공공권이랄까, 국민국가의 공공성 속에서 어떤 위치나 의미를 부여받고 있는가 하는 측면이 없이는 존재할 수 없습니다. 이러한 점에서 민중의 생활 양식과 천황제와의 사이에는 여러 가지 접점이 있을 수 있는 것이고, 이러한 접점을 밝힌다는 것은 연구자로서는 매우 가치 있는 일이라고 할 수 있습니다.

메이지유신의 정치 과정에서 강조되는 천황의 '만세일계'라고 하는 '창출된 전통'이 만들어진 배경에 대해서 말씀해 주십시오.

'만세일계'라는 생각은 역사적으로 깊은 유래가 있기는 하지만 에도江戸 시대2까지는 천황제라는 것은 혈연적으로 이어져 있다는 것만으로 후계하는 것은 무리였습니다. 혈연적인 것과 도덕적인 것이 일체화되어 있지 않으면 안 되는 것이죠. 이는 동아시아의 전통으로서의 인군仁君 사상이라고 할까요? 왕권의 정당화라고 하는 것은 아무래도 도덕적인 것을 황제가 체현한다는 것을 어필하지 않으면 안 되는 것입니다. 그런데 그러한 논리에 의하면 나쁜 임금의 경우에는 바꾸어도 좋다고 하는 역성혁명론이 됩니다. 이것을 부정하는 것이 천황제의 아주 중요한 원리로서 이런 생각이 어디서 왔느냐 하는 것은 꽤 어려운 문제이지만 모토오리 노리나가本居宣長3 단계에서 확실하게 나타납니다. 이러한 아마테라스 오미카미天照大神4 이후의 혈연적인 연속성이라는 것이

---

2 에도 시대는 1603~1868까지 일본의 마지막 무사정권인 도쿠가와(德川) 막부에 의해 통치되던 시기를 말한다.

3 모토오리 노리나가(本居宣長, 1730~1801)는 에도 시대 후기의 국학자, 문헌학자, 의사이다. 고대의 문헌 《고사기(古事記)》를 35년간에 걸쳐 연구한 끝에 주석서 《고사기전》을 집필했다. 고대로부터 전해오는 일본의 자연스러운 정서와 정신을 제1의적인 것으로 보고 중국으로부터 들어 온 공자의 가르침을 자연에 거스르는 것이라고 비판했다. 노리나가의 업적으로는 고사기 연구를 통한 복고 사상의 체계화, 과학적 고전 연구법의 완성, 고전에 대한 철저한 연구 주석, 주정주의적 문학론의 주장, 음운과 문법 등의 국어학 연구의 발전 등을 들 수 있다.

4 아마데라스 오미카미는 일본 신화에 등장하는 황실의 조상신으로 태양을 신격화한 여신이다.

천황제의 정통성의 가장 근원이 되었다는 생각은 메이지유신 때에 승인되었던 것입니다.

메이지유신 직후에 '정한론'이 대두하는데, 정한론의 정치 투쟁이라는 측면과는 별도로 그 사상적인 배경에 대해서 말씀해 주십시오.

에도 시대 일본은 중국에 대해서는 명백히 후진국이었지만 조선과의 관계는 좀더 미묘합니다. 명백히 차별화 될지 아닐지는 여러 가지 사회적 의견이 달라서 꽤 미묘한 부분입니다. 그러나 메이지유신으로 일본은 동아시아의 독립 국가를 형성하고 그 속에는 문명적 정신 제도가 확립되는 과정에서 조선과 중국에 대한 멸시감이 상당히 강하게 나타납니다. 그리고 유럽 열강들도 침략을 많이 하고 있는 상황에서, 아마도 선진국의 흉내를 내서 일본의 가장 가까운 나라인 조선반도를 침략한다는 것은 지금 생각해 보면 아주 난폭한 생각으로 보이지만 그 당시의 사람들에게는 오히려 당연한 것이었습니다. 당시 지도자들에게 국제 사회란 약육강식이라는 의식이 아주 강했고, 이것이 '정한론' 적인 움직임으로 이어졌다고 생각합니다.

'정한론', 즉 조선을 정벌하자는 생각은 사이고 다카모리西鄉隆盛5에 그치지 않고 당시의 지도자들이나 무사들의 대부분이 일반적으로 그런 생각을 가지고 있었다고 보아도 되지 않을까요?

---

5 사이고 다카모리(1828~1877)는 사쓰마(薩摩, 현재 가고시마현) 출신으로 메이지유신을 주도한 인물 가운데 한 사람이다. 1872년 조선과의 외교 문제를 둘러싸고 전권대사로서 조선으로 건너가 담판을 짓겠다고 주장했으나 내치우선파와 대립하여 하야되었고, 1877년 메이지 정부의 정책에 반대하는 불평사족에게 옹립되어 서남전쟁을 일으켰으나 패배하여 할복했다.

18세기 말에 혼다 리메이本多利明6, 사토 신엔佐藤信淵7 등의 사상가들이 나오는데, 이들은 유럽을 흉내 내서 근대 국가를 만드는 것을 이상으로 여겼습니다. 그 사람들은 외국을 침략해도 당연하다고 생각했습니다. 침략을 잘하는 나라가 근대 국가이고 그 속에 우연히 조선반도가 포함된 것입니다. 조선반도 뿐만이 아니지만요.

하야시 시헤이林子平8도 그렇죠. 조선과 오키나와, 그리고 홋카이도를 복속해야 한다는 것을 주장한 비슷한 시기의 인물로 말입니다.

그렇습니다.

앞서 선생님은 천황제와 민중은 본질적으로 맞지 않다고 하셨고, 실제로 에도 시대에는 일반 민중이 천황의 존재를 인식하는 일은 거의 없었다고 봅니다. 그러한 상황에서 메이지유신 이후 민중에게 천황의 이미지가 침투되어 가는 과정에 대해서 말씀해 주십시오.

---

6 혼다 리메이(1743~1820)는 혼다 도시아키라고도 한다. 에도 시대 후기의 경세가이다. 특히 북방 문제에 관심을 가지고 '자연치도'(自然治道)의 이념을 내세워 증식하는 만민의 생활을 유지하기 위해서는 국산 개발과 함께 교역에 의한 이익을 흡수해야 한다고 역설했다. 구체적인 방책으로는 폭약의 평화적 이용, 광산 개발, 선박 정비, 홋카이도 개발을 4대 급무로 꼽았다. 초기 중상주의 사상에 유사한 것으로 평가되고 있다.

7 사토 '신엔(1769~1850)은 사토 노부히로라고도 한다. 에도 시대 후기의 경세가이다. 그의 주장은 농학론에서 국가경영론에 이르기까지 광범위하게 미치며 전 일본을 한 사람의 군주아래 통일하여 토지와 생산, 운수 수단을 국유화하고 생산과 산업을 국영화하는 국가 체제를 논했다. 당시 일본이 지방 영주들에 의한 할거 정치 체제였다는 점을 감안하면 선구적이라 할 수 있으나 절대주의적인 국가 구상으로 평가되기도 한다.

8 하야시 시헤이(1738~1793)는 에도 시대 후기의 경세가이다. 1775년 나가사키에서 러시아 남하의 의도를 듣고 해방(海防)의 필요성을 강조하는 《해국병담(海國兵談)》을 저술하기 시작했다. 이 밖에도 《삼국통람도설(三國通覽圖說)》에서는 조선, 오키나와, 홋카이도의 지리를 논하고 특히 홋카이도 개척의 필요성을 강조했다.

박 군이 연구한 천황순행9이 그 구체적인 예이겠죠. 메이지 초기에 아직 거의 알려지지 않았던 천황의 존재를 선전하기 위해서 지방학교와 산업시설을 시찰하고 노인과 아이들에게 여러 가지 은혜를 베풀거나 하는 방법이 한 가지 있었죠. 이런 통합의 시도와 같은 것은 많이 있었습니다. 근대 일본의 여러 가지 정책은 이를 토대로 전개되었다고 해도 좋을 정도입니다. 제가 비교적 흥미를 가지고 연구한 것은 그 중에서도 종교적인 측면입니다. 예를 들면, 신사가 메이지시대에 들어와 새롭게 만들어지기 시작했다는 것입니다. 야스쿠니신사 등이 전형적인 예입니다만, 그 외의 마을의 신사도 국가 제

1876년 9월 2일 도호쿠 지방 순행을 위해 우에노 방향으로 향하는 천황의 마차 행렬.

---

9 1872년부터 1885년까지 6차례에 걸쳐서 대규모로 실시한 메이지천황의 전국 순행은 새로운 권위와 권력으로서의 천황상을 민중에게 심어주고 신정부의 기초를 다지는 데 중요한 계기가 되었다.

도에 맞추어 전부 다시 만들어졌습니다. 이것은 상당히 강력히 추진되었습니다.

국가신도國家神道10란 언제부터 정착되었다고 생각하십니까? 특히 민중의 일상 생활과 정신적인 내면 세계까지 구속하게 되는 것은 1930년 경부터 일까요?

국가신도라고 하는 것은 구체적으로는 황실신도와 신사제도입니다만 이것은 1870년대 중반에는 벌써 제도적으로 정비되었습니다. 마을에서 축제를 언제 어떤 식으로 할까 등의 문제들은 계속 전해내려 오고 있지만, 제도적인 측면에서 보면 훨씬 빨랐다고 생각됩니다.

이번에는 전후 천황제에 관해서 질문 드리겠습니다. 전전의 천황제와 전후의 천황제는 단절된 측면도 있고 연속되는 측면도 있다고 생각됩니다. 물론 전전에는 권력의 강제에 의한 부분도 있었겠지만 대다수 국민의 지지를 받았습니다. 그리고 전후에도 천황제에 대해서는 80% 이상 지지율이 유지되고 있습니다. 이 점에 대해서는 어떻게 생각하십니까?

지지율부터 말하자면 전후는 전전보다 조금 낮을지는 모르지만, 80%라는 것은 아주 높은 지지율이라고 할 수 있습니다. 하지만 현

---

10 국가신도(國家神道)란 근대 일본이 신도(神道)를 국교로 삼아 천황제를 지탱하는 종교 사상적 이데올로기로 이용한 것을 말한다. 신도를 정치에 이용하는 것은 이미 에도 시대의 신유(神儒) 일치론에 의한 종교 정책에서도 보이는데, 이러한 경향은 메이지유신의 정치 운동과 결합하여 더욱 발전했으며 고대 국가에서의 신권적인 천황 정치의 이데올로기를 부활하려는 것이었다. 특히 메이지 초기의 신도 국교화 정책 이후 근대 국가의 정신적 지주가 되었으며 이후에는 군국주의를 추진하는 배경이 되었다. 국가신도는 패전 후 점령군의 정치와 종교를 분리하는 '신도지령'에 의해 해체되었다.

재 일본에서 천황을 위해 전쟁에 나가서 죽을 수 있냐는 질문에 "네"라고 대답하는 사람은 우선 없을 것입니다. 이러한 점에서 천황제가 가지는 의미는 많이 변화했다고 할 수 있습니다. 하지만 메이지유신 조금 전부터 현재까지 일본은 세계의 큰 자본주의 체제 속에서 국민국가로서의 통합성을 갖고 있으며, 이러한 통합성이라는 관점에서는 1945년을 기점으로 하는 큰 변화 속에도 불구하고 일종의 연속성을 가지고 있습니다. 그러한 연속성을 가지는 국민국가에서 가장 정점을 이루고 있는 것이 천황이라고 하는 시스템 자체는 변함이 없기 때문에, 이러한 점에서 전전과 전후는 연속성을 가지고 있다고 할 수 있습니다.

제가 선생님의 세미나에서 배울 때 일어난 현상이었습니다만, 쇼와천황이 사망했을 때 과잉 자숙이라는 일종의 천황 현상을 보였는데, 이러한 현상은 아키히토 천황이 사망할 때에도 일어날까요?

그것은 여러 가지 조건에 따라 달라집니다. 예를 들어 어떠한 질병이나 경위로 죽는다든가, 그리고 좀더 근본적으로 생각하면 일본의 경제, 정치가 어떻게 변화하는가 하는 문제와도 관계가 있습니다. 또한 쇼와천황과 지금의 천황은 개성이 다릅니다. 만약 현재의 천황이 죽었을 경우를 생각해 보면, 천황의 개성을 그리워하는 일은 당연히 있겠지요. 그러나 여러 가지 변수를 제외하고 생각한다면 역시 자숙과 같이 천황의 죽음을 애도하는, 쇼와천황 때와 매우 유사한 동향이 일어날 수 있습니다. 시스템으로서는 역시 쇼와천황과 현재 천황과의 사이에는 근본적인 차이가 없다고 할 수 있겠습니다.

그러한 동향을 현대 일본 사회의 하나의 특징으로 볼 수 있을까요?

현대 일본 사회도, 황실도 여러 가지 문제가 있어서 단순히 연속적이라고 말할 수는 없지만, 역시 천황을 사회 질서의 정점에 위치한 것으로 보는 구조 자체는 적어도 1945년에서 현재까지 연속하고 있기 때문에 이러한 조건의 경우에는 아주 유사한 반응이 나오겠지요.

한편 선생님의 최근의 저서[11]에서도 언급되고 있습니다만, 최근 일본의 젊은이들은 천황에 대해 아주 무관심한 반응을 보이고 있습니다. 이러한 현상이 안고 있는 문제점은 무엇이며 그것이 앞으로 어떻게 변화해 나갈 것으로 보시는지요?

이것은 유동적이고 복잡한 문제인데, 일단 현상적으로 말하자면 젊은층의 사회 질서에 대한 거부감의 현상이 아주 강하게 나타나고 있습니다. 그렇게 되면 천황에게서 권위를 느끼지 않고 황실에 관심이 없는 젊은이들이 더욱 늘어날 겁니다. 그런 의미에서 황실이나 천황제에 대한 관심은 감퇴하고 있다고 할 수 있습니다. 그러나 젊은이들은 나름대로 명확한 신념을 가지고 사회 질서에 대하여 거부감을 나타내는 것이 아니기 때문에, 또 다른 한편으로는 권위에 대한 욕망이랄까, 어떤 의미에서는 권위적인 것에 대해서 보다 동조하기 쉬운 면도 가지고 있다고 볼 수 있습니다. 젊은이들 중 어떤 부류에 주목할 것인가에 따라 다르겠지만, 예를 들면 잘 아시다시피 '새역모'의 교과서 문제를 보면 젊은 층의 지지가 상당히 강합니다. 이러한

---

11 安丸良夫, 《現代日本思想論》, 岩波書店, 2003.

젊은 층의 동향을 겨냥하여 교과서 문제도 생겨난 것이라고 봅니다. 낡은 권위와는 거리를 두는 젊은이가 많은 반면, 지금의 사회상에서 그들이 점점 이러한 방향으로 흘러가는 경향이 있습니다. 또한 권위 숭배가 강해지거나 권력을 노리고 어떤 형태로든 접근하고자 하는 부류도 충분히 있을 수 있기 때문에, 어떠한 측면에 비중을 둘 것인가를 미리 말하는 데는 약간의 무리가 있을 것입니다.

그런 점에서 천황, 천황제에 대하여 무관심한 젊은이가 증가하는 현상에 대하여 오히려 위기감을 느끼는 의견도 있다고 봅니다. 이점에 대해서 선생님은 어떻게 생각하십니까? 예를 들면 우익에 이용당한다든지, '네오내셔널리즘'이나 '새역모' 등에서 활동하는 젊은이들에 대해 어떻게 생각하십니까?

젊은이들을 선동하는 거지요. 그리고 열심히 활동하도록 부추기는 것이죠. 즉 우익의 상층부에 있는 사람들은 우리들과 같은 연배지만, 활동하는 층은 이른바 사회적으로 가치 의식을 가지기 어려운 사람들이 자신의 아이덴티티를 찾을 수 있는 운동이라든가, 활동을 발견해 낸다는 데 의미가 있겠지요. 물론 사회 전체로 볼 때 그런 사람은 소수이지만, 열정적인 활동가가 있다는 것은 적은 수라도 상당히 중요한 영향을 가질 수 있다는 점은 주목할 필요가 있다고 생각합니다.

현대 일본의 우경화에 대하여

다음은 현재 일본 사회에서의 보수화의 동향, 이것은 특히 1990년대부터 빈번히 표면화된 현상으로 생각합니다만, 그 배경이나 요인에 대해 말씀해 주십시오.

보수화라고 한다면 저는 조금 더 빠른 시기부터 보이는 현상이라고 생각합니다. 보수화라면 저는 1970년 중반 정도부터 전후 일본 사회에 커다란 전환이 있었고, 경제 고도 성장을 배경으로 한 생활의식의 보수화, 정치 의식, 사회 의식의 보수화가 보이기 시작합니다. 그러나 방금 질문한 보수화를 반동화로 파악한다면 그것은 역시 1990년대부터 얼만가의 계기로 인하여 강해졌다고 할 수 있습니다. 왜 이러한 현상이 나타났는가 하는 것은 아주 어려운 문제입니다만, 근본적인 원인은 일본 사회에 아주 불안한 요인이 뿌리 깊게 존재하기 때문이라고 할 수 있습니다. 경제적으로 보아도 일본의 미래는 밝지 않고 정치도 갖가지 부패와 함께 유용한 정책을 만들어 내지 못했습니다. 그리고 보다 일반적인 배경에는 사회 기반의 붕괴라는 현상이 상당히 현저하게 나타나고 있습니다.

사회 기반의 붕괴라면, 예를 들면 어떤 현상이 있습니까?

그것은 예를 들면 방금 설명한 젊은이들의 동향이라든가, 실체적으로는 어느 정도 중요성이 있는지는 모르지만 새로운 범죄 등과 같은 것이 있겠죠. 그리고 학교 교육의 어려움도 있습니다. 예를 들면 내가 아는 사람 중에서도 아이들이 학교에 가지 않는 예가 적지 않습니다. 내가 어릴 때는 이런 일이 없었습니다. 학교에 가서 제대로 공부를 하는지 안하는지의 문제를 떠나서, 우리 세대에는 아이들은 당연히 학교에 가야했고 등교 거부와 같은 예는 우선 없었습니다. 이런 현상은 여러 가지 형태로 존재하고 있다고 생각됩니다. 그리고 이러한 현상들에 대한 전체적인 불안이 있기 때문에, 이데올로기적인 통합을 강화하거나 사회적 통제를 강화하는 그런 현상이 일어나는 것이 아닐까요.

일본 근대화 이후 대체로 30년을 주기로 우경화의 반동 회귀 현상이 일어난다고 하는 이른바 '일본 회귀 주기설'[12] 이라는 것이 있습니다만, 1990년대에 나타난 우경화도 이러한 경향의 하나라고 지적하는 학자들이 있습니다. 그러나 단순하게 주기설로는 설명할 수 없는 보다 근본적인 문제가 있는 것이 아닌가 생각합니다.

나는 무슨 근거로 그런 주장을 할 수 있는지 이해가 가지 않습니다. 조금 전에도 얘기 했듯이 일본의 패전이라는 점에서는 매우 큰 획기적인 변화가 있었습니다. 그리고 그후에는 넓은 의미에서의 갖가지 개혁이라는 방향으로 진행했다고 봅니다. 그것이 방금 말했듯이 1970년 중반에 큰 전환이 있었고, 그 이후에는 기본적으로 일관해서 보수화, 그리고 그 보수화의 위에서의 대응책으로서 내셔널리즘의 강화라든가, 이데올로기적인 것의 강화 등이 있는 것입니다. 만약 전후 60년 동안에 하나의 전환점이 있다면 그것은 1970년대가 된다고 생각합니다. 그러한 현상이 1970년부터 30년이 지났지만, 새로운 별도의 방향으로 전개하고 있는가하면 전혀 그렇지 않습니다. 오히려 1970년 이후 모색되어 온 것들이 보다 강화되고 있다는 것이 현재의 상황이 아닐까요?

---

12 나카무라 마사노리의 인터뷰 참조(178~179쪽). 이 부분에서 야스마루와 나카무라의 의견이 나뉜다.

그렇다면 선생님은 1970년을 하나의 획으로 보고 계신다는 말씀이군요.

보수화라는 말과 반동화라는 말을 구분하고 있기 때문에, 반동화의 배경이 된 것이 1970년에 있다고 생각하는 것이죠.

군위안부 문제

또 한 가지는 우경화 현상, 즉 자유주의 사관 등이 대두하게 된 중요한 요인으로서 군위안부 문제는 아직도 논의가 계속되고 있으며 아직 해명되지 않은 부분도 많습니다. 최근에는 한·일 양국의 연구자가 연대해서 활동하는 예도 볼 수 있는데, 이들 연구자들에 의하면 내년에는 한·일 양국에서 군위안부 문제를 본격적으로 다룰 것이라고 합니다. 선생님은 나름대로 군위안부에 대해서 어떤 식으로 생각하고 계시며, 또한 어떻게 해결해 나가야 한다고 보고 계시는지요?

박 군도 아시다시피 군위안부의 문제는 아주 예전부터 존재했습니다. 일본인들이 모르고 있던 문제도 아니지만, 그것이 사회적으로 큰 이슈가 된 것은 분명히 1991년 김학순 씨 등의 고백에 있고 난 후였습니다. 고백의 의미는 군위안부의 문제를 경험한 여성측의 입장에서 이 문제를 다시 되묻는 것입니다. 내용은 이미 알고 있었던 것이지만, 일본인이 이것을 거론하기 위해서는 경험한 사람들의 고발 없이는 불가능했던 것입니다. 따라서 김학순 씨의 고백이 있고 난 후부터 지식인들은 이 문제에 대해 주목하게 되고 활발히 연구를 하게 됩니다. 이러한 동향은 지금도 계속 이어지고 있는데, 그런 반면 이 문제야말로 '자유주의사관', '새역모' 등의 특히 중요한 테마가 되었습니다. 그러므로 전후 이데올로기의 흐름 속에서 생각하면 군위안부 문제가 제기됨으로서 이 두 가지의 대조적인 관점이 확실한 대항 관계로 들어가게 되어 현재 서로 대립하고 있는 것이라고 할 수 있겠지요.

이제부터의 연구 방법, 군위안부 문제를 앞으로 어떻게 풀어나가야 할 것인가에 대해서 선생님의 의견을 말씀해 주십시오.

저도 군위안부 문제에 대해 조금씩이기는 하지만 논의를 전개해 왔습니다만, 그러한 문제가 제기되었을 때 제 자신은 직접 연구하고 있지는 않지만 아주 흥미로운 문제라고 생각하여 조금씩 조사해 보았습니다. 이것은 실은 여러 가지 매우 복잡한 문제가 있다고 생각됩니다. 제가 주장하고 싶은 주요한 점은 군위안부를 지탱하는 시스템, 즉 여러 가지 사회적 구조가 있다는 것입니다. 그 한 가지는 근대 일본인의 성의식, 매매춘의 관습 등을 지탱하는 구조 등을 들수 있습니다. 이러한 점을 생각하면 저로서는 군위안부의 문제를 좀더 사회의 본질적인 깊이를 가지고 연구가 되었으면 합니다. 저는 이 문제에 대해 몇 번 강연을 한 적이 있습니다만, 그때마다 이야기는 실용주의적으로 흘러가기 쉽습니다. 우선 하나는 젊은 남성의 성을 만족시키기 위해 이것은 필요한 제도라는 의견입니다. 그리고 반대 의견은 이것을 추진한 것은 일본의 군과 경찰이라는, 권력의 범죄라는 측면입니다. 이것은 양쪽 모두 곧바로 부정할 수 있는 것이 아닙니다. 저는 군위안부의 문제는 권력이 승인하고 추진했다는 사실을 인정하지만, 이런 것을 초래한 사회적 요인은 보다심층부에 있는 것이므로 그러한 사회사적인 깊이에서 보다 심화된 차원에서 연구해야 한다고 생각합니다.

천황제와 일본 내셔널리즘

이번에는 21세기의 천황제에 대해 묻고 싶습니다. 최근 천황제가 변화하는 측면을 보이고 있습니다. 특히 지금의 천황이 쇼와천황보다 카리스마가 결여되어 있고, 자기 자신도 아주 부드러운 인상을 보이고 있는 반면, 현재 일본은 우경화되면서 반동적이 현상이 점점 두드러지는 가운데 내셔널리즘의 중요성이 더욱 강조되고 있습니다. 이러한 상황에서 과연 천황이 내셔널리즘의 중심이 될 수 있는가 하는 점에 대해서 여쭙고 싶습니다.

내셔널리즘에 대해서 나는 반드시 천황이 중심이 되지 않아도 된다고 생각합니다. 예를 들면 일본의 내셔널리즘은 미국의 세계 정책과 관련되어 있으며, 이러한 측면에서 천황의 역할도 있을 터이지만 중심적인 역할은 아닙니다. 오히려 어느 쪽이냐 하면 국가적인 이익이라는 것이며, 혹은 서방 사회의 가치를 지킨다고 하는 것입니다. 만약 목숨을 바친다면 서방 사회, 또는 일본의 국가적인 이익을 위해서 젊은이들이 목숨을 바치는 것이지 천황을 위한 것은 아닙니다. 이 문제에 대해서는 역시 냉정하게 생각해 볼 필요가 있습니다. 천황이 어떠한 격려를 한다든지, 사회를 지키는 여러 부분, 예를 들면 재해가 일어났을 때 천황과 황후가 시찰하는 것은 종종 있는 일입니다. 그밖에 환경 문제, 외교 관계 등 일본 사회의 이른바 소프트한 면에서의 천황의 통합 역할은 현재도 하고 있고 앞으로도 해갈 것입니다. 그러나 내셔널리즘의 선두에 서서, 예를 들면 군국주의화를 천황이 하리라고는 적어도 지금의 단계에서는 말할 수 없습니다. 일단 지금의 천황도, 황태자나 그의 동생도 전후적인 가치관의 연장선상에 있기 때문에 이러한 군국주의화나 새로운 식민주의화의 선두에 서리라고는 생각하지 않습니다. 이것은 천황의 역할이 중요하지 않다는 의미와는 약간 다릅니다. 천황에게는 나름대로 적합한 역할이 있어, 환경·복지·외교 등과 같은 면에서 권력의 직접적인 갈등이 심한 차원에서 벗어난 차원을 담당하고 있는 것이 천황이나 황실의 역할이며, 아마도 그런 역할은 계속하게 될 것이라고 봅니다.

그렇지만 우익의 일부에서는 그러한 천황, 황실의 소프트화를 황실의 위기로서 받아들여서 천황에게 더욱 더 권위를 부여해야 한다고 하는 주장도 있습니다만, 이것은 소수의 의견입니까?

현대의 황실을 보다 민주화해서 열린 황실로 해야 한다는 의견과, 보다 신비화하고 더욱 권위화 해야 한다는 의견이 있습니다. 우익들 사이에서는 닫힌 황실을 원할지는 모르겠지만, 큰 흐름으로서는 이 두 가지가 있습니다. 그러나 신비화와 권위화는 서로 약간 다른 점이 있어, 현재의 시스템 속에서도 황실은 어느 정도 신비화하는 것이 좋다는 사람은 상당히 많이 있다고 생각합니다. 그러나 보다 강권적인 천황이라는 생각은 현실적으로 그다지 어울리지 않습니다. 천황제의 강화 — 정도에 따라 달라지지만 — 이것을 강력히 주장하는 의견은 대체로 1950년대까지이고, 그 이후는 근대 사회 시스템에 적응한, 즉 미국과 같은 그런 시스템 속에서 일본 사회를 살아가게 되었다고 생각하기 때문에, 천황제가 직접 강권화된다든가 절대화되리라고는 생각하지 않습니다. 그렇게 되기보다는 일본의 내셔널리즘은 더욱 교묘하게 재조직되리라 생각합니다. 바로 이러한 측면을 분석해야 합니다. 우익의 일부에서는 전전과 같은 형태의 천황제를 추구하는 사람도 있을지 모르겠지만 그러한 점에 너무 중점을 두면 분석의 초점이 흐려질 것입니다.

교묘하게 재조직화된다는 것은, 예를 들면 구체적으로 어떤 현상이 있습니까?

실제로 여러 가지 예가 있죠. 예를 들면 스포츠나 여러 가시 대회에 대체로 천황이 참석하지 않습니까? 그러면 그 모임은 권위를 갖게 됩니다. 제 책에서도 잠시 언급했습니다만, '스모'는 힘 자랑을 하는 아이들이 모인 것인데, 여기서는 힘이 센 것이 가장 가치 있는 것이지 천황과는 관계가 없습니다. 그러나 스모는 일본스모협회라는 단체를 구성하고 있고, 그 단체의 제일 위에 있는 사람은 기회가 있을 때 천황을 만날 수가 있습니다. 또한 천황이 스모를 관람 할 때는 협회 간부와 요코즈나(천하장사)가 맞이하게 됩니다. 이처럼 사회 시스템의 윗부분은 천황과 깊이 연결되어 있는 형태로 일본 사회는 조직되어 있습니다. 이렇게 생각하면 정도의 차이는 있어도 어떤 사회 단위에 있어서도 기본적으로 이런 특징을 갖고 있으며 정점에서는 천황, 황족과 연결되어 있어 권위화를 바라고 있는 그러한 일이 있습니다. 우리 같은 경우에도 어느 정도 나이가 들면 훈장을 받는 서훈 제도가 있는데, 그런 것을 받으면 그것을 굉장한 명예로 생각하는 사람들이 있습니다. 물론 나는 받지 않습니다만(웃음).

원유회도 그런 것이죠?

그렇습니다. 전형적으로 그런 것이죠.

이번에는 '여성천황'에 관해서 여쭈어보고 싶습니다. 황태자의 남동생 아키시노미야가 태어난 이후 황실에서는 38년간 계속해서 여자 아이가 태어났습니다. 그리고 황태자비가 2002년 12월 여자 아이를 낳은 이후 이제까지 조심스럽게 논의되어 오고 있던 '여성천황'에 대한 논의가 표면화되면서 여러 가지 의견들이 나오고 있습니다. 이러한 의견과 동향에 관한 선생님의 생각을 듣고 싶습니다.

나는 천황제를 반대하는 입장이기 때문에 '여성천황'이 나타난다고 해서 지금의 입장이 바뀌는 일도 없을 것입니다. 그러나 일단 지금의 시스템을 전제로 생각해 보면 '여성천황'은 국민 의식의 큰 흐름이나 현 정부와 지배층의 생각을 봐서도 긍정적인 쪽으로 의견이 기울고 있습니다. 그런 의미에서 '여성천황'을 인정하는 것은 그렇게 어려운 일이 아닙니다. 새롭게 황실에 남자 아이가 태어난다면 이야기가 달라지겠지만 현재 조건의 연장선상에서 말한다면 '여성천황' 쪽으로 이야기가 전개될 것이고 실제로 그러합니다. 그러나 이것은 의외로 복잡하고 재미있는 문제입니다. 그 일부를 말하자면, 예를 들어 '여성천황'을 인정한다는 것은 현재 천황의 다음은 황태자로 정해져 있으므로, 황태자의 다음은 황태자의 자녀로 할 것인가 아니면 남성 우위로 정하여 황태자의 동생 아키시노미야秋篠宮로 할 것인가, 그것을 어떻게 정할 것인가 라는 문제인데, 그것은 아주 큰 결단일 것입니다. 만약 '여성천황'을 인정할 경우, 현재의 황실전범으로는 황족 여성은 결혼하면 황실을 떠난다는 제도에 어떠한 변경이 필요할 것입니다. 그리고 황족 여성이 황실을 떠나지 않도록 한다면 결혼 상대자는 어떤 입장이 되는지 등의 여러 가지 어려운 문제가 발생합니다. 그리고 왜 이 문제가 의외로 어려운가 하면, 현재의 황실전범과 현행 일본국헌법 사이에는 어느 정도 상당히 원리적인 차이가 있습니다. 대일본제국헌법(메이지헌법)이 만들어졌을 때 이것에 대응하는 형태로 황실전범이 정해지고, 메이지헌법과 황실전범 사이에는 대체로 내용이 대응하고 있다고 생각합니다. 그러나 현재 일본국 헌법이 만들어 질 때 헌법을 바꾸는 일에 대해서는 큰 소동이 있었지만, 황실전범 쪽은 전후 일본 사회와 맞지 않는 부분을 정정한 것을 제외하고는 기본적으로 메이지 시대의 황실전범이 그대로 이어져 수정할 부분을 최소한으로 줄였습니다. 때문에 새로운 헌법이 제정된 후 헌법과 새로운 황실전범 사이에는 여러 가지 맞지 않는 부분이 있는데도 이러한 차이를 그다지 깊이 있게 언급하지 않는 상태에서 전후의 황실제도가 유지되어 온 것입니다.

그러나 '여성천황'을 인정하고 황실전범을 재검토하게 되면, 황실제도도 재검토하게 될 것이며, 보다 확대해서 생각해 나가면 근대 가족이라는 것이 어떤 것인가에 대해서도 생각하지 않을 수 없습니다. 이러한 이유로 얼핏 보면 이 문제는 '여성천황'을 인정하면 될 것 아닌가, 국민들이 모두 지지하고 있지 않은가 하는 식으로 이야기는 간단하게 보이지만, 생각해보면 꽤 복잡한 문제가 있기 때문에 이야기가 어떻게 결말이 날것인가를 저는 주의 깊게 보고 있습니다.

현대 일본 사상의 동향

이제 마지막 질문이 되겠습니다. 최근 선생님이 저술하신 《현대일본사상론》에 대해서입니다. 그 책을 소개하는 의미에서 현대 일본 사상의 상황에 대해 말씀해 주십시오.

전후의 일본 사상을 논한 책은 상당히 많이 있습니다. 그 중에서도 '현대일본사상론'은 일단 '현대'라고 하는 입장에서 전후의 사상을 제 입장에서 정리한 것입니다. 그 정리의 특징은 전후에 이른바 전후 민주주의이랄까, 전후 근대주의라는 동향을 출발점으로 해서 그러한 것이 갖가지 수정을 하지 않을 수 없었다고 하는, 그러한 사상적인 동향을 파악한 것입니다. 이것은 가장 빠르게는 일본의 근대화론[13]부터 시작합니다. 일본의 근대화론이라는 것은 잘 아시다시피 1960년경부터 이데올로기적으로 중요한 역할을 해왔습니다. 이것에 대항한다는 의미에서 나는 나름대로의 학문 영역을 만들어 왔으며 그러한 작업의 연장선상으로 생각하고 있는 것입니다. 그런 의미에서 일본의 지배 이데올로기를 비판하고, 그 지배 이데올로기의 주변에 있는 지식인을 비판하는 그런 의도로 집필했습니다. 그러니까 이 책에 자기 자신의 일을 직접적으로 쓰지는 않았지만, 실은 그러한 사상 상황에 속에서 내가 어떤 입장을 취하고 있는가 하는 것에 대해서 이야기한 것입니다.

1980년대에는 '일본문화론'이라는 것이 성행하였습니다. 일본 문화의

---

13 일본의 근대화를 긍정적으로 평가하는 이른바 근대화론의 입장은 1950년대 후반부터 일본과 미국에서 거의 동시에 등장했다. 일본에서는 고도 경제 성장이 궤도에 오르는 1950년대 후반부터 마르크스주의자들에 의해 주도되어 오던 일본 근현대사에 대한 비판에 의문을 제기하면서 메이지유신을 비롯한 일본의 근대화와 경제적 발전을 위대한 성공으로 평가하려는 움직임이 대두하기 시작했다. 한편 비서구 국가 가운데 유일하게 근대화에 성공한 모델로서 일본을 제시하고 다른 아시아의 후진 국가들이 이를 본받아야 한다는 미국의 동아시아 전략에 의거한 근대화론이 일본의 논단에 등장한 것은 1960년 '미일하코네회의'가 개최되면서부터였다. 미국의 근대화론자들은 마르크스주의 역사관에 대하여 적극적인 공세를 펼치면서 서구적인 자유주의의 유효성을 고취하고자 했다.

특수성, 우월성을 강조하는 그러한 일본문화론의 동향이 1990년대 이후, 혹은 21세기에 들어와 어떻게 변화했는지, 그리고 최근의 '일본인론', '일본문화론'에는 어떤 것이 있는지에 대해 말씀해 주십시오.

처음에는 일본의 근대화론에 이어서 이른바 문화사적인 배경이랄까, 국민성론에 대한 입장에서의 설명 원리로서 '일본문화론'이 나왔습니다. 이것은 '일본적 경영론'과 결합해서 중요한 역할을 했던 것입니다. 그러나 근대화론과 결합한 '일본적 경영론'을 지금 신용하는 사람이 별로 없는, 아주 공허한 것이 되었습니다. 그런 의미에서 '일본문화론'의 배경은 이미 그 기반이 없어졌다고 할 수 있습니다. 그러나 그런 것은 최근의 내셔널리즘이 강화되는 동향 속에서는 다른 방식으로 재편성되어가고 있다고 생각합니다. 최근에는 예를 들면 마음, 심성을 중시하여 교육에 응용하려고 합니다만 이것은 꽤 전형적인 예입니다. 그리고 보다 강권적으로 히노마루, 기미가요를 학교 교육에 강제하는 등 상당히 난폭한 방법으로 행하고 있다고 생각합니다. 이것은 다카하시 데쓰야 등이 가장 심각하게 생각하고 있는 문제라고 보는데, 우리가 예상할 수 없을 정도로 난폭한 방법으로 행해지고 있으며, 특히 도쿄도의 경우는 교육의 붕괴를 초래하고 있다고 지적되고 있습니다. 나에게 배웠던 학생 가운데 도쿄도의 교원이 된 사람이 몇 명 있습니다만, 그들은 도의 교육이 아주 엉망이어서 그만두고 싶다거나, 혹은 자신은 도립고등학교 선생을 하고 있지만 자신의 아이들은 도립학교에 보내지 않겠다고들 말합니다.

선생님 저서의 후기를 재미있게 읽었습니다. 이라크 전쟁에 대해서 후기에서 개인사라 할까, 그런 느낌을 받았습니다만, 여기서 선생님이 독자들에게 전하고 싶었던 메시지는 무엇인가요?

우리와 같은 연구자도, 국민 일반도 역시 전후 일본 사회가 부여하는 조건을 받아들여서, 그 속에서 어느 정도 행복해질 수 있는 가능성을 가지고 있었습니다. 이런 생각은 역시 국제, 글로벌적인 입장에서 생각하면 아주 위선적이고 기만적인 것이며, 세계 전체를 조망하면 보다 심각한 문제가 많이 있습니다. 이것은 비단 이라크의 문제만이 아니고, 예를 들면 지구 온난화 문제라든가, 세계적인 기아 문제 등은 일본인이 상상 할 수 없을 정도로 심각한 문제입니다. 그리고 일본인의 자기 의식이라는 것은 그런 문제를 그다지 보고 싶어 하지 않아하는 것이라고 생각합니다. 그래서 이런 문제에 대해서는 여러 가지 접근이 가능한 것이지만, 나는 '종교' 와 '폭력' 이란 것을 자신의 연구 테마로 해왔기 때문에, 이런 입장에서 생각할 때 이라크 문제에 대해서 일본인 연구자로서 어떤 것을 할 수 있을까를 생각한 것입니다. 이것은 일본사의 연구자로서는 조금 지나친 감이 없진 않습니다만, 현재의 문제와 연결시키기 위해서는 일본 국내만을 생각해서는 안 된다는, 그렇다면 어떤 식으로 글로벌한 차원에서 문제를 생각할까 하는 것이 중요한데, 그것을 위한 궁리로서 저는 '종교' 와 '폭력' 의 문제를 자신의 소재로 생각해 보고 싶었던 것입니다.

고 모 리 요 이 치

2004년 12월 7일
東京大学 駒場캠퍼스 고모리 교수 연구실

고모리 요이치小森陽一 1953년 도쿄(東京) 출신으로
어릴 때 일본공산당 당원인 아버지를 따라 체코슬로바
키아에서 생활했다. 홋카이도대학 문학부를 졸업한 후
동대학원 문학연구과에서 수료했다. 주 전공은 일본근
대문학, 구조주의 기호론이다. 특히 나쓰메 소세키(夏
目漱石)의 '고코로(こころ)'에 관한 해석을 둘러싸고
도쿄대학 교수 미요시 유키오(三好行雄)와 논쟁하면서
이름이 알려졌다. 세이조대학(成城大学) 조교수를 거쳐
현재 도쿄대학 교양학부 교수로 재직 중이다. 명석한
좌익 사상의 소유자로서 문학 평론에 그치지 않고 헌법
개정에 반대하는 '9조의 회' 운영에 참획하고 있으며,
헌법과 교육기본법 개정에 반대하는 각종 집회에서 발
언하고 있다. 다카하시 데쓰야와는 사상적인 의미에서
'맹우'로 알려져 있다. 한국에서 번역된 책으로는 근대
일본을 포스트콜로니얼연구의 시점에서 고찰한 저서
《포스트콜로니얼》(삼인, 2002), 《1945년 8월 15일 천
황 히로히토는 이렇게 말했다》(뿌리와 이파리, 2004)
등이 있다. 인터뷰를 마치고 집회에 참석하기 위해 서
둘러 사라져 가는 모습을 보고 작은 체구이지만 열정적
인 사람이라는 느낌이 들었다.

역사인식과 일본 문학

선생님께서는 일본 근대 문학을 전공하시면서 일본의 역사인식 문제에 대하여 적극적으로 관여하고 계시는 것으로 알고 있습니다, 그렇게 하시게 된 계기는 무엇인가요?

대체로 일본 근대 문학을 어떻게 읽어 나갈 것인가 하는 문제와 역사인식 문제는 결코 분리할 수 없는 것이라고 생각합니다. 저는 일본 근대 문학에서 역사적으로 실제로 일어난 사건을 제재로 한 작품을 읽어 나가기 위해서도 역사를 바라보는 자신의 관점을 가져야 한다고 줄곧 생각해 왔습니다. 저는 1953년생입니다만, 제가 받은 의무 교육 과정 중에 중학교에서의 역사 교육은 제1차 세계 대전과 러시아 혁명까지만 가르쳤습니다. 물론 상당히 열심히 평화 교육을 하신 사회과 선생님들은 별도이지만, 대부분 일본의 학교에서는 일본의 침략 전쟁을 비롯해서 한반도를 식민지화한 이후 다양한 식민지화 정책을 펼쳐나간 부분에 관해서는 이를 정치적인 문제로 취급해 버리는 경향이 있습니다. 그리고 자신이 없거나 자신의 입장을 확실히 취할 수 없는 사회과 선생님은 그것을 가르치지 않고 지나친 것이 사실입니다. 그렇기 때문에 저희들 세대 이후의 사람들은 일본의 침략 전쟁과 제2차 세계 대전 그리고 패전, 그 후에 이르는 전후의 역사에 대해서도 거의 제대로 된 계통적인 지식을 쌓을 수 없었습니다.

저는 1965년에 중학생이었는데, 그때 이른바 한일조약이 체결됩니다. 이것은 결과적으로 일본이 러일전쟁으로부터 시작되는 조선반도에 대한 식민지 지배 책임과 전쟁책임을 애매한 형태로 묶어버린 것입니다. 상징적인 것은 이 해에 이에나가 사부로家永三郎[1]

라고 하는 역사학자가 집필한 역사교과서가 일본 문부성의 검정에서 불합격되었습니다. 이 일을 계기로 표현의 자유를 국가가 억압한다는 것이 문제가 되어 교과서 재판이 시작되었습니다. 즉 일본이 일으킨 전쟁에서의 가해 책임을 역사 수업에서 가르치지 않는다는 것과, 일본의 전쟁책임과 식민지 지배의 책임을 애매하게 해서 그것을 이제는 한국이 말할 수 없게 하는 그러한 조약이 거의 동시기에 일어났습니다. 그런 의미에서 저는 어렸지만 중학교, 고등학교 시절부터 일본에서의 역사 교육을 받는 방법과 저 자신의 역사적 견해, 인식 방법이라는 것에 큰 문제가 있다는 것을 느끼고 있었습니다. 그렇기 때문에 저는 고등학교를 졸업하고 대학에 들어가기 전에는 역사학자가 되어 세계사를 가르치고 싶었습니다. 그러나 유감스럽게 저의 학창 시절의 생활은 전단지를 작성하고 선동을 하는 따위의 생활이 되어버려서 성적이 나빴기 때문에 역사학과에는 가지 못하고, 제7지망인 국문과에 들어가서 일본의 근대 문학을 전공한 것입니다.

일본의 근대 문학을 읽어 나간다기 보다는 실제로 메이지시대부터 현대에 이르기까지 어떠한 일들이 일어났는가 하는 것이 최대의 문

---

1 이에나가 사부로(家永三郎, 1913~2002)는 나고야(名古屋) 출신으로 도쿄제국대학 문학부 국사학과를 졸업한 후 역사학자로 활동했다. 원래 전공은 일본 고대 사상사였으나 차츰 연구 영역을 확대하여 후반생에는 반권력 지향성을 가지는 자유주의적인 자세를 견지하면서 사회적 발언을 행사하였다. 특히 자신이 집필한 일본사 교과서에서의 남경대학살, 731부대, 오키나와 전투 등에 관한 기술을 인정하지 않는 문부성에 대하여 검정제도는 위헌이라고 반발하여 3차에 걸친 교과서 재판(1965, 1967, 1984)을 일으킨 것으로도 유명하다. 소송에서 최대의 쟁점이었던 '교과서검정은 헌법 위반'이라고 하는 이에나가 측의 주장은 대법원에서 "일반 도서로서의 발언을 방해하는 것이 아니며, 발표 금지의 목적이나 발표 전의 심사 등의 특질이 없으므로 검열에 해당되지 않는다"고 하여 1997년 실질적인 패소가 확정되었다. 1차 소송에서 대법원 판결까지 32년 걸렸으며, '가장 긴 민사 소송'으로 기네스북에 인정받았다.

제라고 느낍니다. 이런 역사 문제를 애매하게 해 온 탓에, 일본의 근대 문학을 읽는 방법도 지극히 제한되었다고 생각합니다. 거기서 저는 일본 근대 문학의 방법에 기호론, 구조주의를 바탕으로 하면서 새로운 비평 이론을 가져온 것으로 평가를 받았습니다만, 역시 가장 중요한 것은 문화 연구적인 문제 의식이지요. 즉 하나 하나의 말의 배후에 역사 그 자체가 존재한다고 하는 것을, 예를 들어 메이지 시대라고 한다면 그 시대의 문맥 속에서 정확히 위치 지워져 왔는지 아닌지. 그것이 문학 연구자의 책임이라고 생각하면서 저는 제 연구를 확립해 온 것입니다.

문학을 전공하면서 역사인식 문제를 다루는 분들이 그렇게 많지 않다고 생각하는데요. 선생님보다는 연배가 조금 위인 가라타니 고진柄谷行人[2] 씨의 천황관에 대해서 제가 조금 살펴본 적이 있습니다. 가라타니씨는 천황제에 대해 어떠한 것을 말하고 있는가를 조사해 보니, '제로기호'[3] 라

---

2 가라타니 고진(柄谷行人, 1941~)은 효고현(兵庫県) 출신으로 도쿄대학 경제학부를 졸업했다. 문예평론가, 사상가로 활동중이고, 나쓰메 소세키의 연구로 잡지 《군상(群像)》의 신인상에 응모하여 평론가로서 데뷔. 현대 사상을 중심으로 문학, 철학, 경제, 정치학, 수학 기초론 등 다양한 분야에서 발언하고 있다. 잡지 《비평공간(批評空間)》을 아사다 아키라(浅田彰)와 함께 주재하면서 현대 사상을 소개하는 데 그치지 않고 독자적인 사색을 탐구하고 있다.

3 1986년 잡지 《계간문예(季刊文藝)》에 실린 마쓰모토 겐이치(松本健一) 등과의 장문의 대담집 〈천황제-비억압적 융화의 변증법〉에서 가라타니는 천황제에 대하여 "일본의 천황이 신격화되어도 그것은 '방편'에 지나지 않는 것이다. 중요한 것은 제로라는 것과 초월성이 항상 교체가 가능하다는 것이다. 천황은 시스템을 지탱하는 역할을 할 뿐 자신은 아무것도 말하지 않는다. 천황은 어떨 때는 전시 중과 같이 초월자가 된다. 그러나 전후가 되면 제로기호로 돌아와 버린다. 따라서 천황은 절대 권력을 잡는 일도 없고 그렇다고 해서 무너지는 일도 없다. 제로로 돌아오면 그만이다. 그것이 천황제의 구조라고 생각한다."(《季刊文藝》, 1986년, 여름, 253쪽) 이러한 '제로기호'에 대한 설명을 쉽게 풀어서 말하자면 천황제는 직접 권력을 잡지 않고 있는 상태가 원래의 고유한 모습이라는 말이 된다. 그런 의미에서 가라타니는 현대 일본의 상징천황제를 긍정하는 것으로 보인다.

는 표현을 사용하고 있었습니다. 그 이외에도 포스트모더니즘에서는 천황제에 대하여 '공허의 중심', '불가시적인 시스템' 이라는 등의 표현을 사용하고 있습니다만 역사를 전공하고 있는 저에게는 상당히 그런 점에서 명확하지 않은 부분이 있습니다. 오히려 천황제라고 하는 것을 일본이나 일본 국민에 있어서 숙명적인 존재로 보고 있다는 느낌이 드는 것이죠. 이 점에 대해서 선생님께서는 어떻게 생각하시는지요.

가라타니 고진 씨는 제가 상당히 강한 영향을 받은 비평가이고, 여러 장소에서 몇 번이나 논의를 한 적도 있습니다. 1970년대 가라타니 고진 씨의 천황제론의 바탕에는 당시 일본에서 유행했던 야마구치 마사오山口昌男**4**라는 문화인류학자의 '중심과 주연周緣' 이라는 논의가 있었습니다. 야마구치 씨의 '중심과 주연' 이라는 논의 속에서 말하자면 천황의 존재라는 것은 일본의 구체적인 역사 속에서 실제 권력을 잡고 있었던 적은 거의 드물었습니다. 고대에는 후지와라藤原라는 귀족의 셋칸攝關 정치**5**라는 것이 있었습니다. 그 후에는 미나모토 요리토모源頼朝**6**가 1192년에 가마쿠라 막부鎌倉幕府를 세운 이후 1868년의 메이지유신까지 무사들이 지배를 하는 막부 사회가 됩니다. 따라서 천황제가 천황제로서 기능한 것은 권력을 가진 것이 아니라 공백의 중심으로서 기능해 왔다고 하는 일종의 문화적인 천황

---

4 야마구치 마사오(山口昌男, 1931~)는 홋카이도(北海道) 출신으로 도쿄대학 문학부 국사학과를 졸업했다. 일본에서 문화인류학의 권위자이다. 국내에 번역된 책으로는 《패자의 정신사》(오정환 옮김, 한길사, 2005)가 있다.

5 셋칸 정치(攝關政治)란 고대 일본의 헤이안 시대 중기(10~11세기)에 후지와라(藤原)씨가 셋쇼(攝政)와 간파쿠(関白)라는 관직을 차지하고 정치를 독점했던 정치 형태를 말한다.

6 미나모토 요리토모(源頼朝, 1147~1199)는 일본 최초의 무사 정권인 가마쿠라 막부(鎌倉幕府)를 세운 초대 쇼군이다.

제론이 많은 사람들에게 받아들여지는 측면이 있었습니다. 게다가 롤랑 바르트[7]라고 하는 프랑스 현대 사상가가 일본에 왔을 때, 도쿄에서 황거가 있는 곳을 공백의 중심이라는 의미에서 '제로 번지' 라는 말을 상징적인 표현으로 사용했습니다. 그것을 가라타니 씨를 포함해서 프랑스 현대 사상을 배운 사상가들이 반복해서 사용하고 있었던 것이죠.

그것에 대해서 메이지유신 이전의 권력의 중심에 천황이 존재하지 않던 시대의 천황제와 근대의 천황제는 완전히 이질적인 것으로 생각하지 않으면 안 된다고 하는 것이 저의 입장입니다. 메이지유신 이후에는 권력의 중심에 천황을 두고 중앙 집권 국가를 만들어 나가는 과정에서 천황이라는 기호에 어떠한 위치 설정이 가해졌는가 하는 문제 의식이 저에게는 매우 강했습니다. 단지 가라타니씨를 비롯해서 이른바 현대 사상의 천황제론이 유행한 1980년대는 쇼와천황이 머지않아 사망할 것이라는 것이 예측되고 있었습니다. 전후의 천황은 실체적인 권력을 가지고 있지 않는 상징천황제였고, 게다가 일본의 버블 경제 속에서 풍요만을 추구하고 있는 그러한 시대 상황 속에서 가라타니 씨의 포스트모던과 일본의 천황제를 연결시키는 표현이 받아들여지는 사회적인 기반이 있었다고 생각합니다. 그러나 쇼와천황의 사망을 전후해서 일본의 매스 미디어가 철저하게 자

---

7 롤랑 바르트(Roland Barthes, 1915~1980)는 프랑스 작가이며 기호론과 어휘학 연구자이다. 신비평(新批評)의 대표적 인물로 사회학·정신분석·언어학의 성과를 활용한 대담한 이론을 전개하여 때때로 논쟁을 일으키기도 하였다. 주요 저서로는 《영도(零度)의 문학 Le Degré zéro de l'écriture》(1953), 《비평과 진실 Critique et Vérité》(1966), 《기호학 개론 Eléments de sémiologi》》(1965) 등이 있다.

숙 보도를 통해서 보통 사람들이 웃거나 즐기는 것까지 규제해 나가는 가운데 상징천황제라고 해도 일본의 근대천황제는 극복되지 않았다는 것이 분명해졌습니다. 그런 의미에서 일본의 전후 사회의 모습을 훌륭하게 현장에서 보고한 것이 시카고 대학의 노마 필드 씨가 지은 《죽어가는 천황의 나라에서》8라는 책이라고 생각합니다.

방금 쇼와천황의 사망을 전후해서 나타난 과잉 자숙의 현상을 통해서 근대천황제가 아직도 극복되지 않았다는 것이 분명해졌다고 하셨는데, 그런 의미에서 선생님이 생각하시는 근대천황제의 정의는 무엇입니까?

근대천황제의 정의를 둘러싸고는 특히 1920년대 이후 마르크스주의 이론과 비합법적으로 만들어진 일본 공산당의 논의 가운데 이것은 근대 국민국가로서는 뒤떨어진 제도라는 인식이 있었습니다. 그들은 근대 국민국가를 만들어 나가는 과정에서 극복하지 않으면 안 되는 것이 절대적 군주제와 그것을 지탱하고 있는 것이 지주제라고 분석하고 있었으며, 따라서 사회 혁명을 성공하기 위해서는 먼저 부르주아 민주주의 혁명이 일어나지 않으면 안 되며, 이를 위해서

---

8 노마 필드(Norma Field, 1947~)는 도쿄 태생이다. 1965년 미국으로 건너가 1983년 프린스턴대학 박사 과정을 수료했다. 전공은 일본 문학, 일본 근대 문화이다. 현재 시카고대학 동아시아 언어문화학 교수로 재직 중이다. 국내에 번역된 책으로는 《죽어가는 천황의 나라에서》(박이엽 옮김, 창작과 비평사, 1995)가 있다(원제 : In the Realm of a Dying Emperor). 미군 점령기 일본에서 일본인 어머니와 미국인 아버지 사이에 태어난 저자는 이 책에서 오키나와에서 일장기를 불태운 지바나 쇼이치(知花昌一), 자위대 훈련 중 사망한 남편의 신사 봉안을 거부, 15년간 법정 투쟁을 벌인 나카야 야스코(中谷やす子), 천황의 전쟁책임을 거론한 나가사키 시장 모토시마 히토시(本島等) 등 일본 속의 저항자 세 사람의 이야기를 자신의 개인사와 일본의 일상적인 삶과 함께 보고하면서 일본의 과거와 현재를 깊이 성찰하고 있다.

는 천황제를 타파하지 않으면 안 된다고 하는 3단 논법의 역사인식이 지배적이었습니다.

단지 저는 이것에 대해서 비판적입니다. 근대천황제라는 것은 메이지 신정부가 구미 열강으로부터 불평등 조약을 체결할 것을 강요당하고, 일본이 구미 열강과 같은 국가 체제가 되지 않으면 대등한 국가로 인정받지 못한다는 인식에서 점진적으로 만들어진 것입니다. 일본이 놓인 외교적인 현실 속에서 이른바 중앙 집권적 권력의 형태로서 위기의 상황에서 만들어진 것입니다. 결코 누군가의 계획적인 의도로서 행해진 것이 아니라, 구미 열강의 지리적, 정치적인 관계 속에서 만들어진 것이죠. 결과로써 그것에 의해 위기를 극복했기 때문에 지극히 강고한 것이 되었지 처음부터 강고한 것은 아니었다고 생각합니다.

그렇기 때문에 메이지천황은 중앙집권적인 국가의 이른바 절대군주로서 메이지유신 이후, 사쓰마薩摩와 죠슈長州의 번벌정권藩閥政權[9]에 의해 권력의 상징으로서 추대되어 갑니다. 이것은 모두가 대외적인 위기에 대응하는 도구로 천황이 이용되어 가는 것이죠. 메이지천황 때에 이 중앙집권적 국가 권력의 장치로서의 천황제가 거의 실험적으로 시험되고 그것이 그 손자인 쇼와천황 때에 와서 전면적으로 지극히 유효한 시스템으로 확립되어 기능하게 됩니다. 이렇게 저는 일본 근대의 1945년까지 천황제를 두 단계로 나누어 생각하고 있습니다.

---

9 번벌정권은 주로 메이지유신에 중심적인 역할을 한 사쓰마(薩摩), 죠슈(長州), 도사(土佐), 히젠(肥前) 등의 특정 지역 출신자들이 유신 이후 신정부에서 출신 지역(번)에 의거해서 파벌을 만들고 정치권력을 독점한 메이지 초기의 정치 형태를 말한다.

그것은 이전에 한국에서도 출판된 《포스트콜로니얼》10이라는 책 속에서 논의한 부분입니다. 즉 먼저 일본이 구미 열강으로부터 개국을 강요당해 문명개화와 부국강병이라는 근대화 노선을 추진한다는 것은 곧 국가 시스템뿐만 아니라 사회 형태나 갖가지 조직과 기구를 구미 국가와 똑같은 것으로 바꿔나간다는 것입니다. 그런 사회 속에 살아가는 인간의 일상 생활의 습관이라든가 음식, 의복, 두발 등도 모두 구미 열강을 모델로 바꿔나간다는 노선이었습니다. 이것은 분명히 점점 자신을 억누르고 자신을 상실해 가면서 자신을 타자로 바꾸어 나간다는 지극히 이상한 프로세스였던 것입니다. 그것이 만약 구미 열강의 강요에 의한 것이었다면 다양한 반발이 있었을 것입니다. 그러나 구미 열강으로부터 야만시당하면 일본은 식민지화가 된다는 공포에 떨면서 우선 겉모습부터 구미 열강의 흉내를 낸 것입니다. 이와 같이 자발적으로 국가의 형태나 풍속 습관을 구미 열강과 같이 바꾸어 나가는 방침을 택한 것이 문명개화 노선인 것입니다. 그렇게 하면서 자신을 모두 타자로 바꾸어 나간다는 불안과 절망, 자기 상실밖에 없는 프로세스를 지탱하기 위해서 천황이 선택된 것입니다.

박 선생님도 조사하신 천황의 순행이라는 것도 서남전쟁이라는 커다란 내전으로 그때까지 쌓아 올린 메이지유신 이후의 기반이 무너지려고 할 때 천황의 행렬이 전국을 순행한 것입니다. 천황의 행렬은 메이지 이후의 급격한 개혁 정책에 대한 민중의 불안이나 불만, 노여움과 공포 등을 모두 보이지 않는 중심으로 흡수해서 사람의

---

10 小森陽一, 《ポストコロニアル》, 岩波書店, 2001(고모리 요이치, 《포스트콜로니얼》, 송태욱 옮김, 삼인, 2002).

마음과 심리를 조작하는 지극히 교묘한 방식이었습니다. 즉 직접 어떤 이미지를 내세워서 "여러분, 여기에 일치하세요"라고 하는 것이 아니라, 천황은 특별한 가마에 타고 있었기 때문에 보이지 않았습니다. 그리고 각자가 마음대로 천자天子라는 것을 상상해서 자신의 이미지를 그리고 거기에 투영해 나가는 것이 제1단계였습니다. 즉 우선 사람들의 마음을 천황에 흡인한 후에 제2단계로 전국의 각 학교에 이른바 천황의 '어진영御眞影'11을 배포합니다. 어느 나라의 군복인지는 모르지만 분명히 일본식은 아닌 지극히 이상한 의복을 입은 천황의 초상화가 사진으로 찍혀 헌법이 발포되기 직전에 전국 학교에 배포되는 것입니다.

그리고 이러한 천황의 사진이 학교 교육에 흘러들어가 중요한 역할을 발휘하기 시작하는 과정에서 1889년에 대일본제국 헌법이 발포됩니다. 그 결과로서 어떤 일정한 권력의 제한이 메이지천황에게 가해지는데 여기에 대항하는 형태로 '교육칙어教育勅語'12라는 것이 만들어집니다. 한 사람 한 사람의 대일본제국 신민 전원을 학교 교육을 통해서 그물망처럼 지배를 하는 것입니다. 이로써 천황과 대

---

11 '어진영'은 원래 고귀한 사람의 초상이나 사진을 존경하는 의미에서 사용하는 용어이지만 근대 일본에서는 천황·황후의 공식 초상 사진을 말한다. '어진영'은 1875년경부터 전국의 각 학교에 배부되어 신성시되었으며, 학교장의 책임 하에서 엄중하게 관리하면서 학생들의 천황에 대한 충성심을 조달하는 데 이용되었다. 간토 대지진으로 발생한 화재에서 천황의 사진을 구하기 위해 뛰어든 선생이 불에 타 죽은 사건은 천황제 이데올로기를 보강하는 데 적극적으로 이용되고 미화되었다.

12 '교육칙어'란 1890년 근대일본에서 교육의 근간을 이루는 것으로 작성되어 천황의 이름으로 발포된 칙어를 말한다. 각 학교에 배포되어 천황의 사진과 함께 국민 교육의 사상적 기초로서 신성화되었다. 충효 사상을 중심으로 하여 천황에 대한 충성을 강요하는 내용으로 되어 있으며 근대천황제 이데올로기의 바이블이라고도 할 수 있다.

1882년 이탈리아 화가 기요소네(Edoardo Chiossone)가 그린 메이지 천황의 초상화.

일본제국 신민은 일대일의 관계가 형성되는 것이죠. 그리고 천황의 사진을 숭배하고, '교육칙어'를 봉독하는 학교 교육이 침투되는 과정에서, 대일본제국의 신민 한 명 한 명에게 천황의 '적자赤子'라는 의식이 세뇌적으로 침투되어가는 것입니다. 단순화된 이미지와 지극히 반복적인 언어를 통해서 자신과 국가를 일체화 시켜 나가는, 그러한 기분이나 감정을 포함한 내셔널리즘의 장치로서는 '교육칙어' 체제라는 것은 지극히 유효한 것이었습니다.

야스쿠니신사 비판

방금 말씀하신 천황의 이미지를 만들어 나간다는 점과 관련해서, 어제 도쿄대학의 메이지신문잡지문고에서 메이지 시대에 그린 천황에 관한 인쇄목판화를 열람했습니다. 그것이 실제 메이지천황의 얼굴과 일치하는지 어떤지는 확실치 않습니다만. 천황의 군복을 입은 모습이나 또는 순행하는 모습은 일방적으로 만들어진 이미지라고 봅니다. 이번에는 근대천황제의 산물인 야스쿠니신사에 대해서 질문하고 싶은데요. 최근 라오스에서 고이즈미 수상이 후진타오 중국 수석과 만났을 때 야스쿠니신사 참배를 둘러싸고 논의가 있었습니다만. 선생님은 수상의 야스쿠니신사 참배에 어떤 문제가 있다고 생각하시는지요.

그것은 분명히 고이즈미 수상이 야스쿠니신사를 공식 참배함으로써 야스쿠니신사의 국가신도화를 노리는 우파 세력의 지지를 얻으려는 것이 출발점이었다고 생각합니다. 그러나 미국과의 관계에서 자위대의 해외 파병을 지금까지와는 다른 형태로 하지 않으면 안 되는 상황 속에서 고이즈미 수상의 참배는 분명히 질적으로 전환했다고 봅니다. 그것은 실은 고이즈미 수상 자신이 천황을 대신해서 연기를 하는 셈이 되었다고 봅니다. 즉 1885년의 군인칙유軍人勅諭**13**에서 천황은 "짐은 너희 군인의 대원수"라고 해서 천황이 육해군의 통수권을 갖는다는 것을 선언합니다. 이 군인칙유라는 것은 지극히 기묘하게 천황의 대일본제국 신민 한 사람 한 사람에 대한 부름이 되었습니다. 즉 '신臣'이라고 하는 것은 에도 시대까지는 무사 계급 밖에는 될 수 없는 것이었지만 군인이 된 경우 단순한 '민'에서 '신민'이 될 수 있다는 상승 지향이 농민이나 상인들의 상승 의식을 부추겨 부국강병의 담당자로서 만들어 나간다는 그러한 메시지로서 군인칙유가 사용되어 버리는 것이죠.

그것은 역시 '교육칙어'와 마찬가지로 징병제로 군대에 편입된 사람들에게 반복해서 침투됩니다. 결국 군인칙유를 되풀이해서 봉독하는 것은 자신의 몸을 송두리채로 천황의 부름에 응답해 나가도록 하는 그런 언설의 장치인 것입니다. 그리고 군인칙유의 전문에서는 천황이 군대에 대한 통수권을 갖는 것이 올바른 일본 제국의 모습이라고 선언하고 있습니다. 그 순간 역사가 만들어진 것이 됩니다. 실은 방금 전에도 말했지만 역사적으로 천황이 직접 권력을 가지고 있던 시대는 거의 없었습니다. 그런 의미에서 천황이 통수권을 갖는다는 것은 천황 권력의 중요한 지반이 되는 것입니다. 그리고 동시에 병사의 죽음을 국가를 위한 죽음, 즉 천황을 위한 죽

---

13 군인칙유란 1882년 메이지천황이 육해군에게 내린 칙유이다. 야마가타 아리토모(山県有朋)에 의해 기초되었다. 당시는 서남 전쟁과 자유 민권 운동 등의 사회 정세로 군부에 동요가 확산되고 있었으며 이를 억제하고 정신적 지주를 확립하기 위해 기초되었다. 내용은 천황의 통수권을 전제로 하여 군인들에게 충절, 예의, 무용, 신의, 검소의 5가지 덕목을 강조하고 있다.

음으로 위치 지우는 국가신도가 야스쿠니신사를 통해서 만들어진 것입니다.

지금 야스쿠니신사가 문제되는 것은 앞으로 자위대의 해외 파병을 비롯한 군사 행동이 확대될 가능성과도 밀접한 관계가 있다고 생각합니다. 자위대의 해외 파병이 합법화되기 위해서는 헌법 개정의 문제가 불가결한 과제가 된다고 생각합니다. 만약 지금 자민당이 노리는 바와 같이 헌법이 개정되고 이것에 의해 자위대의 군사 행동이 확대된다면 야스쿠니신사의 역할도 더욱 더 강조될 가능성이 있지 않을까요?

분명히 그렇습니다. 이는 지금 미국의 세계 전략과도 관련이 있습니다. 결과로써 김대중 정권 이후 한국이 북한에 대한 햇볕 정책을 취하면서 2000년과 2004년의 올림픽에서 통일기를 들고 출장했습니다. 즉 한국에서 예전과 같이 북한에 대해서 한국전쟁에서의 다양한 기억을 바탕으로 적대 의식을 불러일으켜 동아시아를 지배해 가는 것은 불가능해 졌습니다. 따라서 미국은 역점을 2002년 10월 이후 일본으로 옮겼습니다. 그것은 고이즈미 정권이 미국과 상의하지도 않고 김정일을 만나 2002년 9월 17일 평양선언을 발표해 버린 점도 영향이 있습니다. 그 후 미국이 북한의 핵개발 의혹을 철저하게 부채질하였다는 역사적인 경위를 보더라도 미국이 노리는 것은 명백합니다. 즉 미국은 일본의 자위대를 군대로 전환하지 않으면 안 된다고 생각하는 것입니다. 그렇지 않으면 지금까지의 역대 자민당 내각의 정식 견해로서도 자위대는 자위를 위한 최소한의 실력이라고 말해 왔기 때문에, 국제연합헌장에 보장되어 있는 개별적 자위권 밖에 행사할 수 없습니다. 그렇기 때문에 미군과 집단적 자위권을 행사할 수 없다는 것이 지금 일본 내각법제국의 공식 견해 입니다. 미국이 이 부분을 바꾸게 하려고 하는 것입니다, 즉 일본 자위대를 군대로 전환한다면 미군과 집단적 자위권을 행사할 수 있 는 관계가 될 수 있으니까요. 미국이 단독으로는 동아시아에 군사 적으로 개입할 수 없기 때문에 2003년의 '무력공격사태법' **14**에서 도 명백하게 나타나고 있듯이 공격이 예측되는 사태를 상정하여 군 사적으로 개입하는 돌파구로 일본을 내세우고 싶다는 것이죠. 더구 나 미국은 유라시아 대륙과 별도의 대륙에 있기 때문에 예를 들어 이라크도 미국 혼자라면 공격 할 수 없었을 것입니다. 따라서 영국 을 끌어들여 영국이 이라크로부터 공격을 당한다는 것이 예측되는 사태에서 자연스럽게 집단적 자위권을 행사한다는 것이 미국의 선 제 공격의 체제입니다. 그 속에 일본을 포함시키려는 의도가 있는 것입니다. 동시에 일본의 재계도 다국적 기업의 진출로 세계 각지 의 정세가 불안한 지역에 공장을 세우고 있습니다. 일본의 다국적 기업이 진출한 나라의 군대가 일본의 기업을 지켜줄 가능성이 불확 실한 상태에서 자위대가 해외로 출동할 수 있는 그런 체제를 만들 고 싶은 것입니다. 이러한 의견에 이익 관계가 일치하여 지금 헌법

---

14 무력공격사태대처법은 '유사법제관련 3법' 가운데 하나이다. 유사법제관련 3법안은 2003년 5월 15일 여야당 의원의 약 9할 찬성으로 중의원 본회의를 통과하고 6월 6일 참의원 본회의에서 성립했다. 3법안은 ① 일본에 대한 무력 공격이 있을 경우의 대처에 관하여 정부 의 기본 이념, 방침을 정한 무력 공격 사태 대처법, ② 유사시에 자위대의 행동을 원활하게 하 기 위한 자위대법 등의 개정안, ③ 정부의 안전보장회의가 유사시에 대처하는 역할을 명확하 게 하기 위한 안전보장회의설치법개정안으로 구성되어 있다. 이 가운데 ①의 무력공격사태대 처 법안에서는 일본 유사를 '무력공격사태'와 '무력공격예측사태'의 두 단계로 나누고 있다. 전자는 일본이 외국으로부터 공격을 받은 경우를 상정하고 있으나 후자는 그 전단계로서 아직 공격당하지 않고 있으나 사태가 긴박하여 무력공격이 있을 수 있는 경우로 되어 있다.

고이즈미 수상의 야스쿠니 참배(2004. 1)

9조를 바꾸려는 것입니다. 즉 자민당의 헌법 개악 계획의 대강은, 첫 번째가 자위를 위해 전력으로서 자위대를 일분군으로 바꾸는 것입니다. 그리고 두 번째가 개별적 자위권과 동시에 집단적 자위권을 행사하겠다는 의도가 있습니다. 그렇게 되면 자위대원이 해외에서 죽을 가능성이 극히 높아지기 때문에 야스쿠니신사 참배 문제가 나오는 것입니다. 지금까지도 사고로 죽은 자위대원이 야스쿠니신사에 합사되어 왔습니다. 이것이 사고가 아니라 해외에서 전투로 죽은 것이라면 더욱 그렇죠, 그렇기 때문에 고이즈미는 내각 총리대신으로서 예전에 천황이 가지고 있던 '통수권'을 행사해서 자위대를 파병하고 동시에 국가를 위해 죽은 인간을 야스쿠니신사에 모신다는 것입니다. 이 권한도 예전에는 천황이 갖고 있던 것이었습니다. 그러니까 고이즈미는 한편으로는 천황의 역할을 노리고 있다고 할 수 있겠지요.

패전과 천황제

이번에는 패전 후의 천황제에 대해서 여쭤보겠습니다. 패전 직전 '어전회의御前會議'에서 '삼종三種의 신기神器'를 지킬 수 있는가, 이세신궁伊勢神

흄은 안전한가 하는 문제가 논의되었습니다.15 즉 '국체호지國體護持'16가 당면한 가장 중요한 과제였던 것이죠. 그것이 결국 오키나와가 함락되는 상황까지 전쟁이 장기화되어 많은 인명 피해를 가져왔습니다. 그리고 선생님께서도 말씀하셨듯이 원폭 투하와 소련 참전에 이어 이것이 한국전쟁을 부른 결과를 가져왔습니다. 그런 점에서 선생님은 '국체호지'를 위한 항복의 지연이 한반도 분단과 관계가 있다고 보십니까?

큰 책임이 있습니다. 즉, 쇼와천황은 '국체호지'를 최대의 조건으로 연합국으로부터 요구받은 전쟁을 멈추라는 교섭에 응하지 않았습니다. 이것은 지극히 무서운 일입니다. 국민을 지배하기 위해서 만들어 낸 자신들의 정치적인 도구의 핵심이 '국체'입니다. 그러나 지배자 자신이 그것에 얽매여서 전쟁에 의해 얼마만큼 큰 피해가 국민에게 속출하고 있는지를 냉정하고 현실적으로 상황 판단하는 것이 불가능하게 되어 버렸습니다. 완전히 바보스러운 일입니다. 죽은 사람들에 대해 말한다면 죄송스러운 시대라는 것이 제 생각입니다. 즉, 일본이 '국체호지'를 명분으로 포츠담선언의 수락을 연장한 까닭에 미국이 8월 6일 히로시마에, 9일에 나가사키에 원폭을 투하했습니다. 현재도 원폭을 투하하지 않았다면 전쟁을 계속했을 것이라고 하는 대량 살상 병기의 사용을 정당화 하는 논리가 있습니다. 즉 제2차 세계 대

---

15 '3종의 신기'는 고대로부터 천황의 황위 계승에서 대대로 내려오는 칼, 구슬, 거울의 세 가지 '신성한 보물'을 말한다. 이 가운데 칼과 구슬은 황궁에, 그리고 거울은 천황의 조상신 아마데라스 오미카미를 모시는 이세신궁에 보관되어 있다. 따라서 이세신궁과 '3종의 신기'를 지키지 못한다는 것은 곧 천황가의 멸망을 의미한다.

16 '국체'란 신의 자손인 '현인신(現人神)' 천황이 지배하는 세계에서 유일무이한 신성한 국가를 의미한다. 따라서 '국체호지'는 천황제를 지키는 것을 절대적인 사명으로 한다는 의미를 담고 있다.

전 이후 미국과 소련의 핵개발 경쟁 속에서 군사적 위기가 높아졌다고 하는 하나의 조건을 실은 히로히토 쇼와천황이 만들어낸 것이 됩니다. 그런 의미에서 저는 히로시마와 나가사키 원폭 투하에 대한 책임의 반은 쇼와천황에게 있다고 생각합니다. 물론 나머지 반은 미국에 있습니다만 양쪽을 모두 추궁하지 않으면 안 됩니다. 그리고 결과적으로 맥아더는 쇼와천황의 권위를 이용해서 점령 통치를 원활하게 하려고 했기 때문에 쇼와천황의 전쟁책임은 묻지 않는다는 약속을 사전에 했습니다. 그것이 있었던 까닭에 조선반도에 있던 총독부가 지배를 지속하게 된 것입니다. 이것이 하나의 이유입니다.

그리고 소련이 참전했기 때문에 북쪽의 무장 해제는 연합국으로서의 소련이, 남쪽은 미국이 담당한다고 하는 38도선의 분단을 만들어 낸 조건도 일본이 포츠담선언 수락을 지연했기 때문입니다. 실은 일본이 두 개로 나뉘어 분단되어야 하는데, 조선반도가 희생된 것입니다. 이것은 역시 일본의 식민지 책임을 어떻게 패전책임으로서 다룰 것인가 하는 논의가 종전 직후에 없었다는 것에 기인합니다. 천황의 '옥음 방송玉音放送'[17]에서는 미국, 영국과의 전쟁을 그만둔다고 밖에 말하지 않고 있습니다. 그 전의 전쟁, 즉 러일전쟁부터 조선의 식민지화, 그리고 그것을 거점으로 중국과의 전쟁을 하게 됩니다. 이것이 '옥음 방송'의 종전 논리 속에 들어있지 않았다는

---

17 '옥음 방송'은 1945년 8월 15일 정오에 라디오 방송을 통해서 천황이 직접 국민들에게 '종전'을 선언한 것을 말한다. 물론 이 방송은 그 전날 밤 황궁 안에서 은밀하게 녹음되었다. 천황의 육성으로 '종전'을 선언한 것은 패전 막바지까지 국민들에게 철저 항전을 강요해 오던 정부가 국민에게 항복을 납득시키기 위해 천황의 카리스마적인 권위를 최대한으로 이용한 것이었다.

것이 조선 분단의 커다란 요인이 되었다고 저는 생각합니다. 그렇기 때문에 그런 책임을 포함해서 일본에는 전쟁책임, 식민지 지배 책임과 함께 전후책임이라는 것도 발생한다고 봅니다.

그리고 쇼와천황이 제일 두려워했던 것은 소련이 일본에 들어와서 일본에 공산 혁명이 일어난다는 점이었습니다. 그래서 미국과 전쟁을 한 천황이 미국의 후원을 더욱 기대하여 미군이 계속 주둔 할 필요가 있다는 것을 생각한 것입니다. 그것이 결국 오키나와를 미군 기지로 양도하는 결과로 이어집니다. 그러니까 미국의 GHQ와 '국체호지'를 노린 쇼와천황을 중심으로 하는 세력과의 지극히 담합적인, 서로가 서로의 이익을 정상적인 외교 교섭이 아니라 뒷거래 식으로 했던 것이 제2차 세계 대전 이후 동북 아시아에서의 전쟁에 큰 원인이 되었다고 봅니다.

지금 말씀하신 '국체호지'입니다만, 패전 당시 지배층이 생각했던 것 가운데, '국체호지' 즉 천황제를 지키지 않으면 일본은 망한다고 하는 인식은 그들이 남긴 일기나 여러 기록 속에서 발견할 수 있습니다. 이것은 한국인으로서는 좀 이해하기 어려운 부분이기도 한데, 그러한 발상이 어떻게 가능했을까요?

패전 직후 '국체호지'가 이루어졌다는 것이 우선 천황의 '옥음 방송'에서의 정식 표명입니다. 그러나 당연한 일로 소련과 중화인민공화국이 탄생했기 때문에 그러한 연합군이 형성되면서 천황의 전쟁책임은 분명 추궁당해야만 하는 것이었습니다만 여기서 맥아더가 잘못된 시나리오를 만들게 됩니다. 천황이 책임을 추궁당하지 않도록 하기 위해서 천황의 조칙 하나로 전쟁을 끝낼 수 있었다는 점을 강조합니다. 그러나 천황이 통수권을 가지고 있었기 때문에 천황의 조칙으로 전쟁을 끝낼 수 있었다면 천황은 왜 전쟁의 시작을 막지 못했는가 하는 논리적인 문제가 생깁니다. 이 문제를 피하기 위해서 전쟁을 시작한 것은 천황이 아니라 도쿄 히데키東条英機[18]라는 식으로 군부의 책임으로 전가해 버립니다. 이것이 결국 대일본제국 신민 개개인의 전쟁책임을 애매하게 하는 구조를 만들어 낸 것입니다. 그리고 천황의 전쟁책임을 추궁하지 않기 위해서 천황에게 새로운 헌법을 만들게 해서 상징천황제를 만들었습니다. 결국 천황제를 남기기 위해 1조에서 8조까지가 천황에 관한 조항을 만들었습니다. 그리고 그것을 떠받치는 형태로 전쟁을 포기한다는 9조가 만들어집니다. 그런 의미에서 9조는 분명 천황의 전쟁책임을 추궁하지 않는다는 하나의 도구로서 미국이 가져 온 것입니다. 그렇기 때문에 많은 수의 국민은 상징천황제라고 해도 국체는 지켜졌다고 생각하게 됩니다. 쇼와천황의 전후 순행을 통해서 많은 사람들이 그것을 확인한 것이죠. 게다가 문부성도 천황제의 가장 요점이었던 '교육칙어'는 남기려고 했다는 것입니다. '교육칙어'를 남기려는 생각은 새로운 헌법 초안이 국회를 통과한 다음날 문부성이 통지를 발표했습니다. 이것은 확실히 말해서 교육칙어를 통해서 국

---

18 도쿄 히데키(東条英機, 1884~1948)는 도쿄 출신으로 육군사관학교 졸업했다. 일본육군 대장, 정치가, 육군대신 및 제40대 내각총리대신 역임했다. 진주만공격으로 시작되는 태평양전쟁 개전 당시의 수상이었다. 1944년 사이판 함락으로 내각을 총사직했다. 패전 후 'A급 전범'으로 체포될 때 권총 자살을 시도했으나 총알이 심장을 빗나가 그 자리에서 체포하러 간 미군헌병의 수혈을 받았다. 3년에 걸친 도쿄재판에서 군국주의를 대표하는 인물로서 교수형 판결을 받고 1948년 12월 23일 다른 'A급 전범' 6명과 함께 처형되었다.

민 전체를 지배하는 구조를 남기려고 했던 것입니다. 이것을 막기 위해서 1947년에 제정된 것이 교육기본법입니다. 교육기본법은 헌법과 깊이 결합되어 절대로 교육에 국가의 관여를 허락하지 않는다는 법률입니다. 그렇기 때문에 지금 헌법을 바꾸려는 세력이 헌법을 바꾸기 전에 교육기본법을 바꾼다는 식으로 6월 16일 여당의 중간 보고가 나와 있는 것입니다. 전후 '국체'를 수호하지 않으면 안 된다는 의식은 미국과의 미일안보체제 속에서 일본을 위치지우는 것과 연관되어 있습니다. 한국전쟁이 시작된 1950년 가을에 아마노 데이유天野貞祐19라는 문부대신이 천황과 깊은 관련이 있는 국가의 축제일에 학교에서 히노마루 걸고 기미가요를 부르라는 통지를 내립니다. 그후 학습지도요령을 포함하여 학교에서 히노마루와 기미가요의 문제가 나올 때는 반드시 미일안전보장조약이 강화되었을 때입니다. 미일안전보장제도 속에서의 '국체'라는 것이 국민들의 마음에 자연스럽게 스며들었다는 것이 제2차 세계대전 직후의 상황이었습니다.

패전 직후 맥아더, 또는 미국이 천황의 전쟁책임을 면책한 것은 과연 일본에서의 공산 혁명을 막기 위해서였을까 하는 의문이 듭니다. 오히려 GHQ나 일본 정부의 지나치게 과장된 표현이 아닐까요. 왜냐하면 제가 살펴본 바에 의하면 패전 직후의 상황에서 실제로 공산 혁명이 일어날 가능성이 거의 없었다고 생각되기 때문입니다.

---

19 아마노 데이유(1884~1980)는 가나가와현(神奈川県) 출신으로 교토제국대학에서 칸트 철학을 전공했다. 철학자, 교육자로 활동하다, 패전 후 1949년 제3차 요시다 내각에 문부대신으로 입각했다. '교육칙어'에 대신하는 '국민도덕실천요강'을 발표하는 등 복고주의적인 성향이 강했다.

저도 전혀 없었다고 생각합니다. 소련이 쳐들어 와서 공산 혁명이 일어날지도 모른다는 것은 쇼와천황 히로히토의 불안이었는데, 미국은 이것을 이용해서 일본을 지배했다는 측면이 있습니다. 미국이 천황제를 이용하지 않으면 안 된다는 것은 이미 1942년 단계에서 10년간 주일 미국 대사를 역임했던 조셉 그루Joseph C. Grew[20]가 보고하고 있습니다. 그것은 기정의 노선입니다. 그 후 미국의 냉전 구조 속에서의 정치적인 전략이란 것은 실은 일본의 근대천황제를 모방하고 있습니다. 예를 들어 반공주의를 철저화해서 사상 차별을 해 나가는 매카시즘은 군국주의 시대 치안 유지법 체제의 미국 판입니다. 레드 퍼지Red Purge[21]가 미국에서 일본으로 들어왔다고 하지만, 제가 보기에는 치안유지법 체제를 미국이 흉내 내서 그것을 다시 한 번 한국전쟁을 계기로 일본에 들여온 것입니다. 이러한 체제는 예를 들어 친미 군사 독재 정권이라고 부르는 박정희 정권이나, 수

---

20 조셉 그루(Joseph C. Grew, 1880~1965)는 미국의 외교관이다. 1932년~ 42년까지 10년간 주일 대사로서 미일 관계에 많은 업적을 남겼으며 일본 상류층, 궁중그룹과의 사이에 두터운 인맥관계를 형성하고 있었다. 그의 저서 *Ten Years in Japan*(Simon And Schuster, New York, 1944)은 일본 체재 10년간에 이르는 경험을 정리한 것으로 당시 미국 사회에서도 큰 반향을 불러일으켰다. 미일 개전 이후 귀국한 그는 미국의 대일 정책 입안을 주도했으며, 특히 패전 후 천황의 전쟁책임을 면책하고 천황제를 존속시키는 데도 중요한 역할을 담당했다. 그루가 귀국 후 일본에 관한 강연에서 천황과 일본인의 관계를 '여왕벌'에 비유한 것은 유명한 이야기다. 그는 일본인에게 주체적으로 민주주의를 실현할 능력이 결여되어 있다고 보고 '여왕벌'(즉 천황)이 사라진 상태에서 일본 사회가 와해되는 것을 막기 위해서는 천황의 존재를 살려둘 필요가 있다고 주장한 것이다.

21 레드 퍼지는 직역하면 '적색 추방'이며 공산당원과 그 동조자를 공직에서 추방하는 것을 말한다. 1950년 5월 3일 공산당 비합법화를 시사하는 성명을 발표한 맥아더 점령군 사령관은 한국전쟁 직전인 6월 6일 공산당 중앙위원 24명 전원을 공직에서 추방하고, 이튿날 공산당기관지 편집간부 17명의 공직 추방 지령을 내렸다. 그리고 7월 28일부터 신문, 방송 관련 직장에서 레드 퍼지가 시작되어 1만 명 이상이 공직에서 추방되었다.

하르트 정권, 또는 장제스 정권 등 아시아의 많은 지역에서 같은 형태로 이용되어졌다고 봅니다.

'새역모'와 교육기본법

이번에는 역사인식에 대해서 의견을 듣고 싶습니다. 최근 '새역모'가 교육기본법을 개정하고자 하는데, 그들이 노리고 있는 부분은 무엇일까요? 그들은 역시 전쟁을 하는 국가로 가고 싶은 것이 아닌가요?

그것도 분명히 교육기본법을 개악하기 위함입니다. 의원연맹이 자민당도 민주당도 가입해서 2004년 2월 25일에 결성되었는데, 그 결성 총회에서 민주당의 니시무라 신고西村眞悟22 중의원이 국가를 위해 목숨을 바칠 수 있는 그런 인간을 만들자고 분명하게 말했습니다. 그리고 이어서 국가를 위해 목숨을 바친 사람들이 있기 때문에 지금의 조국이 있다고 하는 것을 교육해야 한다고 말했습니다. 이것이 세트입니다. 즉 지금 어린이를 국가를 위해 목숨을 바치는 인간으로 만들기 위해서는 과거의 침략전쟁을 미화해 나간다는 그러한 교과서를 학교에서 사용하고자 하는 데에는 분명히 전략적인 의미가 있습니다. 아시다시피 1999년에 히노마루·기미가요를 법제화하게 되자 실시율이 낮았던 지역의 학교에 철저하게 히노마루·기미가요를 강제합니다. 그리고 일단 교직원조합이 여기에 저

---

22 니시무라 신고(1948~)는 오사카 출신으로, 교토대학 법학부를 졸업했다. 중의원 안전보장위원, 북한에 납치된 일본인을 조기에 구출하기 위한 의원연맹 간사장을 지냈다. 핵무장론을 주장하며 헌법 개정과 대북 강경 정책으로 전쟁을 부추기는 우파 정치인이다.

항할 수 없게 되면 일상적으로 히노마루와 기미가요가 학교 안에까지 들어오는, 이른바 아이들의 선동 체제가 가능하게 되는 것이겠죠. 아시는 바와 같이 국기라고 하는 시각적 기호와 국가國歌라고 하는 음악, 청각적 또는 언어적 기호를 합쳐서 내셔널리즘을 만들어 나가는 것에 가장 성공한 것이 미합중국입니다. 그렇기 때문에 9·11 이후 미국에서 성조기가 그만큼이나 사용되었다고 하는 것은 실은 전전의 일본에서 국기와 국가가 어떻게 사용되었는가를 역시 배운 것이라고 저는 생각합니다. 도쿄에서는 교장이 교사들에게 직무명령을 내려 기미가요를 부를 때 일어서라고 강요합니다. 일어서지 않으면 처분당하고 몇 번이고 처분당하면 직업을 잃게 되는 것입니다. 그러한 공격을 가하는 속에서 학교가 감시와 처벌이라는 감옥과 같은 공간에 갇히게 되었습니다. 이것을 학습지도요령에 근거해 행하고 있다는 것이 지금 도쿄도교육위원의 공식 설명입니다.

도쿄가 지금 가장 엄격한 것으로 알고 있습니다만.

그렇습니다. 학습지도요령이라는 것은 실은 법률이 아닙니다. 일본의 학교 교육에 관련된 모든 법률은 교육기본법에 따라 행해지고 있습니다. 때문에 학습지도요령이라는 것은 교육기본법에 구애받지 않습니다. 문부성이 마음대로 정한 것을 말단까지 침투시킨다고 하는 것은 몇 십년 동안 줄곧 일본에서 해 온 학교 현장에 대한 공격입니다. 아시는 바와 같이 '새역모'의 교과서는 문부성의 교과서 검정을 통과한 것입니다. 그리고 사회과 선생님이 '새역모'가 만든 교과서를 채택해서 그것을 사용하지 않고 수업을 한다면, 학습지도요령에 따라 학교 교육을 이행할 수 없는 교사로서 처분되는 것입니다. 이와 같이 학습지도요령대로 가르치지 않는 교사를 처분한다는 법률이 통과한 것이 1999년이었습니다. 그리고 이것이 현재 히노마루·기미가요에 복종하지 않는 학교 교사들에 대하여 사용되고 있습니다. 그것이 '새역모'가 노리는 점입니다. 내년이 교과서 채택의 해이기 때문에,

그러니까 2005년에는 10%의 채택률을 노리고 추진한다는 말이 있습니다만.

예, 그것이 일본의 우익 단체이자 거의 모든 대기업이 가입하고 있는 '일본회의'[23]가 지령을 내려 지금 전국의 지방 자치 단체에게 '새역모'의 교과서를 채택하도록 하기 위한 다양한 진정의 채택이 전국적으로 행해지고 있습니다. 그리고 아베 신조安部晋三가 전국의 자민당 지방의원들을 모아서 심포지엄을 열고 '새역모'의 교과서를 채택하도록 하고 있습니다. 심지어는 '새역모'의 교과서가 채택되도록 하기 위해 교육위원까지 바꾸고 있습니다. 지금 상당히 긴박한 상태입니다.

---

23 '일본회의'는 일본 최대의 보수·우익계 국민 운동 단체이다. 그 전신은 '일본을 지키는 국민회의'(보수계 문화인, 구군인 관계자, 전 대법원장 등이 발기인으로 1978년에 출범한 '원호법제화국민회의'를 개편조직)와 '일본을 지키는 회'(신도, 불교계 종교, 수양 단체 중심, 통일협회 등이 중심)이며, 이들 두 단체가 통합하는 형태로 1997년 5월 30일 발족했다. 9블록으로 나누어 전국 47개의 행정 단위에 모두 지부를 두고 있다. 문화인, 정치가, 재계, 관료 출신, 종교가와 우익활동가에 이르기까지 광범위한 멤버로 구성되어 있으며 보수·우익적인 가치관에 의거하여 헌법 개정 문제, 교육기본법 개정, 야스쿠니 문제와 천황제(여성천황 부정) 등에 관하여 제언하고 있다. 지방 조직은 사실상 '새역모'의 그것과 중복되고 있다.

아주 어려운 상황이군요. 이러한 것에 대항을 하시는 선생님들이 지금 아주 불리한 입장이라는 느낌이 드는데요.

물론 돈이나 사람 수에서는 매우 불리한 입장입니다. 단, 2001년 '새역모'의 교과서 채택에 관한 문제가 있었을 때는 지금 같은 이런 운동이 없었습니다. 제가 대표를 맡고 있는 '어린이와 교과서 네트 21'[24]이라는 작은 조직이 전국에 운동을 만들었는데, 처음에는 코끼리와 개미의 관계와 같은 것이라고 저희는 말했습니다. 그러나 개미의 힘이라도 과연 '새역모'의 교과서가 어떤 것인가를 많은 사람들에게 전해준다면 결코 채택되지 않을 것이라는 생각으로 처음으로 시민 운동을 전개해 나갔습니다. 94년, 95년에 사회당의 무라야마 내각이 사실상 정권을 잡으면서 크게 노선을 전환한 후부터 일본의 노동조합은 싸우지 않는 운동이 되었습니다. 따라서 일본의 헌법9조를 중심으로 전후민주주의를 지탱해 왔던 사회당과 공산당과 같은 정당과 특히 사회당을 지지하고 있던 노동조합운동이 힘을 잃은 상황이 되었기 때문에 남은 것은 시민 운동 밖에 없었습니다. 90년대 후반에는 이렇게 힘을 잃은 시민 운

---

24 '어린이와 교과서 전국네트워크21'은 어린이와 교육의 미래를 생각하고 행동하는 시민 네트워크로 1998년 6월 13일 발족했다. 주된 활동 목표는 ① 전국의 학교, 가정, 지역에서 발생하는 어린이와 교육에 관한 문제의 정보를 수집, 기록하고 교류하는 것, ② 어린이들의 자주적인 행동을 존중하고 그러한 정보를 수집, 기록함과 동시에 그 행동을 장려하는 활동, ③ '종군위안부' 기술을 교과서에서 삭제하라는 교과서 공격에 관한 정보를 교환하고 각지에서 그 잘못을 밝히는 운동을 확산하는 것, ④ 교과서 검정의 실태를 밝혀 세간에 이를 알리고 행정에 대해서는 필요에 응하여 항의 운동을 하는 것, ⑤ 교과서 채택의 실태를 전국적으로 조사하여 정보를 교환하는 것, ⑥ 교과서와 교육에 관한 전국적, 지역적 규모에서의 학습회, 강연회, 심포지엄 등을 개최하고 실천화 교류의 장을 만드는 것, ⑦ 인터넷을 활용하여 정보의 수집, 발신, 의견 교환 등을 행하여 국내외의 시민 네트워크를 만드는 것 등이다.

동을 다시 한번 힘을 모아 사회당을 지지하는 사람이나 공산당을 지지하는 사람도 힘을 모아 '새역모'의 교과서를 채택하지 않도록 하는 운동을 만든 것입니다. 이 운동을 기초로 교육기본법을 바꾸려는 데 반대하는 전국적인 운동도 만들어졌습니다. 그리고 지금 우리들은 운동을 재현하고, 그것이 확산되어 가고 있는 시대라고 보고 있습니다.

아시아 연대라는 생각은 어떻습니까? 예를 들면 일본과 한국의 시민 운동이나 학자들의 연합, 연대 등과 같은 움직임도 있는데요.

예, 이미 그것은 다양한 형태로 진행하고 있고, 한국뿐만 아니라 중국하고도 연계하고 있습니다. 중국에서도 중국 정부가 비난을 하면 일본 국민이 반발하여 오히려 우익이 더욱 힘을 얻는 식의 내셔널리즘의 구조적인 문제는 어디에도 있습니다. 그러나 그렇게 되지 않도록 서로가 진정하게 각각의 시민 운동에 커다란 힘이 되는 그런 발언의 메시지를 보내는 방식을 앞으로 모색하고자 하는 식으로 생각하고 있습니다. 그리고 제가 지금 사무국장을 하고 있는 '9조의 회' **25**도 오는 3월에 가토 슈이치加藤周一**26** 씨가 중국에서 강연을

---

25 '9조의회'는 일본국헌법 제9조의 '전쟁포기' 조항을 개정하려는 움직임을 저지하기 위한 평화운동의 일환으로 2004년 6월 10일 발족한 시민 단체이다. 이노우에 히사시(井上ひさし, 작가), 우메하라 다케시(梅原猛, 철학자), 오에 겐자부로(大江健三郎, 작가), 오쿠다이라 야스히로(奧平康弘, 헌법연구자), 오다 마코토(小田実, 작가), 가토 슈이치(加藤周一, 평론가), 사와치 히사에(澤地久枝, 작가), 쓰루미 슌스케(鶴見俊輔, 철학자), 미키 무쓰코(三木睦子, 유엔부인회)의 9명이 발기인이며 일본을 대표하는 양심적 지식인이 다수 포함되어 있다.

26 가토 슈이치(1919~)는 도쿄 출신으로 도쿄대학 의학부를 졸업했다. 평론가, 작가. 도쿄대학 강사, 베를린 자유대학, 예일대학 교수, 리츠메이칸대학(立命館大学) 교수를 지냈다. 의학박사(혈액학 전공), '9조의 회' 발기인의 한 사람이다.

『憲法9人アピール』記者発表

鶴見俊輔　加藤周一　大江健三郎　小田実　奥平康弘

2004년 6월 10일 헌법 9조를 지키기위해 '9조의 회' 발기인들이 기자회견을 하고 있다.

하는 식으로 연계를 이어 나가고 있습니다. 이것을 받아들이는 구조는 한국이나 중국에도 있다고 생각합니다. 이전에는 한국의 서울에서도 심포지엄을 열었습니다.

21세기의 천황제

이번에는 앞으로의 천황제 문제에 대해서 여쭤보고 싶습니다. 지금의 이야기에 따르면, 우익이나 보수층에서는 앞으로 내셔널리즘을 더욱 강화해 나갈 것처럼 보입니다. 이와 같이 내셔널리즘을 강화해 나가려는 입장에서는 과연 천황제를 내셔널리즘의 중심으로 삼을 것으로 생각하시는지요? 어떤 사람들은 이미 천황제는 필요없다. '천황제 없는 내셔널리즘'의 시대라는 식으로 보고 있는 사람들도 있는 것 같습니다만 선생님께서는 어떻게 생각하십니까?

여기서 역시 새롭게 천황제와 내셔널리즘이라는 개념 그 자체를 재검토 하지 않으면 안 된다고 생각합니다. 일본의 전후 내셔널리즘은 결코 순수한 내셔널리즘이 아닙니다. 이른바 일국 내셔널리즘이 아니라 미일안보 체제하에서 미국에 대한 부정적인 감정과 동시에 미국에 의존하지 않고는 안 된다는 감정에 의거하고 있습니다. 이렇게 볼 때 저는 지금 세계 속에서 가장 위험한 것은 '글로벌 파시즘'이라고 불리는 부시 정권을 축으로 전쟁 추진 세력이 만들어 내고 있는 전쟁을 긍정하는 논리라고 생각합니다. 예를 들어 이번 이라크 전쟁은 미국과 영국 간의 군사 동맹에 근거해서 집단적 자위권을 행사했습니다. 기분이나 감정적으로는 같은 기독교와 앵글로색슨이라고 하지만 그것은 지극히 현실적이고 정치적인 이익에 근거해 있는 것이지만 그것이 이라크와의 전쟁에서는 이슬람교와 기독교의 싸움인 것처럼 연출된 것입니다. 그렇기 때문에 부시도 지극히 천황제적인 움직임을 한 것입니다. 바그다드를 함락한 직후 부시는 공군복을 입고 엔터프라이즈에서 내린 후 "전쟁은 끝났다"고 연설했습니다. 이것은 육해공군의 통수권을 갖는 천황과 같습니다. 그것을 부시가 연기했습니다. 그리고 이라크 전쟁이 장기화되기 시작한 2003년 11월의 네 번째 목요일 바그다드 공항에 내려서 칠면조를 가지고 나타났습니다. 그 날은 미국과 캐나다의 이민이 선주민을 죽이고 농업 생산자로서 신으로부터 은혜를 입었다고 하는 '추수감사절'이었습니다. 한마디로 말하자면 살인자인 기독교도의 지배를 찬양하는 종교적인 제사인 것입니다. 칠면조라고 하는 것은 신대륙에만 있는 새이기 때문에, 이 새의 시해를 모두 같이 먹는다는 것은 선주민을 죽인 상징이기도 한 것입니다. 똑같은 일로 부시의 재선을 지지했던 최대의 세력인 우파 기독교 원리주의 사람들의 생각에는 이스라엘과 미국의 군사 동맹에 근거하는 전쟁 행위를 전면적으로 백업해 나가는 가운데서도 나타나고 있습니다. 그 배후에는 물론 유태인의 문제가 있다고는 하지만 그러한 종교와 정치가 지극히 농후하게 얽힌 상태로 사태를 일으키고 있습니다. 동시에 폭력의 연쇄로서 역시 다양한 테러 공격을 계획하고 있는 사람들도 이슬람교를 이용해서 하고 있는 것입니다. 실제로 이슬람 교도들은 자신들의 교의에 그러한 살인자는 포함되어 있지 않다고 말하고 있습니다. 즉 이렇게 해서 폭력의 연쇄를 조직하고 이른바 전쟁으로 돈을 벌자는 세력에 의해 지금 정치와 종교가 하나가 되어, 구조로서는 지극히 천황제적인, 이른바 죽은 자의 명예를 동원하면서 전쟁을 계속 이어나가는 이러한 방향을 허락할 것인가 안할 것인가가 지금 커다란 문제입니다. 그러한 의미에서는 천황제의 정신 구조와 기분 감정이 어떻게 국가에 동원될 것인가는 일본만의 문제가 아니라, 과연 우리들 각자의 나라에서 같은 정신 구조가 되어 있는 것은 아닌지를 되묻는 것이 전 세계의 모든 지역에서 요구되고 있는 현상이라고 저는 봅니다. 그것은 곧 일본의 천황제도 독일의 나치즘과 이탈리아의 파시즘도 단순한 이미지나 단순한 적과 아군을 나누어서, 그리고 지극히 정서적이고 감정적인 매스 미디어의 보도를 통해서 국민을 전쟁에 끌어들인다는 형태에 있어서는 차이가 없는 것입니다. 예전에 제2차 세계 대전을 치룬 일본, 독일, 이탈리아라는 추축국의 파시즘에 인간이 동원된다고 하는 것. 그런 의미에서 인류는 군사적으로는 물리쳤으나 인간의 이성과 기분 감정이 얽히는 문제는 아직 한 번도 극복하지 못했다. 만약 그러한 화해를 향해서 극복되고 있는 것이 있다면, 저는 지금의 한국과 북한이 그렇다고 봅니다. 그런 의미에서 오히려 우리가 새롭게 좁은 내셔널리즘과 천황제에 이탈해서 어떻게 화해의 노력을 진지하게 해나갈 것인가 라는 것을 생각하는데 있어서 한국과 북한이 지금 하고 있는 노력을 우리들이 배워 나가지 않으면 안 된다고 생각합니다. 그리고 일본에서는 이미 천황을 중심으로 한 구조는 성립되지 않는다고 봅니다. 구심력을 지금의 아키히토 천황은 가지고 있지 않고, 앞으로 지금의 황태자가 천황이 되었을 때 내셔널리즘의 중심이 될 수 있는가 하면, 구체적인 인간으로서의 천황을 통해서는 그렇게 되지 않을 것이라고 봅니다. 그러나 예전의 근대천황제를 탄생시킨 일본의 대중적인 기분 감정이라는 것은 천황제적인 구조로 계속 움직일 것입니다.

정신적인 구조로서의 천황제를 말씀하시는군요.

그렇습니다. 정신적 구조입니다. 그것은 한마디로 말하자면, 국가에 대해 순종하지 않으면 안 된다, 국가가 말하는 것에 거스르거나 반동하거나 또는 이의를 제기해서는 안 된다고 하는 철저한 국가주의입니다. 국가 속에 개인을 매몰시키는 것이죠. 그리고 그러한 개인은 같은 일본인이라면 서로가 잘 알 것이라는 지극히 강경한 집단주의로서 국민과 비국민을 나누게 됩니다. 이질적인 것을 배제하고 이질적인 것이 나타난다면 곧바로 공격을 한다는 이른바 배싱 bashing 사회입니다.

그렇다면 그러한 구조는 전전과 그다지 달라지지 않은 것이 아닙니까?

바뀌지 않고 있었기 때문에야말로 이라크에서 인질이 된 다카토 씨, 이마이 씨, 고야마 씨 등에 대하여 인터넷을 통해서 배싱이 행

해지고 있는 것입니다.[27]

그럼 마지막 질문이 되겠습니다. 조금 전에 북한에 관한 말씀을 하시는 가운데 배울 것이 있다고 말씀하셨는데, 지금 일본에서는 납치 사건이나 핵개발 문제 등으로 북한에 대한 국민 감정이 대단히 나빠져 있지 않습니까?

물론 그렇습니다. 그것은 미국이 꽤 의도적으로 선동한 부분도 있습니다.

오늘 아침 뉴스에서도 젠킨스[28]씨의 '충격보도'라고 떠들썩했는데요. 그러한 국민 감정이 있는데도 선생님은 의외로 북한에서 발신하는 좋은 부분이 있다고 하셨는데.

---

27 2004년 4월 이라크에서 일본인이 무장 세력에게 인질로 잡혔을 때 '자기 책임'이라는 말이 일본 사회에서 유행어가 되었다. 당시 정부 고위 관료는 "자기 책임의 원칙을 자각하여 자신의 안전을 스스로 지켜주기 바란다"고 말했으며, 인질의 가족에게는 "제멋대로 가서 폐를 끼치고 국민의 세금을 낭비하고 있다", "죽어도 싸다"는 등의 전화나 팩스가 잇달았다. 인질 가족이 당초 범인 측이 요구한 자위대 철수를 정부에 요청한 점에 대해서도 "국가의 정책을 바꾸도록 요구하는 것은 말도 안 된다"고 하는 비난을 받았다. 일부 언론에서도 "자기 책임의 자각을 결여한 무모하고도 무책임한 행동이 정부와 관계 기관 등에 불필요한 부담을 안기고 있다"고 비난했다.

28 찰스 로버트 젠킨스(Charles Robert Jenkins. 1940~)는 미국 노스캐롤라이나 출신의 전 미군 하사관이다. 주한 미군에 배속되어 있었으나 1965년 1월 15일 새벽 비무장지대 순찰 중에 북한으로 투항했으며 베트남 전쟁으로 전출될 것을 우려해서 탈주한 것으로 보인다. 이후 1980년 북한의 납치피의자 소가 히토미와 결혼하여 두 딸이 있다. 북일 교섭으로 소가 히토미가 2002년 10월 귀국했으나 젠킨스와 두 딸은 북한에 남아 있다가 일본의 여론에 힘입어 2004년 7월 18일 두 딸과 함께 일본으로 입국했다. 이후 주일 미군사령부의 군법회의에 회부되어 금고 30일과 이등병 강등을 언도받고 2005년 6월 21일부로 불명예 제대했다. 미국에 일시 귀국하여 노모와 재회했으나 미국 사회에서는 탈주병으로 간주되어 환영받지 못했다. 반면 일본에서는 소가 히토미에 대한 동정론과 함께 그를 비판하는 목소리는 표면적으로는 거의 들리지 않고 있으며 젠킨스 후원회까지 만들어졌을 정도다. 텔레비전 인터뷰에서는 장기간 망명한 그에게 특권적인 대우를 해주었던 북한 정부에 대해 도의적인 책임을 느끼지 않는가 하는 질문에 대하여 북한을 비판하는 발언을 했으며 일본의 매스컴은 이를 '충격보도' 등으로 과장된 보도를 하곤 했다. 현재 소가 히토미의 고향 사도(佐渡)에서 함께 살고 있다.

그런 것이 아니라 한국과 북한의 화해의 노력을 말하는 것입니다. 한국 측에서 하는 있는 것으로 말입니다.

아, 말하자면 햇볕정책을 말씀하시는군요.

그렇습니다. 햇볕정책과 같은 것입니다. 어떤 의미에서 말하면 50여 년 전에 같은 민족끼리 내전인 한국전쟁을 치르면서 서로 죽이고 한 것을 어떻게 풀 것인가 하는 문제입니다. 그것이 현재는 북한이라는 체제가 하나의 공포로 선전되어, 그것에 대한 적대감을 선동하고 있습니다,

그 배후에는 상당히 의도적인 부분이 있지 않습니까.

그렇습니다. 그러한 구조는 김대중 정권 이전에는 한국에서 줄곧 이용해 오던 것이고, 그것은 자국민을 군사적이고 독재적으로 지배해 나가는 도구로 사용해 왔다는 것도 실은 한국의 민주화 과정에서 총괄되어 있는 것입니다. 그것이 이제는 일본이 2002년 9·17 이후 일거에 그러한 방향으로 진행하고 있습니다, 그것은 미국의 북한의 핵개발에 대한 의혹과 동시에 납치 가족 문제가 대중적인 텔레비전의 와이드 쇼에서 반복해서 그 이미지만을 보도하는 형태로 전개되고 있습니다. 이러한 가운데 국회에서 의논하고 있는 모든 중요한 정치 문제는 국민에게 보도되지 않는 것입니다. 실은 이것이야말로 신자유주의를 근간으로 하는 신보수주의 정책의 가장 기본입니다. 즉 신자유주의 정책을 취하면 국민 다수가 국가의 보상이 없어져 점차 생활이 악화되고, 정리해고 당하는 상황에서 그

것을 해결하지 못하면 불안과 불만이 쌓이고 그것을 그대로 두면 폭동이 일어나는 것입니다. 따라서 반드시 밖에서 적을 만들어 그 적이 모든 악의 근원이라는 식으로 그려내고 그것에 대한 군사적인 공격으로 일상적인 불안과 불만의 대상代償 행위로 삼습니다. 실은 그것이 해소되는 것이 아닌데도 해소된 것과 같은 생각이 들게 하는 것을 훌륭하게 이용하고 있는 것이 부시의 전쟁 입니다. 그런 부시의 전쟁과 연동해서 정책을 펼치고 있는 고이즈미 정권도 지극히 의도적으로 거기에 가담하고 있다고 볼 수 있습니다. 그리고 지금의 고이즈미 정권은 예전의 이익이라든가 경제적인 은혜라고 하는 형태로 만들고 있던 지배 구조를 전부 무너뜨리는 방법으로 행하고 있기 때문에 내셔널리즘에 근간을 둔 자민당의 극우성을 부채질 할 수밖에 없는 새로운 네오파시즘으로 전개되고 있습니다. 그러한 것으로 밖에 나갈 수 없다고 하는 것은 현재 지배 세력의 위기적인 상황이기도 합니다. 그리고 그러한 모순은 지금의 공동 여당인 공명당과의 사이에서도 상당히 나오지 않을 수 없는 상황이 되었다고 봅니다. 따라서 우리들 시민 운동도 일본을 전쟁하는 나라로 만들지 않겠다는 커다란 원동력을 이러한 모순을 얼마만큼 억제해 갈 것인가 하는 부분에 두고 있는 것입니다.

그런 의미에서 한국의 햇볕정책이 더욱더 분발해야 한다는 말씀이군요.

네. 오히려 우리들이 햇볕정책을 배워야 할 필요가 있다는 것이죠.

나카무라마사노리

2004년 12월 8일(수)
神奈川大学 나카무라 교수 연구실

나카무라 마사노리中村政則 _ 1935년 도쿄 출신으로
히토츠바시대학 상학부를 졸업하고 동대학원 경제학연
구과 박사 과정을 수료했다. 동대학 전임 강사를 거쳐
1977년부터 퇴임때까지 경제학부 교수로 재직했다. 퇴
임 후 동대학 명예 교수, 1999년 옥스퍼드대학 객원 교
수, 2000년 하버드대학 객원 연구원을 거쳐 2001년부
터 2006년까지 가나가와대학 특임 교수로 재직했다.
1970년대 근대 일본의 지주제에 관한 연구는 일본 강
좌파 마르크스주의의 맥을 잇는 명저로 평가된다. 원래
경제사가 전공이지만 1980년대부터는 전후사, 정치사,
사론 등에 관해서도 적극적으로 연구에 임해 왔으며 천
황제에 관해서도 다수의 연구를 발표했다. 특히 패전
직후 상징천황제의 존속에 관한 정치 과정을 미국 측의
사료를 섭렵하여 밝힌 《象徵天皇制への道》(岩波書店,
1989)는 대표적인 저작이라 할 수 있다. 1990년대 후
반에는 자유주의사관의 일본 근현대사에 대한 이해를
비판하면서 그것이 일본의 국민 작가로 알려진 시바 료
타로(司馬遼太郎)의 역사관과 밀접한 관계가 있다고 주
장했다. 일흔의 고령에도 불구하고 학구열은 식지 않고
있었다.

메이지유신과 천황제

선생님께서는 일찍부터 근대천황제에 관해서 많은 연구 업적을 남기셨습니다. 오늘은 먼저 메이지유신 이후 일본 근대화에 대한 최근의 연구의 동향과 이에 대한 선생님의 견해를 듣고 싶습니다.

전전의 일본은 국내적으로는 인민을 억압하고 대외적으로는 특히 조선반도나 중국에 대한 침략의 역사가 있었습니다. 그리고 전후에는 고도 성장을 거쳐 경제 대국으로 도약한 일본이라는 양극의 견해가 있는 것입니다. 저에게는 한국이나 중국, 타이완, 독일, 미국 등지의 여러 나라에서 온 유학생 제자들이 있었습니다. 예를 들어 폴란드에서 온 대학원생은 일본이 어떻게 해서 메이지유신으로 민족 독립과 근대화에 성공했는지, 전후에는 어떻게 해서 경제 성장에 성공했는지를 알아보려고 합니다. 그런데 한국인은 절대 그런 질문은 하지 않습니다. 물론 지금 한국의 젊은 세대는 상당히 많이 변했습니다. 저는 박 선생의 세대를 가르쳐 왔습니다만, 역시 한국에서 본 민족주의적인 일본관으로는 통용되지 않는다는 것을 안 학생들은 오히려 일본 경제 발전의 내재적 요인을 분석하여 학위를 받습니다. 그러므로 한국인의 일본을 보는 눈이 항상 민족주의적이라고는 생각하지 않습니다. 옛날에는 그런 경향이 많았습니다만 저는 양쪽 다 일면적이라고 봅니다. 어떤 나라든지 좋고 나쁜 면이 있기 때문에, 그런 의미에서 양면을 제대로 파악하여 일본에 대한 견해를 제대로 가지는 자세가 중요하다고 생각합니다.

일본 근대화의 출발점이 되는 메이지유신 이후 일본의 근대화 과정에서 천황제가 중요한 역할을 했다고 봅니다. 여기서 근대 국가를 형성하는 과정에서 복고적인 요소를 부활시켜 천황을 신성화하지 않을 수 없었던 필연성은 어디에 있다고 보시는지요.

아마도 천황제가 필요했던 가장 큰 이유는 일본의 통합의 구심점을 어디서 구하는가 하는 것이었습니다. 그리고 또 하나는 무엇보다도 역시 외압입니다. 유럽 열강이 밀어 닥치는 상황에서 이미 도쿠가와德川 막부1로는 이를 막을 수 없다고 생각했습니다. 낡은 봉건 제도로는 무리라고 생각한 것이죠. 그러나 도쿠가와 쇼군이란 것은 300년 가까이 권력과 권위를 장악하고 있었기 때문에 그것에 대항하는 심벌로서 쇼군보다 훨씬 오랜 전통을 가지는 천황의 권위가 필요했던 것입니다. 그러나 토막파討幕派2가 천황을 이용한 방법은 상황에 따라서는 "옥玉(천황)을 뺀다"는 말이 있습니다만, 그것은 도구로서의 천황을 의미합니다. 상당히 리얼리티하지요. 왜냐하면 도쿠가와 시대의 조정이라는 것은 경제적으로 부유하지도 못했고, 교토에 틀어박혀 있었기 때문에 그다지 강대한 권력은 가지지 못했습니다. 그런 의미에서 토막파는 천황의 권위를 이용했지만, 메이지유신 이후 실제 권위로서 천황을 이용하기 위해서는 여러 가지 제도가 필요했던 것입니다. 그 가운데 가장 중심적인 제도가 '교육칙어'와 헌법 제도 이 두 가지라고 생각합니다.

---

1 도쿠가와 막부(1603~1867)는 에도(江戸) 막부라고도 한다. 에도는 도쿄의 옛 이름이다. 도쿠가와 이에야스(徳川家康)가 세운 일본의 마지막 무사 정권. 메이지유신으로 멸망했다.

2 토막파(討幕派)는 에도 시대 말기 막부를 타도하고 메이지유신을 주도한 사쓰마와 죠슈를 중심으로 한 정치 그룹이다. 토막운동은 1866년 사쓰마와 죠수의 삿쵸 동맹을 계기로 본격화되었다.

메이지유신 당시 토막파가 어린 천황을 정치적으로 이용한 것을 풍자한 것으로 추정되는 그림. 우측 끝 상단에 모자를 쓴 소년 법사가 메이지천황으로 보인다.

그렇다면 시대를 좀 내려와 메이지헌법을 만드는 데 가장 주도적인 역할을 한 이토 히로부미伊藤博文가 천황 신성화를 도모한 의도는 무엇이었을까요?

그것은 역시 저 이외에도 많은 역사학자가 지적하고 있습니다만, 일본에는 기독교와 같은 정신적인 핵이 없습니다. 그러니까 그런 정신적인 기축을 천황제에서 구한 것이죠. 그것을 중심으로 해서 일본의 통합을 도모해 갔다고 봅니다.

막말기의 토막파나 메이지유신 이후의 정치 지도자들이 권력의 집중 혹은 근대화를 위해 천황을 신성화해서 이용한 것은 잘 알겠습니다만, 당시 일반 민중에게는 천황의 존재가 그다지 침투되지 않은 단계였지요. 이러한 상황에서 정치 권력자들은 민중에게 어떻게 천황상을 침투시켰다고 보시는지요?

저 역시 연구한 적이 있는 문제인데요, 하나는 교육칙어와 어진영御眞影라는 천황과 황후의 사진을 초등학교에 하사해서 이를 신성시하도록 했습니다. 그러나 청일전쟁 전에는 민중에게 천황 이데올로기가 그다지 침투되지 않았습니다. 예를 들면 메이지 26(1893)년에 야마가타현 무라야마 지방의 마을 행정 사무소의 자료를 발견했는데 당시의 의사록이 남아있었습니다. 거기서 논의한 내용들을 보면 초등학교에 천황의 사진을 걸어두려면 예산이 필요한데, 그 예산으로 오히려 마을의 다리나 도로를 고치는 편이 좋다는 내용들이 있습니다. 군이 천황의 사진을 맞이하여 걸어두자면 이듬해 4월 이후에 초등학교 신입생이 들어 올 시기에 하자는 것입니다. 이는 천황의 권위보다는 자신들의 생활이 중요했다는 것을 의미합니다. 그러나 청일전쟁에서 승리하고부터는 민중의 군대에 대한 친근감이 급속히 강해졌습니다. 백마를 타고 대본영大本營3에 갔던 메이지천황에 대한 일종의 존경심이랄까, 친밀감이 강해졌죠. 메이지 원년에는 '천자님'이라고 해도, "그게 뭐냐? 누구냐"하며 그 존재에 대해 몰랐었지요. '천자님'은 위대한 분이라고 외치는 계몽자도 나왔습니다만. 제 의견은 1890년대 초반까지는 민중에게 천황제 이데올로기가 도달하지 않았다는 것입니다.

청일전쟁과 러일전쟁을 계기로 천황제 이데올로기가 침투하기 시작했다는 말씀이군요.

러일전쟁 이후, 초등학교 교육 제도에서 2월 11일을 기원절紀元節4이라고 해서 학교 행사에서 히노마루를 걸고 천황을 숭배하는 행사가 제도화되었지요. 그것이 큽니다. 교육을 통해서 말이죠.

이번에는 정한론에 관한 것입니다. 한국에서는 일반적으로 정한론이라고 하면 사이고 다카모리西郷隆盛를 떠올립니다. 그렇지만 실제로 정한론을 주장한 것은 사이고 다카모리 뿐만이 아니라 이미 에도 시대 말기부터 정한론에 관한 논의가 나오고 있었습니다. 이러한 정한론이 메이지 시대에 들어와 특히 표면화되는 근본적인 원인은 어디에 있다고 보십니까?

---

3 대본영(大本營)은 전시 중이나 사변 중에 설치된 대일본제국 최고의 천황 직속 통수 기관이다. 패전에 의해 1945년 9월 13일 폐지되었다.

4 1872년 메이지 정부는 1대 진무(神武)천황 즉위 일에 해당하는 2월 11일을 기원절로 정하고 이를 국가적인 축일로 삼았다. 패전 후 일본이 점령 지배에서 독립하면서 부활 운동이 일어났으며 1966년 사토 내각에서 '건국기념일'로 제정되고 1967년 2월 11일부터 국가적 축일로서 오늘에 이르고 있다.

첫째는 조선이나 중국, 특히 조선에 대한 멸시 의식이죠. 그러나 그 것만으로는 정한이 되지는 않습니다. 역시 메이지 9(1876)년 무사 들에 대한 '질록처분秩祿處分'5이 행해지고 '폐도령廢刀令'6이 내려졌 습니다. 에도 시대 무사의 경제적, 군사적인 특권을 빼앗은 거죠. 이에 대한 반발이 1876년에 분출된 것입니다. 그러한 일종의 불평 사족의 불만의 외적 발산으로 침략 의식이 생겼다고 생각합니다. 그리고 당시 청나라에 대한 조선의 조공 체제가 있었는데, 거기에 파고들기 위해서는 중국과 조선을 갈라놓아야 했습니다. 그래서 조 선에 진출하면 청나라와 대립한다는 것은 명백한 사실이고, 그것이 결국은 청일전쟁으로 이어졌습니다.

그리고 왜 갑자기 정한론이 일어나 급속하게 확산되어 나갔는가 하 는 이유는, 메이지유신은 무사들이 중심이 되어 일으킨 혁명인데 유신 이후 정부는 그런 무사들을 처우하지 않았기 때문입니다. 이 것은 여담인데, 사이고 다카모리와 오쿠보 도시미치大久保利通7를 비

---

5 '질록처분'이란 메이지 정부가 1876년 실시한 질록 급여의 폐지 정책이다. 질록이란 화족 과 무사 계급에게 주어진 가록(家祿)과 유신 공로자에게 부여된 상전록을 합쳐서 부르는 호칭 이다. 이는 메이지 정부의 봉건 가신단 해체를 위한 정책의 일환이기도 했다.

6 '폐도령'은 1876년 대례복 착용자, 군인, 경찰관 이외의 사족이 칼을 차는 것을 금지한 포 고를 말한다. 이에 불만을 품은 일부 사족은 반란을 일으켜 저항했으나 곧 진압되었다.

7 오쿠보 도시미치(1830~1878)는 에도 시대 후기부터 메이지 초기의 사쓰마 출신 정치가이 다. 왕정복고의 쿠데타를 주도했으며 메이지유신 이후에는 신정부의 요직에서 정부 체제의 확 립을 주도했다. 특히 1872년 '정한론정변'에서 사이고 다카모리 등이 하야한 후 정치 주도권 을 잡았다. 절대 권력자의 이미지가 강하며 일본의 관료 기구를 구축한 인물로 평가되고 있으 나 고향에서는 맹우 사이고 다카모리를 죽이고 사쓰마를 멸망시킨 장본인이라 하여 인기가 없 다. 1878년 5월 14일 반정부 사족들에 의해 암살되었다. 기도 다카요시(木戸孝允), 사이고 다 카모리와 함께 '유신 3걸'로 불린다.

교하면 사이고 다카모리가 훨씬 인기가 있습니다. 가고시마鹿児島에
동상도 세우고 있지요. 그러나 그 사람은 부수기는 잘 하지만 새로
운 국가를 만드는 비전이 없었습니다. 하지만 오쿠보는 그 반대입
니다. 비록 암살되었지만 상당한 리얼리스트였으며 일본의 비스마
스크라고도 불렸습니다. 역시 혁명 후 10년간 무엇을 할 것인가, 무
엇을 만들 것인가 하는 이런 비전이 없으면 리더가 될 수 없습니다.
그런 면에서 사이고보다 오쿠보가 인기는 없지만 장래를 꿰뚫어 보
는 힘이나 비전이 있었다고 봅니다. 가령 사이고의 정한론이 성공
했다면 도대체 어떤 나라가 되어 있을까요? 아마 사족士族의 군사
정권과 같은 이상한 나라가 되어 있지 않을까요?

대외 전쟁이 좀더 빨리 진행되지 않았을까요?

네, 그러니까 오히려 오쿠보가 내치우선을 주장하여 사이고의 정한
이 지게 되죠.

또 한 가지 제가 생각하는 것은, 정한론이라는 것이 에도 시대 후기부
터 일본의 무사 계급이나 지도적 지식인의 조선에 대한 우월감과 멸시
관의 근거가 되어 왔습니다. 그런데 지금도 일부 일본 정치인들의 발
언에서도 알 수 있듯이 한국, 조선에 대한 우월감을 가지고 있는 사람
이 있습니다. 특히 문제 발언을 하는 정치가들의 생각이나 발상은 최
근의 역사교과서 문제에서도 나타나고 있습니다. 이 점에 대해서는 어
떻게 생각하십니까?

그 부분은 나중에 다시 말씀드리겠지만, 뭐, 한류라든지 〈겨울연
가〉 얘기는 아니지만 일본인의 한국관도 상당히 많이 바뀌었습니

사이고 다카모리(좌)와
오쿠보 도시미치(우)

다. 메이지 원년 이래의 우월 의식이 계속 이어져 오고 있는 부분도
있지만, 상당히 많이 바뀌었기 때문에 그 부분을 함께 보아야 하지
않을까요?

미완의 전후 개혁과 천황의 전쟁책임

이번에는 패전 후의 여러 가지 문제에 관해서 질문하겠습니다. 먼저
전후 개혁에 관해서인데, 오늘날까지도 '미완의 전후 개혁'이라는 말
이 사용되고 있습니다. 선생님 생각에는 전후 개혁에서 남겨진 과제란
어떤 것이 있으며, 그러한 미완의 개혁이 지금까지 어떤 영향을 끼치
고 있다고 보시는지 말씀해 주십시오.

전후 개혁에도 플러스와 마이너스가 있습니다. 플러스 면을 먼저
말하자면, 농지 개혁, 재벌 해체, 노동 개혁, 일본국 헌법을 만들었
다는 것입니다. 이러한 개혁이 없었다면 이후의 경제 대국 일본은
절대 없었겠죠. 그러나 전부 성공한 것이 아니라 분명히 해결하지
못한 문제는 있습니다. 그 가장 중요한 것은 과거 청산이라고 생각

합니다. 조선반도에 대해서 북한과는 국교를 회복하지 않은 상태이고, 한일기본조약을 1965년에 일단 맺었지만 그것도 한국 병합 문제에 대해서는 애매한 상태입니다. 그리고 역시 오키나와를 희생시킨 독립이에요. 오키나와 문제가 있어서 샌프란시스코 강화 조약에서 일본은 전쟁 상태를 종결시킨 것이지만, 이 역시 일종의 단독 강화라 할까, 미국을 중심으로 한 서방 세계와의 국교 회복이었으며, 소련이나 중국은 중핵 회의에 부르지 않고 보이콧했습니다. 한국과는 교전 상대가 아니었다는 이유로 부르지도 않았죠. 결국 전후 개혁은 물적으로도 정신적으로도 미해결 문제가 남아있습니다.

물적으로는 예를 들어 중국은 배상금을 포기했습니다. 그런데 최근에 일본이 ODA를 그만둔다고 하니까 중국의 수상이 고이즈미 수상과의 회담에서 "우리는 배상금을 포기했는데, 무슨 말을 하느냐?"고 항의했습니다. 그러니까 이건 아직도 문제가 남아있다는 것이죠. 그 밖에도 정신적으로는 역시 멸시 의식, 우월 의식의 극복이 필요합니다. 동시에 군위안부의 개인 보상에 대해서도 샌프란시스코 강화 조약에서 결착을 보았다고는 하고 있지만 역시 개인 보상은 해야 한다고 생각합니다. 국가끼리의 보상은 별도로 하더라도 국가에 소송을 건 사람들에게는 개인 보상을 해야 합니다. 민간 의연금의 형태가 아니라 말이죠. 저는 그렇게 생각합니다.

제 생각으로는 그 밖에도 천황의 전쟁책임 문제가 남아 있는 과제라고 생각합니다. 특히 패전 직후 천황제가 존속하는 데는 미국의 지일파의 역할이 상당히 컸다고 봅니다. 선생님은 이 문제에 대해 책8도 내신 걸로 알

---

8 中村政則, 《象徵天皇制への道》, 岩波新書, 1989.

고 있습니다. 지일파의 천황관, 혹은 그들의 천황에 대한 인식이 천황의 전쟁책임 면책과 천황제 존속에 어떤 영향을 미쳤는지 설명해 주십시오.

미국의 지일파 리더는 조셉 그루입니다. 이 사람은 전쟁 전 10년간 미국의 주일대사를 지낸 사람으로, 어릴 때 성홍열에 걸려 귀가 잘 안 들립니다. 그때문인지 10년간 일본에 있었음에도 불구하고 일본어를 거의 못합니다. 따라서 그는 영어를 할 줄 아는 일본인, 즉 궁중 그룹이나 미쓰이三井, 미쓰비시三菱와 같은 재계, 그리고 군대도 육군이 아니라 해군 측 사람들과 친했고, 궁중 출입도 잦았습니다. 여기에 더하여 쇼와천황에 대한 친근감이 매우 강해서 "천황은 평화주의자였다"고 했지요. 그리고 그루에게는 '시계추설'이라는 것이 있습니다. 즉 메이지유신 이래, 그루가 일본에 있던 1930년대까지 한쪽의 극에는 극단적인 군국주의자가 있고 또 다른 한쪽 극에는 온건파가 있어 시계추처럼 한쪽이 권력을 취하면 다음은 그 반동으로 다시 반대쪽으로 움직이며 왕복한다는 것입니다. 그리고 그 온건파의 정점에 천황이 있다는 그런 이야기입니다. 이 아이디어는 실제로는 마키노 노부아키牧野伸顯[9] 등과 같은 궁정 그룹의 친영미파랄까, 그런 사람들로부터 그루에게 전해진 것이라고 생각합니다. 그루는 그런 일본관을 가지고 있었습니다. 따라서 천황제를 폐지한다는 그런 아이

---

[9] 마키노 노부아키(1861~1949)는 메이지 시대부터 패전까지의 정치가이다. 오쿠보 도시미치의 차남으로 태어나 마키노 가문의 양자로 들어갔다. 도쿄제국대학을 중퇴하고, 외무성근무, 문부차관, 오스트리아 대사, 이탈리아 대사 등을 거쳐 1921년 궁내대신으로 취임, 온건한 영미협조파이며 자유주의적인 경향이 강한 것으로 알려져 있다. 1925년 내대신으로 옮겨 1935년까지 재임했다. 천황의 신뢰가 두터웠다. 패전 후에는 올드 리버럴리스트의 한 사람으로 명망이 높았으나 노령과 지병으로 정계에 복귀하지는 않았다.

디어는 전혀 없었습니다. 오히려 사회의 안정 요소라고 생각했지요. 다만, 그루를 연구해 보면 결국 서구적인 민주주의를 일본에 이식하는 것은 무리라고 보았다는 것을 알 수 있습니다. 그는 역시 천황에게 권위가 없으면 일본인은 민주주의를 키울 수 없다고 본 것이죠.

그런 점에서 일본 민중의 역량을 무시한 것으로 볼 수 있겠습니다.

그렇습니다. 앞서 말했듯이 그는 일본어도 모르는데다가, 그런 일본인관을 가지고 있었기 때문에 일본의 서민과 친해지려고 하지 않았습니다. 따라서 저는 이를 '궁정 외교'라고 부릅니다. 좀더 서민적인 입장에서 일본을 이해하고 있던 사람은 오히려 보너 펠러스Bonner F. Fellers**10**입니다. 그러나 펠러스는 일종의 심리 작전의 프로입니다. 군인이니까요. 한편 궁정 담당인 데라사키 히데나리寺崎英成**11**는 미국인 부인과 결혼했는데, 천황 숭배주의자였습니다. 영어에도 능했습니다. 이 사람을 연결 파이프로 하여 일본의 천황은 미국의 지일파와 연결 루트를 가지고 있었습니다.

---

10 보너 펠러스(Bonner F. Fellers, 1896~1973)는 미육군 준장으로 제2차 세계 대전 중 맥아더의 군사 비서로서 심리 작전을 담당했다. 일본 문화에 매료되어 일본과의 전쟁 전에는 두 차례 일본을 방문했다. 패전 후에는 천황의 도쿄재판 기소를 회피하기 위한 의견서를 맥아더에게 제출했으며 천황의 전쟁책임 면책을 위해서 일본 측(데라사키 히데나리)과의 사이에서 파이프 역할을 한 막후 인물이다. 점령기 펠러스의 역할과 그 영향에 관해서는 펠러스의 방대한 문서를 분석한 東野眞, 《昭和天皇二つの'独白録'》, 日本放送出版協会, 1998 참조.

11 데라사키 히데나리(1900~1951)는 도쿄대학을 졸업하고, 쇼와 시대의 외교관, 정치가. 워싱턴에서 외교관으로서 미일개전 직전까지 정보 수집 등의 첩보 활동에 종사했으며 당시 암호명은 마리코였다. 1931년 펠러스와 인척 관계에 있는 미국인 여성과 결혼했다. 패전 후 일본 정부와 GHQ와의 사이에서 친황의 전쟁책임을 면책하기 위한 파이프 역할을 했다. 사후 유품에서 '쇼와천황독백록'이 발견되었으며 쇼와천황 사후 《昭和天皇独白録/寺崎英成・御用掛日記》文藝春秋, 1991으로 출판되었다.

그루와 펠러스 그리고 맥아더 이 세 명의 역할이 천황제 존속에 미친 영향은 굉장히 크다고 봅니다만, 이들의 인맥 관계는 어떻습니까?

편지로는 연락을 주고받았습니다만 직접적인 관계는 없었습니다. 제 책에는 맥아더와 그루는 보이지 않는 실로 연결되어 있었다고 썼습니다만, 그 정도로 직접적으로 친한 사이는 아니었다고 봅니다. 그러나 맥아더는 1945년 9월 27일 천황과 만나게 됩니다. 거기서 천황을 최대의 협력자로 이용하죠. 맥아더란 사람은 차기 공화당 대통령 후보가 될 사람이었으므로 일본의 점령 정책을 절대 실패해서는 안 되었습니다. 반드시 성공하고 돌아가서 공화당의 대통령 후보가 되고자하는 정치적 야심이 있었습니다. 그런 의미에서도 천황을 이용하기 위해서 천황제를 남기려 했지요. 따라서 워싱턴으로부터 천황의 전쟁 범죄에 관한 증거를 모으라는 지령이 내려왔지만 전혀 움직이지 않았습니다.

또 한 가지 천황의 면책과 천황제 존속에는 기독교 퀘이커파의 협력이 상당히 컸다고 알고 있습니다. 이 부분도 알고 보면 상당히 미묘한 문제입니다. 즉 천황제는 국가신도를 바탕으로 하여 유일신을 믿는 기독교와는 전혀 맞지 않는 모순되는 종교적인 성격을 가지고 있습니다. 그런데 이러한 천황제에 대하여 퀘이커파가 협력을 했다는 것은 어떻게 해석해야 할까요?

잘 모르겠지만 지금의 천황이 황태자 시절에 영어 가정 교사를 한

---

12 바이닝 여사(Elizabeth Vining, 1902~1999)는 미국 필라델피아 출신으로 패전 후 당시 황태자였던 아키히토의 영어 교사로 선발되어 1946년 10월부터 1950년 12월까지 황태자에게 영어를 가르쳤다. 1959년 황태자 결혼식에는 외국인으로서는 유일하게 초대 받았다.

바이닝 여사12도 퀘이커파이고, 또 일본에 있던 크리스천도 있지 않습니까?

예. 브라이스13라고 하는 학습원 대학의 영국인 교사 말씀이죠?

그렇습니다. 아마도 민주주의를 일본에 만들어 간다는 그런 점에서, 요는 천황제와 민주주의는 양립할 수 있는가의 문제라고 생각합니다. 일본에는 메이지유신 때의 '5개조 서문' 14이 있죠? 그것이 일본에 있어서의 민주주의의 선언이라고 생각합니다. 그러니까 '인간선언'15에서도 쇼와천황은 일부러 '5개조 서문'을 넣게 하지 않습니까? 천황은 신이 아니다, 인간이라고 하는 선언의 첫머리에 '5

---

13 레지날드 브라이스는 영국인으로 경성제대, 4고(가나자와) 등에서 영문학을 가르쳤다. 전시 중에는 적국인으로서 고베에 구금되어 있었으나 전후 학습원대학에 취직했다. 당시 학습원장은 브라이스를 GHQ와의 파이프로 이용하려 했다. 브라이스는 GHQ의 민간정보교육국(CIE) 국장에게 접근하여 천황의 '인간선언'(1946. 1. 1, 천황이 자신의 신격 부정을 선언) 원안을 작성하는 데 관여했다.

14 5개조 서문은 1868년 메이지유신 직후 메이지천황이 문무백관 앞에서 천지신명에 맹세하는 형태로 발표한 유신 정부의 기본 방침을 말한다. 물론 이 때 메이지천황은 17세의 나이로 자신이 주체적으로 정치력을 행사한 것은 아니었다. 기도 다카요시(木戸孝允), 이와쿠라 토모미(岩倉具視), 산조 사네토미(三条実美) 등의 손을 거쳐 만들어진 이 서문에는 '천하의 공론'을 중시한다는 내용이 들어 있으며 '인간선언'에는 '5개조서문'을 일본 민주주의의 기원으로 위치 지우려는 의도에서 삽입한 것으로 생각된다.

15 인간선언의 정식 명칭은 '연두(年頭), 국운진흥의 조서(詔書)'. '신일본건설에 관한 조서'라고도 한다. 표면적으로는 패전으로부터의 부흥과 국민들을 격려하기 위한 취지로 보이지만 실은 천황의 전쟁책임을 면책하기 위한 일환으로서 맥아더의 양해로 GHQ와 일본 정부와의 막후공작에 의해 작성되어 1946년 1월 1일 발표되었다. 그 내용 가운데 "짐과 너희 국민들과의 유대는 시종 상호신뢰와 경애로 맺어져 있으며 단순한 신화와 전설에 의해 생긴 것이 아니다. 천황을 현인신(現人神)이라 하고 일본 국민으로 하여금 타민족보다 우월한 민족으로서 나아가 세계를 지배할 운명을 가진다고 하는 가공한 관념에 의거한 것도 아니다"고 한 부분에서 이를 '인간선언'이라고 부르게 되었다.

개조 서문'을 넣었습니다. 그것은 곧 천황제와 민주주의는 양립할
수 있다, 그것이 일본적인 민주주의라고 하는 것을 의미합니다.

그러나 한편으로는 천황제가 있기 때문에 일본의 민주주의는 그 깊
이가 얕다는 생각이 여기에 대립하고 있습니다. 이러한 두 가지 생
각이 지금까지 이어져 오고 있습니다. 물론 다수파는 양립할 수 있
다는 입장입니다. 예를 들면 일본의 인텔리로 말하자면 미노베 다쓰
키치美濃部達吉**16**라든가, 가쿠슈인學習院 대학의 아베 요시시게安倍能成**17**,
도쿄대학의 총장 난바라 시게루南原繁**18** 등은 모두가 양립할 수 있다
는 입장입니다. 존 다워의 《패배를 끌어안고》라는 책에서는 이를

---

16 미노베 다쓰기치(1873~1948)는 효고현(兵庫県) 출신으로 도쿄제국대학 법학부를 졸업한
헌법학자이다. 1912년에 발표한 《헌법강화(憲法講話)》에서 천황은 국가의 최고 기관이라고 하
는 독일의 국가법인설에 의거한 천황기관설을 발표하여 천황주권설을 주장하는 우에스기 신
기치(上杉衫吉)와 논쟁을 전개했으며 이후 천황기관설이 학계와 정계, 관계의 통설이 되었다.
그러나 1930년대부터 중반 군부의 독주가 강화되면서 미노베의 천황기관설에 대한 배격이 시
작되어 불경죄 혐의로 검찰의 조사를 받았으며 귀족원 의원을 사직하기에 이르고 우익 청년의
습격으로 부상을 입기도 했다. 패전 후에는 내각의 헌법문제조사회 고문과 추밀고문관으로서
헌법 문제에 관여했으나 국민주권 원리에 입각한 헌법 개정은 '국체'를 변경하는 것이라고 단
호하게 반대하여 그의 사상적 한계를 드러냈다.

17 아베 요시시게(1883~1966)는 에히메현(愛媛県) 출신으로 도쿄제국대학 철학과 졸업했다.
다이쇼, 쇼와시대의 철학자, 교육자, 정치가. 게이오대학, 호세이대학을 거쳐 1925년 유럽 유
학. 귀국 후 경성제국대학 교수를 지냈다. 조선 문화를 상세하게 연구하고 일본인의 조선멸시
감정을 비판했다. 패전 후 문부대신으로 교육 개혁에 종사, 퇴임 후에는 가쿠슈인(学習院)대학
원장으로 종신했다.

18 난바라 시게루(南原繁, 1889~1974)는 카가와현(香川県) 출신으로 도쿄대학 법학부를 졸
업한 정치학자이다. 내무성에 근무하면서 일본 최초의 노동조합법 초안 작성에 종사했으나
채택되지 않자 사직하고 도쿄대학 교수로 재직했다. 서구의 정치철학과 기독교를 배경으로
공동체론을 심화했으며 전시체제 하에서는 대학에서 파시즘을 격렬하게 비판했다. 일본정치
사상사로 유명한 마루야마 마사오는 난바라가 키운 제자이다. 패전 직후 도쿄대학 총장에 취
임했다. 천황은 '도덕적 책임'을 지고 퇴임해야 한다는 연설로도 유명하다. 1950년 퇴임 후
학사회 이사장, 일본학사원 원장을 역임했다.

"임페리얼 데모크라시", 즉 '천황제 민주주의' 라고 표현합니다. 다 워의 입장에서 보면 양자는 융합할 수 없다는 것이며, 그것은 곧 일 본적 민주주의의 깊이가 얕다는 것을 의미합니다만, 일반의 대다수 일본인은 천황제를 제외한 민주주의는 좋지 않다고 생각하고 있습 니다. 이런 사고가 상징천황제를 지탱하고 있습니다.

상징천황제의 미래에 관하여

다음은 방금 말씀하신 상징천황제에 대해서 질문하고자 합니다. 전후 황실에 대한 국민의 반응은 평소에는 별로 찾아볼 수 없지만, 황실에

1958년 12월 6일 도쿄 아자부의 테니 스 클럽에서 3개월 만에 만난 황태자와 미치코. 미치코의 테니스복은 미치붐과 함께 선풍적인 유행을 가져왔다.

---

19 1959년 4월 10일 황태자와 결혼한 황태자비(현 황후)의 원래 이름은 쇼다 미치코(正田美 智子)이다. '최초의 평민' (실은 닛신제분 회장의 장녀) 황태자비로 큰 반향을 불러 일으켰다. 그 당시 황태자비의 인기를 '미치코' 라는 이름을 따서 '미치붐' 이라는 유행어로 표현했다.

무슨 일이 있을 때는 상당히 주목을 모으게 됩니다. 예를 들어 1959년 지금의 황후가 결혼할 때의 이른바 '미치붐'[19]이라든가 쇼와천황이 죽을 때의 '과잉 자숙', 그리고 약 10년 전의 황태자와 마사코와의 결혼식 등에 대해서는 평소에는 상상할 수 없을 정도의 과잉 반응을 보이고 있습니다. 이렇게 황실에 대하여 나타나는 국민적인 반응을 어떻게 이해하고 계시는지요?

'미치붐' 때에 마쓰시타 게이이松下圭一씨가 '대중천황제론'[20]을 전개했습니다. 그때 이노우에 기요시井上清[21]라는 역사학자가 '군사적 봉건적 천황제론'을 내세워 논쟁이 되었습니다만. 결과적으로는 마쓰시타씨의 '대중천황제론'이 옳았다고 저는 생각합니다. 이건 미치붐 때에 제가 생각한 일입니다만, 일본의 대스타, 영화배우라도 그 정도로 많은 사람이 모이지는 않습니다. 역시 천황, 황태자의 결혼식에는 많이 모이지 않습니까? 결국 처음부터 말씀드린 바와 같이 일본으로서의 통합의 중핵에는 천황이 필요하다는 그런 인식이 대다수 일본인에게 있다고 생각합니다. 지금 상징천황제의 지지 그룹은 80~90%정도입니다. 물론 쇼와천황 시대에는 전쟁책임 문제

---

20 정치학자 마쓰시타 게이이는 황태자의 결혼을 계기로 전전의 '절대천황제'에 대신하여 전후의 '대중천황제'가 전모를 드러냈다고 보고, 이는 전전의 가부장적 공동체의 '가족'이미지를 가진 '구중간층'에서 '평민'과의 결혼에 의한 '가정'의 이미지를 가진 '신중간층'으로 천황제의 사회적 기반이 변했다는 것을 나타낸다고 했다(松下圭介,〈大衆天皇制〉,《中央公論》, 1959).

21 이노우에 기요시(1913~2001)는 고치현(高知県) 출신으로 도쿄제국대학 국사학과를 졸업한 역사학자이다. 문부성 유신사료편찬 촉탁, 제국학사원 제실제도사 편찬 촉탁 등을 역임하고 1954~1977년까지 교토대학 교수로 재직했다. 마르크스주의 역사학의 입장에서 《日本女性史》(三一書房, 1948), 《明治維新》(東京大学出版会, 1951), 《日本の軍国主義 I・II》(東京大学出版会, 1953), 《天皇の戦争責任》(岩波書店, 1975) 외 다수의 저서를 남겼다.

가 있었습니다. 저는 '상처받은 천황제'라고 부릅니다만, 쇼와천황의 전쟁책임에 대해서는 말은 안 해도 2000만 아시아인과 300만의 일본인이 죽은 침략전쟁에서 천황에게 아무 책임이 없다고 하는 것은 이상하다고 모두들 생각하고 있습니다. 당시 최고의 지위에 있던 천황이 아무 책임도 지지 않는 것은 이상한 일이라는 감정을 일본인의 절반은 가지고 있다고 생각합니다. 단지 그것을 말하면 우익에게 테러를 당하거나, 여러 가지 천황 터부가 있어 말을 하지 않을 뿐입니다. 그러나 한편 당시는 국가를 위해서라기보다는 천황을 위해서 싸웠습니다. 그러니까 천황의 책임을 추궁하면 자기에게도 그 책임이 돌아오게 됩니다. "너 역시 천황의 전쟁에 적극적으로 참가하지 않았느냐"고 하는 식으로 말입니다. 그래서 봉인하고 말을 하지 않는 부분도 있습니다. 이것이 앞서 말한 전후 개혁의 마이너스 부분, 미해결 부분에 무엇이 남아 있는가에 대한 대답이 될 수 있겠지요.

국민적인 반응을 환기하는 매스컴의 황실 보도에도 문제가 있다고 생각합니다만, 지난 2002년 황태자비 출산에 관한 보도에서 마사코 개인의 인격 문제에 대해서 선생님은 어떻게 생각하시는지요.

저는 지금 일본의 천황제는 전환점에 와 있다고 생각합니다. 세계인구 65억 중에서 군주국의 인구는 8%이하, 7.5%정도지요. 그 중 스물 몇 개국이 군주국입니다만, 3대 군주국은 영국, 태국, 그리고 일본입니다. 저는 그 세 나라 중에서 가장 먼저 군주제가 망할 것이라고 보는 나라가 영국이고 그 다음이 일본이 아닐까 하는 생각입니다. 물론 100년 정도 뒤의 이야기입니다만. 그런데 최근의 움직

임을 보면 "저만큼 막대한 국가 예산22을 써서 황실을 유지할 필요
가 있을까"하는 의문점이 생깁니다. 지금의 천황과 미치코 황후는
니이가타쥬에쓰新潟中越 지진, 한신고베阪神神戸 대지진의 재난 지역을
위로 방문하고, 또한 오키나와23문제에 대해서도 역시 쇼와천황의
실패한 역사에서 배우고 있습니다. 그렇기 때문에 지금의 천황에

---

22 일본국헌법 제88조에 의하면 "모든 황실 재산은 국가에 귀속된다. 모든 황실의 비용은 예
산으로 계상하여 국회의 결의를 거쳐야 한다"고 되어 있다. 이로서 황실 재산은 원칙적으로 사
유 재산이 인정되지 않는다. 황실을 위한 예산(황실비)은 ① 궁정비, ② 내정비(內廷費), ③ 황
족비로 나누어진다. 이 가운데 ①과 ②는 황족가운데 천황, 황후, 황태자 부부, 왕녀(아이코)에
게만 해당된다. ①은 황실의 공적인 활동과 재산의 관리, 유지 등에 사용되는 비용으로 궁내청
이 관리하고 있다. 예를 들면 궁중 만찬회, 원유회, 전국 체전에의 참석이나 식수제 등의 지방
방문, 기타 갖가지 의식이나 궁전 · 황거의 보수 유지 등에 사용되며 그 비용은 2005년의 경우
62억 7783만 엔(한화로 약 600억 원)을 지출하고 있다. ②는 개인적으로 일상 비용 등에 충당
하는 것으로 1996년부터 3억 2400만 엔의 정액제로 정해진 이래 오늘에 이르고 있다. 이 역시
국가가 지출하는 공금이지만 황족에게 건네지면 사적인 비용으로 다루어진다. 그 내역은 비공
개이지만 1980년 참의원 내각위원회에서의 보고를 보면 대체로 인건비가 34%, 의류나 기타
잡기가 18%, 회식, 주방 식기 등이 13%, 재해민 위로금, 사회 사업 장려금, 교제비 등이 7%,
궁중 제사비가 7%, 의료 및 기타가 11%로 되어 있다. ③ 황족비는 내정비를 받지 않는 황족들
에 대한 예산을 말한다. 현재 지급 대상은 6가 7명으로 '황족으로서의 품위유지를 위해서' 소
정의 규칙에 따라 연간 정액이 지급된다. 예를 들면 당주는 일률적으로 연간 3050만 엔, 부인
은 1525만 엔(당주가 사망하면 부인이 당주가 된다), 천황에서 2등친은 당주의 10분의 1에 해
당하는 305만 엔 등으로 되어 있다.

23 오키나와는 제2차 세계 대전 막바지(1945. 3. 26~6. 23)에 최대의 격전기가 되었던 곳으
로 오키나와 수비군이 거의 전멸했으나 전투원보다도 민간인이 훨씬 많은 희생을 치른 것도
오키나와전의 특징이다. 오키나와현의 조사에 의하면 일본 측 사망자의 수는 약 19만 명이며
이 가운데 민간인 희생자는 12만 여명에 달한다(미군도 1만 2천 명이 전사했다). 그러나 호적
의 소실 등으로 전면적인 조사는 이루어지지 않고 있으며 실제 희생자 수는 이를 훨씬 상회할
것으로 보인다. 민간인 희생자 수는 당시 오키나와 주민(약45만 명)의 거의 3분의 1에 해당한
다. 그런 까닭에 오키나와에는 자신들이 전쟁의 희생양이 되었다는 의식과 쇼와천황에 대한
반감이 강한 만큼 반전 운동과 평화 운동도 활발하게 전개되어 왔다. 패전 후 쇼와천황은 국가
재건과 국민 통합을 강화하기 위한 목적으로 전국을 순행했으나 오키나와는 한 번도 방문하지
않았다. 1987년 오키나와 국민 체전에서도 천황의 방문을 추진했으나 병환으로 끝내 방문하
지 못하고 사망했다.

대해 일본인은 상당히 호의적입니다. 제도로서의 상징천황제라는 의미만이 아니라 개인적으로도 말이죠.

그러나 마사코 씨의 경우 상당히 유능한 인재로 영어도 잘하고 외교관으로서 성장할 인재인데, 간단히 말하면 황실이 인격을 파괴해 버렸다는 겁니다. 그런 유능한 캐리어 우먼을 한순간에 노이로제 상태에 빠트린 것은 모두 알고 있습니다. 궁내청이 나쁘죠. 2천 수십 명의 궁내청 직원을 거느리고 국가 예산을 그렇게 써버리다니 정말 필요한가 하는 생각이 듭니다. 그리고 이번에는 남자 아이를 낳지 못하니 어쩌니 한 것은 또 다시 한 여성으로서의 기본적인 인권을 침해했다고 봅니다. 이러한 일이 알려지자 모두 적절치 못하다고 생각했습니다. 최근에는 여성천황론이 화제가 되고 있고 여론도 80%가 여성천황을 지지하고 있습니다. 제가 쓴 《전후사와 상징천황》[24]책에서는 천황 퇴위 규정과 여성천황을 인정하라는 내용이 있습니다. 제가 이 책을 쓴 것이 1990년대였으니까 상당히 앞서갔지요. 자숙 현상을 봐 왔기 때문입니다. 역시 천황이 피를 토했다거나 혈압이 높다거나 해서 일일이 프라이버시를 매일같이 국민에게 보고할 필요는 없는 것이죠. 회사 사장이라도 그만둘 권리는 있습니다. 천황도 그만 둘 수 있게 해야 됩니다. 그러니까 죽기 전에는 그만 둘 수 없는 그런 제도는 그만둬라, 천황 퇴위도 여성천황도 인정하라는 것을 주장했죠.

천황제 폐지에 대한 제 생각은 헌법을 개정하지 않는 한 불가능합니다. 그렇다고 개정론을 제기한다는 것은 시기적으로 지금 상당히

---

24 中村政則, 《戰後史と象徴天皇》, 岩波書店, 1992.

위험한 상태라고 봅니다. 그보다는 자연히 사라질 것이라고 생각합니다. 아까 말씀드린 100년 후가 될 것이라는 의미는 여기에 있습니다. 그 정도로 시간이 걸린다는 의미입니다. 영국의 찰스 황태자가 엘리자베스 여왕의 후계자가 될지 안 될지는 모를 일이지 않습니까? 그러니까 일본도 최근에는 지금의 황태자에 대해서 동생 아키시노미야가 적절치 못한 발언을 했다고 해서 문제가 되고 있습니다. 그런 점에서 황위 계승 문제가 얽혀 있는 것이 아닌가 하는 논의도 있습니다. 옛날과는 다르죠.

그런 점에서 이제부터는 일본의 내셔널리즘에서 천황제가 필요 없게 될지도 모르겠군요.

그것이 문제입니다. 천황을 제외한 내셔널리즘이 성립될지 어떨지는 상당히 어려운 문제입니다.

이제는 '천황제 없는 내셔널리즘'이란 식으로 말하는 사람도 있는데요.

자, 그럼 무엇으로 갈까요? 군사 내셔널리즘?

글쎄요, 미일안보 내셔널리즘이 중심이 될 것이라는 주장도 있습니다만.

그러나 일방적으로 종속되어 있으니까요. 내셔널리즘이라는 것은 자국의 아이덴티티라고 할까, 단순히 지배되지 않는 것을 말하는데 미일안보조약은 군사권과 외교권에 묶여있어서 마음대로 움직일 수 없고, 효과적인 기능을 하지 못하는 반쪽짜리 내셔널리즘이죠. 그러니까 헌법을 개정해서 군사 내셔널리즘, 즉 미국과도 더욱 대등하게 논의가 가능하도록 하여 안보조약도 한 번 더 개정해야 하는 그런 작업을 하지 않으면 군사 내셔널리즘이 성립될 수 없죠.

또 하나의 문제는 천황의 카리스마가 결여되고 또한 황실이 상당히 소프트화되어 내셔널리스트들 입장에서는 좋지 않은 상황이 되었습니다. 그러니까 천황의 권위를 높이지 않으면 안 된다는 주장도 제기되는 것이 아닐까요?

그러니까 천황 원수화입니다.

자민당의 헌법 개정 초안에서도 그런 얘기를 하고 있는데요. 그러나 그것은 국민 의식으로 볼 때 실현 가능성이 없지 않습니까?

네, 없습니다. 제가 어디선가 적었습니다만, 천황이 자위대에 가서 육해공을 열병하겠다고 해서 그게 될 일입니까? 그건 원수가 할 일이지요. 천황이 군사권을 가진다는 그런 바보 같은 일은 국민이 납득 안 합니다.

그런 점에서 21세기 일본의 내셔널리즘은 지금 상당히 혼돈스러운 상황이라고 봅니다. 일종의 아이덴티티의 위기라고 할까요.

이건 전 세계적으로 볼 필요가 있습니다. 지금은 세계화 시대입니다. 글로벌화가 진행되면 내셔널리즘도 진행한다는, 즉 인터내셔널리제이션과 내셔널리제이션이 결합한다는 것입니다. 예를 들어 독일을 보면, 글로벌화가 진행되어 터키인이라든지 외국인이 들어와 3K와 같은 일자리를 빼앗겨 버립니다. 그래서 독일인이 터키인을 배척하지 않습니까? 네오나치와 같은 그런 현상이 점점 일어나고 있습니다. 따라서 그런 현상은 일본만이 아닌 세계적인 현상입니다. 게다가 냉전 체제가 붕괴하면서 민족과 종교가 부상하게 되었습니다. 세계적으로 그런 움직임이 일어나고 있기 때문에, 이와 같이 각 나라에서 민족, 종교, 군사를 둘러싼 내셔널리즘이 분출한다면 그것은 큰일입니다. 그런 위험도 있으니까 역시 그것을 막지 않으면 안 됩니다.

일본의 우경화와 '일본 회기 주기설'

그러니까 그러한 세계화의 움직임 속에서 일본의 경우에는 90년대부터 네오내셔널리즘이 분출하면서 총체적인 우경화가 두드러지게 진행하고 있다고 봅니다. 그런 현상 속에서 헌법 개정 문제도 나오고 있다고 할 수 있겠죠. 이번에는 선생님 말씀 중에 나왔던 '일본 회귀'의 30년 주기설[25]에 대해서 설명을 부탁드립니다. 그리고 현재 일본에서도 그것이 유효하다고 보시는지요?

---

[25] 일본 회귀의 30년 주기설은 근대 이후 일본 사상의 흐름을 서구화와 일본 회귀의 사이클로 파악하는 것을 말한다. 예를 들면 일본 사상사가 미야가와 도오루(宮川透)는 1860년대 메이지 초기의 문명개화와 계몽운동에 대한 반동으로 1890년대에 제1차 일본 회귀, 1920년대의 민주주의 사조에 대한 반동으로 1930년대에 제2차 일본 회귀 현상을 보였으며, 패전 후에는 미국화에 대한 반동으로 1960년대를 전후하여 제3차 일본회귀 현상이 나타난다고 보았다. 이러한 학설에 따르면 1990년대에 등장하는 '새역모' 등의 네 오내셔널리즘은 제4차 일본 회귀에 해당 하는 셈이다. 근대 이후 일본 사상의 사조를 볼 때 거의 30년을 주기로 회귀 현상이 나타나는 이들의 주장은 그럴듯하게 보이지만, 문제는 그러한 현상이 주기적으로 나타나는 근본적인 원인이 어디에 있는지를 밝히지 못하고 있다는 점에 있다. 더구나 이러한 입장에 서면 90년대 이래의 네오내셔널리즘도 시간이 지나면 자연 소멸될 것이라는 안이한 판단으로 이어지기 쉽다. 일본회귀의 주기설에 대해서는 야스마루 요시오도 정면으로 비판하고 있다(야스마루 인터뷰 참조).

저는 지금도 그것은 유효하다고 생각합니다. 왜냐하면 결국 인터내셔널리제이션과 내셔널리제이션의 상극이랄까, 그런 이유로 30년 주기가 생기게 됩니다. 즉 메이지유신 30년 후 청일전쟁, 러일전쟁 때 국수주의가 만연하게 됩니다. 이에 대해 다이쇼大正 데모크라시[26] 때 다시 인터내셔널리제이션이 생기고, 그 후 1930년대에 군국 주의시대, 그러나 전쟁에 져서 다시 인터내셔널, 1960년대에 들어와서는 대동아전쟁 긍정론 같은 것이 나오지 않았습니까? 그리고 30년이 지난 뒤인 1990년대에 지금 말씀하신 것처럼 새로운 내셔널리즘이 부흥합니다. 하지만 이것이 장래에 어떻게 될 것인가 하는 것이 문제지요. 다음의 30년 후는 2020년이지요?

그러니까 선생님 말씀대로라면 이것은 일시적 현상으로 다시 시간이 지나면 사라졌다가 20, 30년이 지나면 다시 나온다는 결과가 되는데, 그 근본적인 원인은 어디에 있을까요?

간단히 말하면 글로벌화죠. 그것에 어떻게 대응할 것인가하는.

---

26 다이쇼 데모크라시란 다이쇼 시대(1912~1925)의 민주주의적 개혁을 요구하는 운동과 사조를 말한다. 민중을 동원한 1913년의 제1차 헌정옹호운동을 출발점으로 하여 원로·추밀원·귀족원·군부 등 특권 계층의 힘을 축소하고 의회와 정당을 정치의 중심에 두며 보통선거, 부인참정권 등을 실현하는 것이 중심 목표였다. 그러나 이러한 운동도 어디까지나 대일본제국 헌법 내에서의 합리화 요구이며 그것을 넘어서는 지향성은 가지지 못했다. 제1차 대전 후 노동 운동, 농민 운동, 사회주의 운동 등이 참가하여 혁명적인 지향성이 나타나면서 내부 분열 양상을 드러내기 시작했다. 제2차 헌정옹호운동에서는 기성 정당이 민중 조직에 열의를 보이지 않았으며, 1925년 보통선거법과 동시에 악명 높은 치안유지법이 제정된 것은 이러한 분해를 상징하고 있다. 또한 다이쇼 시대에도 천황의 절대적 권위는 유지되었으며 시베리아 출병과 같은 제국 일본의 침략성과 식민지 억압은 일관되고 있었다. 특히 1923년 간토 대지진에서 조선인 학살이 자행되었던 점도 다이쇼 데모크라시의 어두운 부분을 대변해주고 있다.

지금의 현상에서는 그렇게 볼 수 있겠지만, 역사적으로 메이지 시대부터 30년을 주기로 '일본 회귀' 현상이 일어나는 그런 근본적인 원인이 어디에 있다고 보시는지요?

그건 물론 전쟁입니다.

그럼 앞으로도 전쟁이 일어날 가능성이 있다고 보십니까?

국지적인 전쟁은 있어도 전면적인 전쟁은 없겠지요. 아시아 정세로 말하자면 지금 문제가 되고 있는 북한의 핵문제나 중국과 타이완의 문제와 같이 군사적인 긴장을 고조시키는 요소가 있기는 합니다. 그러나 실제로 북한이 밖을 향해서 침략할만한 힘이 있다고는 생각하지 않습니다. 6개국 협의에서 포용 정책을 취하고 있습니다. 중국이 앞으로 세계 1위의 대국이 될 가능성은 분명 있지만 문제는 타이완을 어떻게 할 것인가가 큽니다. 일전에 중국의 원자력 잠수함이 호주까지 갔을 때 그 정보는 타이완에서 일본으로 보낸 것입니다. 타이완은 중국의 군사적 움직임을 지켜봐 왔고 정보가 들어오면 미국이나 일본으로 재빨리 전달하게끔 되어 있습니다. 정보적인 면에서도 상당히 인터내셔널화 되어 있죠.
또 한 가지 주목할 것은 중국에서도 보도되지 않는 폭동이 상당히 많다는 사실입니다. 경제 특구에 비하면 경제적으로 뒤쳐진 지역, 즉 내륙과의 격차가 백 몇 배라고 들었습니다. NHK가 그것을 테마로 보도했어요. 저도 중국인 제자가 많아서 그 격차가 13배라는 얘기는 전부터 들었습니다만 앞으로 중국 사회의 최대 문제는 격차입니다. 격차가 정치적으로 말하자면 테러리즘이 될 겁니다. 일본으

2 · 26 사건

로 치자면 5 · 15사건[27]이라든지, 2 · 26[28]사건 등과 같이 쇼와 공황 때에 격차가 벌어져서 그 결과 정치적으로 말하자면 테러와 쿠데타가 일어났습니다. 중국도 너무 격차가 벌어지면 무엇이 일어날지 모릅니다. 저는 상당히 이전부터 이 점을 지적해 왔는데 지금 그것이 현실 문제로 나타나고 있습니다.

---

27 5 · 15사건은 1932년 5월 15일 일본 해군 청년 장교가 중심이 되어 일으킨 쿠데타이다. 1930년대에 들어와 해군 청년들 사이에 국가 개조, 파시즘을 지향하는 그룹이 탄생하여 우익 사상가들의 지도와 지원으로 수상관저, 일본 은행, 경시청, 내대신 관저, 정당 본부 등을 습격하여 이누카이 쯔요시(犬養毅) 수상을 사살한 후 자수했다. 군부는 이 사건을 정치적으로 이용하여 관계자를 가볍게 처벌하는 데 그치고 이누카이 내각에 대신하여 '거국일치'를 내세우는 해군 출신의 사이토 마고토(斉藤実)내각이 성립하면서 정당내각 시대에 종지부를 찍게 되었다.

28 2 · 26사건은 1936년 2월 26일 우익사상가 기타 잇키(北一輝)의 영향을 받은 육군 청년장교들이 국가 개조를 기도하고 근위보병 제3 각 연대에서 1400여 명의 병력을 출동하여 일으킨 쿠데타를 말한다. 그들은 정부 요인들을 암살하고 육군성, 참모본부, 국회, 수상관저 등을 점령하여 육군 상층부에 국가 개조를 요청했으나 육군 당국은 계엄령을 내리고 이들을 반란군으로 규정하여 탄압했다. 하사관 이하는 귀순, 수모자와 우익사상가 기타 잇키 등은 처형되었으며, 이 사건으로 군부의 발언권이 더욱 강화되어 군부의 독주를 가져오는 데 결정적인 계기가 되었다.

'새역모'의 활동과 헌법 개정

다음은 '새역모'에 관한 질문입니다. 최근 그들의 움직임이 활발해지고 있는데, 그들의 운동도 결국은 우파, 보수파가 진행하고 있는 헌법 개정의 움직임과 연동하고 있다고 볼 수 있지 않을까요?

네, 그렇지요. 완전히 그렇습니다. 그 리더 가운데 한 사람인 후지오카 노부카츠藤岡信勝는 헌법 9조 개정을 주장하고 있습니다. '새역모'의 일종의 네오내셔널리즘은 명백히 헌법 개정을 의도하고 있습니다.

헌법 개정의 구체적 의도는 전쟁이 가능한 나라로 바꾸자는 것이 아닌가요?

9조를 바꾸자고 하는 하나의 계기는 걸프전입니다. 거기서 일본은 130억 달러라는 어마어마한 돈을 내고 있습니다. 그러나 지금 부시의 아버지 대통령도 쿠웨이트의 국왕도 고맙다는 인사 한마디 없었죠. 후지오카는 일본인은 돈만 내고 피를 흘리지 않는다는 얘기를 미국에서 듣고 충격을 받았습니다. 일본은 국가로서의 체제를 갖추고 있지 않다고 느낀 것이죠. 그래서 역시 '집단적 자위권'을 행사해서 유사시에는 군대를 밖으로 보낼 수 있는 나라가 되지 않으면 안 된다고 생각한 것입니다. 간단히 말하면 전쟁이 가능한 국가를 의미하지요. 그리고 2001년 교과서를 만들어 문부성 검정을 받았는데 0.4%정도의 채택률 밖에 얻지 못했습니다. 그래서 무엇을 했는가 하면 교과서 채택 제도를 바꾸게 했습니다. 5명의 교육위원이 교과서를 고르기 때문에 3명 이상은 '새역모'의 교과서를 채택해 줄 그런 사람을 넣는 운동을 하고 있는 것입니다.

고이즈미 수상이 대내외의 비판에도 불구하고 야스쿠니신사 참배를 한다는 것도 이런 분위기를 가져가려고 하는 의도가 배후에 있는 것이 아닐까요, 즉 자위대가 전쟁을 할 수 있도록 헌법을 개정하려는 문제와 관련이 있다고 볼 수 있지 않습니까?

그렇습니다. 관련이 있습니다. 단지 고이즈미 총리의 최대 단점은 철학과 역사가 없는 것입니다. 따라서 아시아태평양전쟁에서 일본이 무엇을 했는가를 공부하지 않습니다. 공부하고서도 참배를 하러 간다면 더욱 더 바보라고 봅니다. 야스쿠니신사에 공인으로서가는 것에 대해서 저는 반대입니다. 'A급 전범'이 있는 곳이지 않습니까? 중국의 입장에서 보면 왜 수상이 그곳에 가는가 하는 거죠. 그건 일리가 있습니다. 게다가 일본은 샌프란시스코강화조약에서 도쿄재판의 판결을 받아들이고 있지 않습니까?[29]

헌법 9조를 개정하려는 것은 보수파가 추진하는 운동의 하나이지만, 그러한 가운데 또 한 가지 제기되고 있는 문제로 천황의 권위를 높이자는 이른바 천황 원수화의 논의가 있습니다. 특히 지금 천황의 카리스마가 현저하게 저하된 상황에서 그것을 보완하는 형태로 그런 문제가 나오고 있는 것으로 알고 있습니다만, 그 가능성은 어떻게 보십니까?

그건 해보지 않고서는 모릅니다. 하지만, 헌법 개정을 선거 공약이라든지 쟁점으로 해서 총선거를 한 것은 1955년의 하토야마鳩山 내

---

29 샌프란시스코강화조약에서 도쿄재판의 판결을 받아들이고 조인했기 때문에 'A급 전범'을 야스쿠니신사에 합사하고 '영령'으로 참배하는 것은 강화조약에 대한 일종의 국제법 위반이라는 논의가 있다.

각30뿐입니다. 그 이후 헌법 개정을 쟁점으로 내걸었던 총선거는 한 번도 없습니다. 나카소네 야스히로 역시 헌법 개정론자입니다만, 헌법 개정을 쟁점으로 한 선거는 하지 않았습니다. 지금의 고이즈미 수상도 약아서 자신의 임기 중에는 헌법 개정을 하지 않겠다고 하고 있습니다. 다음 사람에게 넘기겠다는 심산이죠. 그러나 임기가 2년밖에 남지 않았고, 내년에는 자민당 헌법조사회에서 헌법 개정안이 나옵니다. 그런 이유로 헌법 개정이 당의 안으로 나오고 있습니다만, 정말 총선거의 공약으로 내걸 용기가 있을지는 모릅니다. 참패할지도 모를 일이니까요. 그러니까 함부로 헌법 개정을 테마로 한 총선거를 하지 못하는 것입니다. 지금 오에 겐자부로 大江健三郎**31**라든지 카토 슈이치加藤周一, 오다 마고토小田実**32** 등의 저명

---

30 하토야마 내각(제1차: 1954.12~1955.3, 제2차: 1955.3~1955.11, 제3차: 1955. 11~1956. 12)의 제1차와 제2차는 하토야마 이치로(鳩山一郎)를 수반으로 하는 일본민주당 단독 내각이고, 제3차 내각은 1955년 11월 보수 합동의 기운이 고조되는 가운데 자민당과 합동하여 오늘날 자민당의 전신인 자유민주당을 결성하고 출범했다. 자유민주당이 국회에서 절대 다수를 차지하면서 점령 하에서 제정된 제반 법규의 개정, 국제적 지위의 향상 등을 내세우고 제24회 국회에서 헌법조사회와 국방회의구성법을 성립시켰다.

31 오에 겐자부로(1935 ~)는 에히메현(愛媛県) 출신으로 도쿄대학 문학부를 졸업했다. 1957년 문학계 데뷔한 후 소설가로 활동하고 있다. 1958년 《사육》으로 아쿠다가와상을 수상했다. 장애아의 탄생을 주제로 한 《개인적인 체험》외에 《만년 원년의 풋볼》, 《동시대 게임》, 《인생의 친척》등의 대표작이 있다. 평론집으로 《히로시마 노트》, 《오키나와 노트》 등이 있다. 1994년 10월 13일 일본인으로는 두 번째로 노벨 문학상 수상했다. 노벨상 수여 결정 후 황실로부터 문화훈장과 문화공로상 수여가 결정되었으나 "민주주의 보다 우월한 권위와 가치관을 인정하지 않는다"고 천황이 내리는 수상을 거부하여 화제가 되었다.

32 오다 마고토(1932 ~)는 오사카(大阪) 출신으로 도쿄대학 문학부를 졸업하고 작가, 평화운동가로 활동하고 있다. 1960년 안보투쟁기부터 평화 운동에 관여하기 시작하여 베트남전쟁 때에는 '베트남에 평화를! 시민연합' , '일본은 이대로 좋은가 시민연합' 등을 결성했다. 박정희 군사정권 하에서 박해를 받던 김대중 구명 운동에도 가담했다.

한 지식인들이 모여 '9조의 회'를 만들었습니다. 와타나베 오사무 渡辺治씨가 사무국장을 하면서 저에게도 '9조의 회'의 멤버가 되어 주길 바란다고 했습니다만, 내년 3월에 '9조의 회'에 참가를 호소 하는 움직임이 시작됩니다. 저널리스트를 비롯해서 연예인도 시작 하고 있습니다. 여기저기서 9조의 강연회도 하고 있습니다. 일전에 오쿠다이라 야스히로奥平康弘라는 헌법학자의 강연에 저도 '9조의 회' 발기인의 한 사람으로 참가했습니다만, 홋카이도에서 800명 정도의 회의장을 준비했어요. 하지만 혹시나 하는 마음에 1000명 정도 수용할 수 있는 별실을 따로 준비해서 회장에는 못 들어와도 비디오로 볼 수 있게 했습니다. 그런데 무려 3500명이나 모여서 결국 예비회장에도 못 들어가고 500명이 돌아갔습니다. 그런데 이 번에는 오사카가 2000여 명, 오키나와도 2000여 명 등 상당수의 사람이 모였습니다. 다만 아쉬운 점은 젊은층이 모이지 않는다는 사실입니다.

한국에서는 일반적으로 일본은 9조 개정으로 가지 않을까 하는 우려 를 가지고 보고 있습니다만, 선생님 말씀으로는 국민 운동, 시민 운동 에 노력하면서 젊은 층들이 더욱 더 많이 참여하기를 바라는 마음이 시군요.

네, 그렇습니다. 지금도 노력하고 있고 앞으로도 더욱 고조될 것입 니다. 단지 문제는 지금 말했듯이 젊은 세대입니다. 만약 9조를 개 정하면 자기들은 군대에 가지 않아도 그 자녀들은 군대에 갈지도 모르지 않습니까. 저는 헌법 9조는 일본이 세계를 향해서 발신할 수 있는 최대 메시지라고 생각합니다. 군사력으로 세계 몇 위라고 해도 아무 소용없어요. 제가 이번 《세계》의 좌담회33에서도 말했습니다만, 국력이란 무엇인가 하는 점입니다. 이것은 일본뿐만 아니라 모든 국가가 심각하게 생각해야 할 문제입니다. 결국 국력이란 것은 여러 가지 있음에도 불구하고 군사력을 중심으로 하는 국력이 너무 많다는 것입니다. 그러나 일본은 군사력으로 세계 1위가 될 필요도 없고 될 리도 없습니다. 그런 군사력으로 국력을 발휘해 봐야 아무 소용없습니다. 일본은 과학 기술에 톱클래스의 힘이 있고, 만화나 애니메이션도 대단하죠. 문화력이라든가, 여러 면에서 국제 사회에 공헌할 수 있습니다. 그럼에도 불구하고 군사력이 아니면 국제 사회에 공헌할 수 없다는 생각은 발상이 매우 빈곤합니다, 비전이 없다고 봅니다. 그러므로 보다 대국적으로 국력이란 무엇인가를 심각하게 생각할 필요가 있다고 봅니다.

---

33 中村政則・油井大三郎 対談, 〈戦後60年に何が問われているのか〉, 《世界》, 2004. 1.

2004년 12월 8일

神奈川大学 윤건차 교수 연구실

윤건차尹健次 _ 1944년 교토 출신의 재일한국인 2세
로 교토대학 졸업 후 도쿄대학 대학원 박사 과정을 수
료했다. 현재 가나가와대학 외국어학부 교수로 재직
중이다. 일본 근현대 사상. 한일관계사, 교육사상사를
전공했다. 특히 일본에서 태어나 자란 재일한국인 연
구자로서 근현대 일본에서의 국가, 민족, 국민이라는
개념에 관해서 그 문제점을 예리하게 분석, 비판해 오
고 있다. 히로히토천황의 죽음을 전후해서 일본 사회
를 석권했던 자숙 분위기에서 나타나는 역사인식의 빈
곤을 〈고절의 역사의식〉이라는 논문에서 비판적으로
분석해서 진보적인 일본인 연구자들에게도 적지 않은
반향을 불러 일으켰다. 한국에 번역된 책으로는 《한국
근대교육의 사상과 운동》(도서출판 청사, 1987), 《현대
일본의 역사의식》(한길사, 1990), 《일본 그 국가 · 민
족 · 국민》(일월서각, 1997), 《현대한국의 사상흐름》
(도서출판 당대, 2000), 《한일근대사상의 교착》(문화
과학사, 2003) 등이 있다. 최근에는 홈페이지를 통해
서 한국과 일본의 젊은 연구자들과 대화의 폭을 넓혀
가고 있다. 첫인상은 날카롭고 차갑지만 알고 보면 정
말 속마음이 깊고 따뜻하신 분이다.

천황제 이데올로기와 식민지

최근에 선생님께서 홈페이지[1]를 만드셨다고 들었습니다. 홈페이지에 관한 소개를 부탁드립니다.

12월 4일 만 60살이 되어 지금까지 자신의 인생을 되돌아보고 정리하면서 지금부터 내가 무엇을 할 수 있을까를 생각해 보았습니다. 이 때 역시 일본과 한국, 가능하면 남북한이라고 말하고 싶은 부분인데요, 해외를 포함해서 뭔가 의사소통을 위해서 할 수 있는 일이 없을까 생각해 보았습니다. 홈페이지라면 훌륭한 의사소통의 수단이 될 것이라고 생각했습니다. 방법은 잘 몰랐지만 열심히 네 차례에 걸쳐 만들었습니다. 원래부터 사진을 많이 찍어 왔기 때문에 조금은 즐기고자 하는 기분으로 시작했습니다. 딱딱한 문장만 실어 놓으면 아무도 상대해 주지 않기 때문에요. 시와 사진, 시작詩作의 공간 등을 좀 멋지게 꾸며서 딱딱한 부분은 시와 사진으로 보충하고자 했습니다.

선생님의 연구와 관련된 자료도 실려 있습니까?

일단 제가 쓴 책 같은 중요한 것은 모두 올릴 작정입니다. 제가 어떻게 생활하고 있는지, 무엇을 해왔는지를 대체적으로 보실 수 있으리라 생각합니다. 이것을 만든 하나의 동기는 역시 한국이 상당히 격동적인데, 이것이 잘 진행된다면 민주화되어 좀더 발전해 나

---

1 윤건차 홈페이지: http://www.k2.dion.ne.jp/~koreanya/

갈 것이지만 자칫하면 역방향으로 나아갈 위험성도 있습니다. 마찬가지로 남북한 문제에 관해서도 잘 진척시킨다면 통일로 향해 나아갈 수 있겠지만 잘못하면 다시 힘든 상황이 될 수 있습니다. 일본에 대해서 말하자면 저는 전혀 기대를 하고 있지 않습니다. 지금 일본은 군국주의로 치닫고 있을 뿐입니다. 지금까지 저를 포함해서 많은 사람들이 잡지나 신문에 글을 게재하거나 텔레비전에 나와서 발언할 수 있었던 것은 그래도 전후 민주주의라는 것이 있었기 때문인데 그것이 지금은 극히 어렵게 되었습니다. 신문에 제대로 된 내용을 적어도 거의 다 편집되어 잘려 나갑니다. 텔레비전에도 나오지 못하고요. 이러한 상황에서 무엇이 가능한가를 생각한 끝에 홈페이지를 만들기로 했습니다. 자유롭게 자기 마음대로 만들면 되니까요. 그런 수단 밖에는 없다고 하는 점에서 유감스러운 일이지만 또 한편으로는 기대를 하면서 만든 것입니다. 될 수 있는 한 많은 한국 분들이 접속해 주셔서 여러 의견들을 실어주시고 토론할 수 있으면 좋겠다고 생각합니다.

지금 한국에 한일민족문제학회가 있는데, 그 학회의 홈페이지에도 선생님의 홈페이지가 소개되어 있겠군요.

네, 저도 그 홈페이지에 제 것을 소개했고, 그 홈페이지도 제 홈페이지에 와서 이미 소개를 했습니다. 이렇게 교류를 한다면 참 좋겠다고 생각합니다.

한일 교류의 장 속에서 역사적인 문제가 빠질수 없는데요. 먼저 식민지 지배와 천황제와의 관계에 관해서 질문하고 싶습니다. 이것은 선생님의 최근의 논문에서도 다룬 내용입니다만 한국에서도 번역되었습니다.[2] 선생님은 이 논문에서 지금까지 천황제 이데올로기와 식민지 지배의 관련성에 관한 연구가 상당히 뒤떨어져 있다고 지적하셨습니다. 이와 같이 한국에서 이러한 분야에 대한 연구가 뒤떨어진 이유는 어디에 있다고 보십니까?

한국에서의 학문 연구, 특히 인문사회 연구는 굉장히 발전해 있다고 봅니다. 특히 최근의 사상 동향을 취하면서 깜짝 놀랄 정도로 수준 높은 연구가 있습니다. 제가 1979년경에 근대 조선 교육의 사상과 운동에 관한 논문을 썼습니다만 그때는 그다지 읽을 만한 책이 없을 정도로 연구가 없었습니다. 그런 점에서 지금은 한국도 상당히 학문적으로 발전했다고 생각합니다. 그러나 역시 천황제의 문제, 특히 사상이나 정신 태도의 문제에 대해서는 거의 논의되지 않고 있다고 봅니다. 예를 들어 친일파의 문제에 있어서도 친일파라고 하는 일상 생활, 또는 특히 권력을 휘둘렀던 사람들에 대한 처단이나 고발 등을 통해서 과거를 되돌아보지 않으면 안 됩니다. 더구나 식민지 시대를 36년간 겪으면서 현재 한국에 살고 있는 사람들 거의가 사상을 포함해서 교육은 계승되는 것이기 때문에 영향을 받고 있습니다. 정신적인 내면이라고 할까요. 그것을 파헤쳐서 밝히는 작업이 거의 이루어지지 않고 있습니다. 현재 가부장제라든가 권위주의, 또는 학벌주의 등과 같이 여러 문제가 논의되고 있지만, 그러한 것도 적어도 36년간이라는 식민지 시대의 영향에 의해 정신적 풍토가 형성되었던 부분과의 관계를 그대로 두어서는 안 된다고

---

2 윤건차, 《한일 근대사상의 교착》 이지원 옮김, 문화과학사, 2003.

봅니다. 36년이라고 하면 한 세대가 넘어가 버리니까요. 즉 부모가 아이를 낳고, 그 아이가 다시 아이를 낳는 3세대에 걸치는 이야기가 되기 때문입니다. 그것을 연구하지 않으면서 표면적인 것만을 논의하는 것은 잘못된 것이 아닐까라고 생각합니다.

친일 청산이라는 문제가 지금까지 제대로 이루어지지 않고 있는 것도 관계가 있는 것이 아닐까요?

물론 그렇습니다. 친일파, 친일 문제라는 것은 결국 과거사 문제입니다. 이것은 일본과 다른 나라를 포함해서 과거를 어떻게 청산할 것인가의 문제가 됩니다. 과거는 부정할 수 없는 것입니다. 그 연장선상에 현재가 있는 것이니까요. 역시 자신의 현재, 그리고 사회라든가 국가 등 여러 문제를 밝히기 위해서는 과거를 거슬러 올라가 생각할 수밖에 없습니다. 과거를 전부 부정하거나 잊어버린다면 현재도 잘 모르게 됩니다. 그러니까 다양한 세계의 구조나 과거의 역사 등을 함께 고려해 나가지 않으면 현재도 잘 이해할 수 없고 당연히 미래에 대한 예측도 불가능하다고 생각합니다. 예를 들어서 한국의 경우에는 친일파이지만, 그 이외에도 많이 있다고 봅니다. 친일파 문제가 전부가 아니니까요. 일본의 경우는 아시아 침략, 조선 침략, 식민지 지배가 있습니다. 이것은 역시 표리 관계에 있습니다. 그렇기 때문에 한국이 가지는 문제점, 일본이 가지는 문제점에 대해서 서로가 자신의 사실을 인정하고 서로 피해를 주었던 점을 토론하면서 해결해 나가지 않으면 안 됩니다. 한국에서 일본이 전쟁책임을 지지 않는다거나, 강제 연행을 했다든가, 일본군의 성노예 문제를 왜 해결하지 않는가 하고 공격만 할 것이 아니라, 역시 자신들의 문제도 동시에 다루지 않으면 안 됩니다. 서로 관계되는 것이기 때문이지요. 이것을 일방적으로 진행시킨다면 설득력이 없습니다.

친일파라고 하더라도 당시 그들이 반드시 천황에 대하여 충성을 다했다고 볼 수 없는 부분도 있다고 생각합니다. 이 점에 대해서는 어떻게 보시는지요?

그러한 점도 있습니다. 친일파로 규탄당하는 사람들 가운데 예를 들어 작가 이광수라든가, 기독교에서의 윤치호와 같이 여러 사람들이 있습니다. 어느 정도 공부해 보면 분명히 친일이라고 해서 반드시 천황제 이데올로기를 수용했다는 식으로 단락적으로 연결한 수는 없다는 것을 알 수 있습니다. 한국 근대 지식인들의 경우 대부분이 근대화를 해서 강한 독립 국가가 되고자 하는 이른바 '문명화'라는 인식이 있습니다. 그래서 일본을 받아들이거나 일본에 의존했다는 측면이 강하지 않았을까 생각합니다. 또한 일제 시대 막바지에 일본의 중국 침략이라는 사태에 직면하면서 일본에는 이길 수 없고 조선의 독립은 어렵다는 판단에서 전면적으로 굴복해 버린 결과 친일파가 되었다는 것도 중요한 이유가 될지 모르겠습니다. 단지 그러한 이유로 면죄해도 좋은가 하면 그것은 안 됩니다. 왜냐하면 역사는 결과이기 때문입니다. 만약에 일본이 지지 않고, 당연히 조선이 독립하지 않고 일본의 지배하에 있으면서 홋카이도와 같은 형태가 되었다면 친일파 문제는 없었을지도 모릅니다. 현재 오키나와인이나 아이누인이라는 말이 있습니다만, 그것은 새롭게 일본에 편입된 일본인이라는 의식이 강해졌기 때문에 그러한 의미에서 역사의 결과를 바탕으로 과거를 보지 않으면 안 된다고 하는 것입니다. 그리고 조선이 해방되었다는 역사의 배후에는 구 만주, 동북 지방에서 다양한 빨치산 전투와 독립 투쟁이 있었기 때문입니다. 상하이 임시 정부를 어떻게 볼지 모르겠지만, 그들이 어쨌든 독립을 위해서 투쟁했다는 것은 분명한 사실입니다. 그러한 사람들이 한편으로는 존재하는 가운데 대일본제국에 적극적으로 관여한 자들을 면죄하는 것은 바람직하지 못하다는 것이죠. 그렇기 때문에 거기에는 다양한 순위가 있고 질적인 문제가 있습니다만, 우리들이 그것에 정확히 얼굴을 맞대고 해결하지 않으면 안 된다는 것도 있습니다. 더욱 중요한 것은 그것이 단순히 과거의 이야기가 아니라는 것 입니다. 한국이 해방된 후 독립 운동을 한 사람들이 긍정적인 역할을 완수했는가 하면, 그렇지 않은 부분도 많습니다. 재일 조선인의 경우도 그렇습니다. 전전에 친일파가 되었던 사람이 해방되자마자 마치 애국자와 같은 얼굴을 하고 일하다가, 군사 독재 정권이 생긴 후에는 또 그쪽으로 흘러들어간다는, 이러한 해방의 역사를 보면 역시 전전 이래의 여러 가지 문제를 제대로 추급해서 옳고 그름을 서로 자각해 두지 않으면 제대로 알 수 없게 된다고 저는 생각합니다.

일본의 전후를 비난할 때 우리는 일본의 전쟁책임 문제라든가 식민지 지배에 대한 반성을 충분히 하지 않고 있다고 지적하고 있지만, 실은 우리 자신도 그 잔재에 대한 청산을 제대로 하고 있지 않다는 것이죠. 그것을 총괄적으로 하지 않으면 안 된다는 말씀이군요.

그렇습니다. 대체로 대한민국이라는 나라는 일본이 패전해서 조선이 독립을 하고 그것이 곧바로 남북 분단 통치라는 형태로 태어났습니다. 처음에는 여운형과 같은 사람이 일하기 시작했는데, 그것이 도중에 무너져버렸습니다. 누가 무너뜨렸는가 하면 미국이고, 그것을 추수했던 것이 이승만 정권일 것이며, 그것을 누가 파탄시켰는가 할 때 전전의 흐름에서부터 생각하지 않으면 안 된다고 생각합니다.

천황제 이데올로기가 조선인의 내면 세계에 침투한 것에 관해서 선생님은 대체로 1930년대부터 직접적 연계가 생겨나기 시작했다고 보시는데, 그 이전에는 식민지 지배를 받으면서도 천황제 이데올로기와 조선인과의 사이에는 직접적인 관련이 없었다고 보시는지요?

그렇게 생각합니다. 1910년 한국 병합 당시 조선에 있는 사람들에게 일본은 조선 총독부나 경찰관, 군대, 헌병 등과 같은 폭력 장치로 보였습니다. 그것이 직접적으로 탄압하고 요구하는 것이었습니다. 학교 선생은 칼을 차고 교육을 했으니까요. 그것이 일본이었던 것입니다. 그러한 폭력적 지배가 점차 심해지고 3·1 독립운동이 일어나면서 그것이 일본의 식민지 정책에도 영향을 미치게 되는 것이지만 일본이 조선에서 일본어를 완전히 강요하거나, '황국신민의 서사誓詞'3를 강요하는 것은 역시 1930년대 중반 이후 중일전

---

3 1937년 10월 2일 식민지 조선에 대한 황민화 정책의 일환으로 이를 만들어 암송과 복창이 강제되었다. 그 내용은 "우리는 황국신민이며 충성으로서 천황의 나라에 보답하자. 우리 황국신민은 서로 신애 협력하여 단결을 굳게 하자. 우리 황국신민은 인고단련의 힘을 양성하여 황도를 선양하자"의 세 구절로 되어 있다. 이 문안의 작성에는 친일파 김대우가 깊이 관여한 것으로 알려져 있다.

황국신민의 서사

쟁이 전개되면서부터입니다. 이러한 가운데 단순한 수단으로서 말이라든가 통치를 위한 무력이라든가 하는 것이 아니라, 내면에까지 들어오는 여러 가지 이데올로기가 침투 되고 있었던 것입니다. 예를 들어 군대에 징병되면 그것은 단순히 무기를 잡는 것이 아닙니다. 마음이 움직이지 않으면 무기를 쓸 수 없습니다. 그것은 단순히 무기라든가 일본어라고 하는 것이 아니라, 천황을 위해서라든가 국가를 위해서라는 사상이나 그러한 내면 형성이 없으면 불가능한 것이기 때문에 당연히 그러한 것이라고 생각합니다.

선생님의 논문 중에 "우치나루 텐노세"라는 표현이 있는데, 그것을 한국어로 말하자면, 정확히 어떤 의미입니까?

"우치나루 텐노세", 뭐라고 번역되어 있습니까?

"내면적 천황제"라고 번역되어 있습니다.

그런 의미가 되겠네요. 내면에까지 들어왔다는, 정신적인 부분까지 들어왔다는 의미에서 말입니다.

내면화되었다고 하지만, 제가 생각하기에 천황제는 권력 장치로서의 기능뿐만 아니라 국가신도라고 하는 종교적인 측면도 있습니다. 그리고 이러한 종교적 측면에서 볼 때 한국과는 전혀 문화적 토양이 다른 그러한 종교가 내면화 되는 것은 대단히 어렵지 않았을까 생각합니다.

어렵습니다.

따라서 조선인에게 있어 '내면적 천황제'라는 것은 그러한 종교적인 측면보다는 권위주의적이고 권력적인 측면이 강했던 것이 아닌가요?

천황제의 지지 기반인 국가신도에는 여러 가지 특징이 있습니다. 그 하나는 군사적인 힘을 배경으로 하고 있는 것입니다. 일본열도에는 역사적으로 다양한 종교가 있었는데, 그것이 막말에서 메이지유신으로 가는 과정에서 마치 신도 밖에 없었던 것처럼 종교 정책을 펼쳐 나가게 됩니다. 그리고 국가신도가 유포되어 가는 과정에서 말을 듣지 않으면 경찰, 헌병, 그리고 군사력을 가지고 체포하고 억압하는 것입니다. 이처럼 신도라는 것은 군사력과 밀착해 있는 것입니다. 그리고 이것은 동시에 신화입니다. 신화라는 것은 역시 하나는 사람이 살아가기 위한 희망이나, 꿈, 비원悲願과 같은 것이 있을 때 만들어지는 말입니다. 다른 중요한 하나는 위기 상황에 이르렀을 때 이것을 믿고 있으면 상대를 이길 수 있다고 하는 군사적인 의미를 갖는 것입니다. 메이지유신 때 일본은 서구 열강에 침략당해서 식민지화 될 위기에 처해 있었고, 이러한 상황에서 자신들에게는 힘이 없었습니다. 그러나 국가를 만들지 않으면 안 된다고 할 때 대통령 선거를 한다거나 국회의원을 뽑는다는 것은 사회적으로 성숙되어 있지 않았습니다. 그래서 전근대적인, 어떤 의미에서 봉건적인 허구의 신화라는 것을 만들었습니다. 위기가 강하면 강할수록 신화를 거대하게 부풀려서 절대 믿어야 살아갈 수 있다고 선전했던 것입니다. 그 중핵을 이루고 있던 것이 신도였습니다. 그런 의미에서는 말씀하시는 대로 풍토가 다르고 전통이 다른 조선 역사의 연장선상에서 조선인이 그것을 받아들이기는 상당히 어려웠을 것이라고 생각합니다. 그러나 그것이 진짜로 침투되는 시점은 1930년대 후반 이후 일본이 위기적인 상황에 놓여 있을 때입니다. 당시 일본의 위기 상황은 조선의 위기 상황이 됩니다. 그때까지는 문명화라든가 독립이라고 하는 것으로 열심히 생각하던 사람들이, "아! 이것은 아니다"라고 하는 정신적인 위기를 갖게 되는 것입니다. 그래서 그러한 위기를 극복하기 위해서 천황제를 받아들인 사람들이 상당수 있었을 것이라고 생각합니다. 즉 위기 상황에서 그것을 받아들인 것이 아닌가 생각합니다.

일본이 위기 상황에서 천황제 신화를 더욱 과장해서 15년 전쟁으로 돌입할 때 조선인도 그것을 받아들인 사람들이 있었다는 말씀이군요. 전쟁 말기가 되면 '황국신민'에게 충성을 강요해서 조선인도 군대에 징병됩니다. 특히 전쟁 말기에는 특공대라는 것이 만들어지죠. 조선인 특공대도 상당수 있었던 것으로 알고 있습니다. 그러한 조선인 특공대의 정신 구조나 천황에 대한 충성이라는 것은 협화회協和會4라든가 그러한 무리들의 친일적인 정신 구조와는 전혀 다르지 않을까요?

---

4 협화회(協和會)는 1923년 간토 대지진에서의 조선인 학살 이후 조선인에 대한 '구제보호'를 명분으로 '친일 분자'를 키우기 위한 '융화 단체'로 1924년 조직한 오사카의 내선협화회에서 비롯, 1936년에는 재일 조선인을 보다 강력하게 통제하고 전쟁 체제로 편입시키기 위해 전국적인 행정 단위로 협화회를 결성하고 '협화 사업'을 통하여 내무성, 경찰 관료를 중심으로 황민화 정책을 추진했다.

전혀 다른 상태였는지는 잘 모르겠지만, 협화회라고 하는 것은 일상 생활에 있어서의 어용 조직입니다. 별도로 전투하는 것이 아니고요. 특공대라는 것은 날아가 버리면 그만이라는 한계 상황의 행위입니다. 그것에 대한 각오는 전혀 다른 것이 됩니다. 협화회에 대해서는 김석범金石範5 씨의 작품을 비롯해서 소설 등이 상당히 많이 있습니다. 저는 그 시대를 살아온 것이 아니기 때문에 잘 모르겠지만, 일상 생활에서 풍요로운 생활을 하고 싶다, 돈을 벌고 싶다, 사람을 지배하고 싶다는 그러한 것이겠죠. 조선반도에서 헌병이 되고 싶다고 생각한 사람도 많았는데 그러한 것과 통하는 것이 아닌가 생각합니다. 그런 경우 민족이나 국가라는 것이 과연 자신들의 의식 속에 들어오느냐고 하면 저는 그렇지 않을 것이라고 봅니다. 어디까지나 기본적으로는 개인의 욕망, 자신의 출세가 목적이라고 생각합니다. 그리고 거기서 이익을 취하고자 하는 것이죠. 예컨대 자신의 가족에게 밥을 먹이고, 가족에게 이익이 되는 것을 하고 싶다는 것과 통하는 게 아닐까요? 그러나 특공대는 다릅니다. 일단 날아오르면 제대로 가는지 아닌지는 별도로 해도 죽어버리는 것입니다. 나중에 무엇이 남을 것인가? 이러한 것은 스스로에게 좀처럼 납득이 안 가는 것입니다. 그렇지만 스스로 납득하지 않으면 안 된다고 하는 내면 정신의 문제가 됩니다. 돈을 받는 것도 아니고, 돈을 받아도 어쩔 수 없는 것이죠. 가족이 받는다고 해도 그것은 모를 일이고. 이러한 것에 자신이 어떻게 납득해서 죽을 것인가 하는 문제, 그것은 내면 정신의 문제입니

---

5 김석범(金石範, 1925~   )은 재일 교포 작가로 4·3 제주사건을 다룬 소설 《화산도》로 유명하다.

다. 그러한 경우 조선인이 특공대로 나갈 때 천황을 위해서라든가, 일본 국가를 위해라는 그러한 인식이 가능한가 하면, 그것은 무리라고 봅니다. 아무리 교육을 받았다고는 하지만 단지 천황을 위해서 죽는다는 것은 역시 어려웠지 않았을까요? 오히려 그러한 것 보다는 왜 내가 죽는가, 죽는다면 자신은 어떤 평가를 받을 것인가 하는 식으로 생각한다면 아무래도 자신의 모체라고 할까, 내면 정신의 근저를 묻지 않으면 안 됩니다. 그것은 역시 조선 민족이라든가 국가, 국가는 없었지만, 그러한 것이 되지 않았을까요?

민족으로서의 자각이라고나 할까요?

그렇지요.

일본인들의 멸시와 차별로부터 벗어나려고 하는 측면도 있지 않았을까요?

그것도 있다고 볼 수 있죠. 물론 죽은 사람들의 내면을 어떻게 총괄할 수 있는가의 문제도 있지만 일단 학문적으로 말한다면 역시 이렇게 죽어가지만 이것은 조선 민족의 일원으로서 모두를 위해 죽는다는 논리 전환이 되는 것이 아닐까 생각합니다. 물론 이것은 지나치게 말을 정리한 것이기 때문에 그렇게 생각하고 납득해서 죽었다면 좋지 않았을까 하는 제 자신의 생각도 있는 것입니다. 그것도 하나의 이유로 말할 수 있지 않을까요? 적어도 일본 민족을 위해, 천황을 위해 죽는다고 진심으로 생각한 사람이 얼마나 있을지는 의문입니다. 일본인의 특공대도 그렇지 않습니까? 죽을 때 어머니 만세라던가, 뭐 그런 것을 말하지만 본심에서는 역시 인간이라는 것이 원래 약한 존재가 아닙니까?

그러니까 특공대원들의 남겨진 유서 중에서도 역시 천황이나 국가를 위해서 기꺼이 목숨을 바친다는 그러한 내용만을 전면에 내세워 선전하는 부분이 강했지요. 예를 들면 야스쿠니신사에 오면 저를 만날 수 있으니 슬퍼하지 말라든가 하는 것은 결국 인간의 이성보다도 감성에 호소해서 충성심을 부채질하기 위해 이용된 측면이 강했다고 봅니다. 그런 의미에서 전체적으로 보면 그런 사람은 오히려 소수자라고 볼 수도 있겠지요.

그렇습니다. 인간이라는 것이 그런 것만을 말할 수는 없지 않습니까? 좀더 가족적이고, 좀더 자신의 슬픔 등을 응시하는 존재가 아닙니까? 국가를 위해서라는 것은 표면적으로는 그렇겠지만 좀처럼 어렵지 않을까요?

패전 직후 재일 1세들의 기록이나 수기 등을 보면 지극히 정신적으로 괴로워하는 것을 볼 수 있습니다. 지금까지 '황국신민'으로서 충성을 강요당하던 사람들이 어떠한 회로를 통해서 '조선인'으로 자각하게 되는 것인가에 대해서 선생님은 어떻게 생각하십니까?

저는 2세이기 때문에 1세에 관해서 잘 모릅니다만, 재일 1세라는 것은 보통 정신 형성의 중요한 부분을 조선반도에서 보낸 사람들을 말합니다. 그것도 중학교까지 있었는지, 학교를 가지 않았는지, 소학교까지 나왔는지에 따라 달라집니다. 그런데 내면 형성이라는 것은 말로 나오게 됩니다. 저는 지금 일본어를 능숙하게 말하고 있지만 일본에서 태어나고 자랐기 때문에 아무도 칭찬해 주지 않습니다. 그러나 한편 조선어가 곧바로 나오는 사람들이 있는데, 그것이 바로 1세대입니다. 그러니까 어떤 말이 먼저 나오는가 하는 것은 중요한 문제입니다. 예를 들어 조선반도에서 일본어로 교육을 받았다고 할 경우 1세라고 할지라도 황국 소년, 황국 소녀가 됩니다. 일본어를 사용하기 때문이죠. '소라(하늘)'라든가 '테(손)'라든가 '고항(밥)'이라는 것이 전부 지배 체제와 밀착해서 들어오는 것이기 때문입니다. 일본어로 밥을 먹는다고 하면 밥공기를 들고 젓가락으로 먹지 않습니까? 조선어로 밥을 먹는다고 하면 밥그릇을 두고 숟가락으로 먹지 않습니까? 그것을 반대로 하면 혼나게 됩니다. "고항오 다베로(밥 먹어라)"라는 같은 말이라 해도, 방식은 양쪽이 다른 것입니다. 말이라는 것이 그런 것입니다. 극단적으로 어디가 좋은 것이고 어디가 나쁜 것이 아닙니다. 문화입니다. 거기에 그러한 습관이나 예의, 문화에 정치라든가 권력이 더해지면 멸시라든가 비난의 대상이 되는 것입니다. 어떤 방식으로 먹느냐에 따라 이렇게 되는 것입니다. 그러나 1세라는 것이 거기까지 참으로 이해할 수 있는지 어떤지를 2세는 모릅니다. 그것은 일본에서 태어나 일본에서 자랐기 때문이지요. 1세는 경계선에 있습니다. 양쪽을 알고 있는 경우도 있지만 그것은 지극히 어렵다고 봅니다.

선생님의 논문 중에서, 재일 조선인의 분열은 천황제를 충분히 극복하지 못한 것과도 관계가 있다고 하셨습니다. 즉 내면적 천황제와도 관련되는 문제입니다만.

천황제의 특질이라는 것은 정치 시스템이자 동시에 정신적 이데올로기라고 하는 두 가지의 측면을 가지고 있습니다. 현대도 그렇지만 일본 근대에 있어서 천황제라는 것은 지극히 중요한 의미를 가지는 것입니다. 그것은 하나의 시스템의 문제로 군대나 그러한 것들이 모두 천황의 이름으로 한 것입니다. 다른 하나는 천황제의 의식이 침투하면 할수록 사람들은 자주적이고 능동적으로 그것에 따랐다는 두 가지 측면이 있습니다. 따라서 재일 조선인을 생각할 때 이 두 가지를 같이 생각하지 않으면 안 됩니다. 조국이 해방되고 일본이 졌다고 할 때 천황제를 어떻게 할 것인가 하는 것은 어려운 문제이지만 한 가지 명확히 드러나는 것은 강한 것을 만드는 것입니다. 천황제 자체가 시스템으로서도 정신적인 것으로서도 우선 하나는 사람을 차별하는 인종주의입니다. 그러니까 호적이라든가 그러한 것을 통해 제도적으로 편입되어 갈 때 조선인은 어디에 들어갈 것인가 하는 이야기입니다. 그러한 경우 천황제적인 이데올로기, 생각, 행동 등이 채용되어 권위주의, 권력주의, 가부장적인 것으로 나타나게 됩니다. 그렇기 때문에 갑자기 변하는 것입니다. 어제까지는 일제의 친일파였지만 해방되자마자 민족주의자로 행세하고, 한국이 다시 미국의 지배하에 들어가게 되면 반공주의자가 되기도 합니다. 이러한 것은 대체 무엇인가? 논리가 일관하지 않습니다. 그리고 중요한 것은 책임제가 없다는 것입니다. 일본의 무책임 체계라는 것은 마루야마 마사오丸山真男**6**가

---

6 마루야마 마사오(1914~1996)는 오사카 출신으로 도쿄제국대학 법학부를 졸업한 후 정치학자로 활동했다. 패전 직후 발표한 일본 군국주의와 파시즘에 대한 제 논고에서 특히 전전의 천황제를 '무책임의 체계', '억압이양의 논리' 등과 같이 논리적으로 체계화한 것은 당시 학계와 사회에 신선한 충격을 주었으며 천황제 이데올로기를 설명하는 논리로서 유효성을 가지고 사용되고 있다. 60년대 안보투쟁까지 아카데미즘의 영역을 넘어서 전후민주주의의 오피니언 리더로서 발언을 행사하여 커다란 영향력을 끼쳤다. 60년대 이후 근대주의자로 비판 받았으나 아직도 그의 연구는 근대 일본 사상사 연구에서 중요한 위치를 차지하고 있으며 여전히 생명력을 가지고 있다. 마루야마의 문하에서 '마루야마 학파'로 불리는 가미시마 지로(神島二郎), 마츠모토 산노스케(松本三之助), 후지다 쇼조(藤田省三), 이시다 다케시(石田雄), 하시가와 분조(橋川文三) 등의 저명한 학자들이 다수 배출되었다.

이전에 말한 것처럼 '억압이양의 원리' 라는 어려운 말로 설명됩니다만. "너는 왜 조선에 와서 사람을 죽였는가?" 라고 물으면, "저는 모릅니다. 상관이 시켰습니다"라고 답합니다. 한 계급 위로 가면 다시 위로, 다시 위로, 가장 위쪽까지 가면 육군 대신, 내각 총리 대신에게까지 가는데, 그에게 물어도 "모릅니다" 바로 천황이라고 말하지 못하니까요. 헌법상 천황이 직접 통치하도록 되어있는지 어떤지는 모르겠지만 지극히 애매한 것입니다. 예를 들면 조선인 BC급 전범7이 필리핀이나 인도차이나, 인도네시아에서 포로들을 죽이고 학대했다고 해서 처형당했습니다. 그런 바보 같은 시대는 없습니다. 영국군이나 네덜란드군 포로를 학대했다고 해서 처형당했지 않습니까? 그것은 무엇인가 하면, 대일본제국에 강제적으로 끌려가서 거기에 간수로 배치되어 상관이 말하는 대로 때리거나 학대한 경우가 많습니다. 그러나 서양의 논리에서는 "네가 죽인 것이 아니냐"는 것이 되는 것입니다. 그래서 처형된 것입니다. 이것은 참을 수 없는 일입니다. 일본의 논리와 다른 것입니다. 그러므로 저는 여기서 역시 천황제적인

---

7 BC급 전범은 제2차 세계 대전의 전승국인 연합국에 의해 포고된 국제군사재판소 조례 및 극동국제군사재판에서의 전쟁범죄 유형 B항 '통례의 전쟁 범죄'와 C항 '인도(人道)에 대한 죄'에 해당하는 전쟁 범죄의 죄상으로 체포된 일반 병사들을 말한다(A급 전범은 A항 '평화에 대한 죄'로 기소된 자들을 말하며, A, B, C는 죄의 경중에 의한 분류가 아니다). 여기서 B항은 전시 국제법에서의 교전 법규 위반 행위를 말하며 C항은 "국가 또는 집단에 의해 일반 국민에 대하여 가해진 모살, 절멸을 목적으로 한 대량 살인, 노예화, 포로 학대, 추방 기타 비인도적 행위"로 정의되었다. 일본의 BC급 전범은 GHQ(연합국총사령부)에 의해 요코하마와 마닐라 등의 세계 49개소의 군사 법정에서 재판을 받았으며 후일 감형된 자를 포함하여 약 1000명이 사형 판결을 받았다. 각지에서의 BC급 전범 재판에서 조선인 포로 감시원 148명이 유죄 판결을 받았으며 이 가운데 23명이 교수형, 총살형에 처해지고 나머지는 현지에서 복역하다가 1951년 미군이 관리하는 일본의 스가모 형무소로 이송되었다.

것, 천황제적인 사상 구조, 정신 태도라는 것이 어떤 것인가를 잘 살펴보아야 한다고 봅니다.

일본 근대사의 세 가지 특징

평소부터 선생님은 일본 근대사의 특징으로 서양 숭배 사상, 천황제 이데올로기, 아시아 멸시를 들고 계시는 것으로 알고 있습니다. 이 세 가지가 얽혀서 일본 근대의 특징을 이루고 있다는 것입니다. 이 점에 대해서 좀더 구체적으로 말씀해 주십시오.

이것은 제가 일본에서 가장 큰 역사연구회 등에서 강연하면서 몇 번이고 같은 말을 되풀이하고 있지만 아무도 불만을 말하지 않는 것을 보면 그렇게 틀린 말은 아니라고 생각됩니다. 도쿠가와德川 막부 말기에 '일본열도', '일본'이라는 말이 본격적으로 나옵니다만 그때 일본의 지배층, 특히 지식인과 무사 계급은 일본은 식민지가 될지도 모른다는 위기감을 가집니다. 중국 등을 보면 모두 식민지화 되고 있었고 식민지가 된 곳도 있었습니다. 여기서 공포감이 생겨 무엇인가 하지 않으면 안 된다는 인식이 일본열도에서 생기기 시작합니다. 그때부터 시작되는 일본 근대의 커다란 특징은 서구 열강의 일본 침략이라고 말해도 좋지 않을까 하고 생각합니다. 이것은 다른 말로 하자면 일본을 자본주의 세계 시장에 편입시킨다는 식으로 표현할 수도 있습니다.

두 번째는 "자 식민지가 됩시다, 죽음을 당합시다"라고 했냐면 그렇지 않았습니다. 그 대신에 일본에 나타난 군함이라든가 대포와 같은 것을 똑같이, 또는 그 이상으로 보유하지 않으면 안 된다고 생각한 것입니다. 그 경우 여러 가지가 있겠지만 가장 보편적인 표현으로 말하자면 미국이나 영국과 같은 근대 국가의 체제를 만들지 않으면 불가능합니다. 도쿠가와 막부라는 것은 중앙 집권 체제라고 해도 막번 체제[8]이기 때문에 지방할거입니다. 그러한 의미에서 국가를 만들지 않으면 안 된다는 것이었습니다. 프랑스 혁명 당시와 같이 어느 정도 화폐 경제가 발달해 있거나, 또는 루소의 사회 계약과 같은 것이 침투해 있다면 모르겠지만 일본에는 그런 것이 없었습니다. 당시로서는 근대 국가를 공화주의나 민주주의와 같은 이념을 가지고 만드는 것은 불가능했습니다. 그러나 만들지 않으면 식민지가 되기 때문에 그런 의미에서는 어떤 국가의 중심을 설정하지 않으면 안 되는 상황이었습니다. 여기서 뭔가 없을까 하고 찾고 있을 때, "아! 있다"라고 한 것입니다. 도쿠가와 쇼군이 안 된다면 그 대신에 천황이 있다는 것이죠. 그래서 천황제라는 것을 만들어 갑니다. 처음에는 그렇게 천황이 중요시 되지 않았다고 생각합니다.

그럼 천황이 있다고 해서 서양의 침략을 격퇴할 수 있는가 하면 그것은 불가능한 일입니다. 힘이 다르기 때문이죠. 군대가 없으면 근대 국가가 될 수 없고 흔히 말하듯이 식산흥업, 산업화 하지 않으면 안 되는 것이죠. 그것은 전부 돈에 관련됩니다. 철도를 도입하고 레일을 만드는 데도 돈이 필요하고, 설계도도 그려야 하고, 수학도 필요하고, 영어도 필요합니다. 이것은 모두가 돈, 즉 달러나 파운드와

---

8 막번 체제(幕藩體制)는 중앙 정권으로서의 에도 막부와 지방 정권으로서의 번(藩)이 공존하는 정치 체제를 말한다.

같은 외화를 가지고 있어야 비로소 살 수 있는 것들입니다. 일본 국내의 많은 것들을 팔지 않으면 외화는 들어오지 않습니다. 그런데 팔 것이 없습니다. 그럼 어쩔 것인가? 그럴 때는 단 한 가지 방법밖에 없습니다. 다른 사람의 것을 훔쳐 온다고 하는 것이 유일한 방법입니다.

그렇기 때문에 일본 근대의 세 가지 큰 줄기는 서양 열강의 일본 침략, 그것에 대항하기 위한 천황제 국가의 성립, 그리고 그것을 물질적으로 지탱하기 위한 아시아 침략. 이 세 가지가 됩니다. 이것을 이데올로기적으로 보면, 첫째로 "서양은 훌륭하다. 쫓아가지 않으면 안 된다"라는 서양 숭배의 사상, 둘째로 천황은 신이라 하고 그런 존재가 말하는 것은 절대적으로 목숨을 걸고 떠받들지 않으면 안 된다는 사상으로서의 천황제 이데올로기, 그리고 셋째로 아시아 침략이라는 것은 아시아 멸시관의 이데올로기를 바탕으로 하고 있습니다. 일본과 조선은 전혀 다른 생활을 해왔고 민중끼리 서로 알고 있는 사이가 아니기 때문에 거기에 가서 자원이나 물품을 빼앗아 오지 않으면 안 된다는 상황에서 만약 저항하면 죽여도 좋다는 것입니다. 이러한 상황에서 아시아 멸시관이 필요했던 것입니다. 아시아 멸시관은 가장 필요한 사람에 대해 가장 강한 멸시관을 갖는 것입니다. 중국인보다 조선인에게 더욱 강한 멸시관을 갖게 됩니다.

그러한 멸시관이 뿌리를 내려가는 배경에는 진구황후神功皇后의 전설9이

---

10 진구황후(170~269)는 고대 일본의 역사서 《일본서기》(720년)에 등장하는 신화상의 인물이다. 201~269년까지 정치를 행하고 임신한 몸으로 조선반도로 출병하여 삼한을 정벌했다고 전하고 있다(삼한정벌).

라던가, 도요토미 히데요시豐臣秀吉의 조선 침략이라는 것이 기억으로서 재생되고 있지 않았습니까?

기억에 남아 있습니다. 그것은 막말과 유신의 과정에서만이 아니라, 진구황후의 이야기라든가, 도요토미 히데요시의 조선 출병도 그렇고, 원元의 침입도 있습니다. 그러니까 역사상 일본이 대외적인 위기에 처할 때는 늘 조선이 나쁜 존재로 나오게 됩니다. 일본의 내셔널리즘이란 무엇인가를 살펴보면 모두 조선과의 관계에서 정해지고 있는 것입니다. 지금 세 가지를 말했습니다만, 사상적으로 도쿠가와 막부 말기부터 메이지유신에 이르는 과정에서 이 세 가지를 정확히 알고 밝혀내서 그것에 대처하는 방법, 그리고 근대 일본 제국을 만들어 나가는 것을 정확하게 말한 사람이 일본에서는 위대한 사상가나 정치가가 되는 것입니다. 역사적으로 이 세 가지를 정확히 밝혀 낸 사람은 일본 돈을 보면 모두 나와 있습니다. 후쿠자와 유키치福沢論吉**10**라든가, 그 전에는 이토 히로부미伊藤博文와 같이 일본에서 위대한 사람으로 추앙받는 이들은 조선에서는 모두 침략자입니다. 그만한 차이가 있는 것입니다.

---

10 후쿠자와 유기치(1935~1901)는 오이타현(大分県) 출신이다. 도쿄학사원 초대원장, 게이오대학(慶應大学) 창설자로서 근대 일본을 대표하는 사상가로 꼽힌다. 그의 사상은 '독립자존'의 한마디로 축약할 수 있다. 그 의미는 "심신의 독립을 다하고 자신의 그 몸을 존중하여 인간으로서의 품격을 손상하지 않는 것, 이것을 독립자존의 인간이라 한다"는 것이다. 또한 그가 발행한 《시사신보(時事新報)》에서 중국과 조선을 '악우(惡友)'로 비유하는 '탈아론(脱亞論)'을 발표하여 중화 사상과 유교 정신에서 벗어나 서양 문명을 보다 적극적으로 수용하는 사조를 만들었다. 후년 후쿠자와는 아시아를 멸시하고 침략을 긍정한 인종 차별주의자로 비판받았으나 일본에서는 여전히 일본 근대사에서 최고의 사상가로 존경받고 있다. 이는 현재 1만 엔 지폐에 초상이 들어있는 점으로도 알 수 있다.

후쿠자와 유기치의 초상

그러니까 일본은 근대화의 출발부터 아시아 멸시와 민족 차별을 본질적인 속성으로 가지고 있었다는 말이 되겠는데, 그러한 것은 또한 천황제 이데올로기와 상당히 밀접한 관계를 가지고 있다고 볼 수 있지 않습니까?

그것은 일본이 가지고 있었다고 하기 보다는 천황제를 도입하는 과정에서 갖게 되었다는 것이 아닐까요? 물론 일반적인 표현으로 말하자면 타민족, 타인종에 대해서 위화감을 갖는 것은 어느 민족에게나 있는 일입니다. 일본의 경우는 정치 시스템과 이데올로기로서 천황제를 끌어냄으로써 그것이 더욱 심해졌다는 것이 되겠죠. 천황제 그 자체가 자민족 중심주의이지 않습니까? 천황의 '황皇'은 황제의 '황'입니다. 이것은 중국의 황제와 같은 것입니다. 중화체제를 인정하고 있지 않습니다. 기원 7, 8세기 동아시아에서 동란이 일어났을 때 일본이 백촌강白村江 전투11를 위해 조선에 군대를 파견하지만 전

---

11 백촌강은 현재 금강의 옛 이름이다. 663년 신라연합군에 공략당한 백제를 구원하기 위해 일본에서 원군을 보냈으나 이 전투에서 대패했다.

쟁에 져서 돌아옵니다. 그때까지는 어느 정도 중화 체제를 인정해왔다고 봅니다. 그것이 전쟁에 져서 돌아온 후에는 "이제부터 우리는 중국과 조선하고는 관계가 없다"고 합니다. 지고 돌아왔기 때문에 분한 감정을 가졌음에 틀림없으니까요. 이제부터 자기 자신들의 사상을 만들게 되는 것이죠. 그것이 천황제입니다. 그전까지는 없었습니다. 고대천황제이죠. 그리고 중국은 역시 대국이니까 아무 말도 못하고 조선에 대해서는 "너희 나라를 지배 했었다"고 한 것이죠. 세상에는 여러 문헌이 있고 전설이 있기 때문에 자신의 입장에 좋은 것만 끄집어내서 상대를 멸시하는 것은 얼마든지 가능한 일입니다. 그리고 《고사기古事記》, 《일본서기日本書紀》를 편찬해서 천황제의 사상을 만들어 낸 후에는 이를 만들 때 사용했던 사료나 책들을 모두 태워버린 것입니다.12 불리하거나 불필요한 부분은 전부 없애 버린 것이죠. 그러니까 천황제라고 하는 사상 체계 그 자체가 이미 자민족 중심주의이며 자신들이 가장 위대하다는 것입니다.

1940년대에 들어와서, 대동아 공영권을 주창하면서 아시아는 모두 백인 제국주의에 대항해서 함께 싸우지 않으면 안 된다고 말합니다. 진짜 그런 생각을 가졌는가 하면 그렇지 않습니다. 왜냐하면 일본 민족은 우수한 민족, 지도하는 민족이라는 생각이 명기되어 있기 때문입니다. 그러니까 아시아를 제 민족이라고 말하면서도 자신들의 민족은 항상 우수하고 지도적인 민족이라는 것을 명기하고 있는 것입니다. 이런 연대 사상이 어디에 있습니까? 이것은 천황제에서 유래하는 것입니다.

---

12 《고사기》와 《일본서기》는 현존하는 일본 최고(最古)의 역사서이다.

천황제의 연속성과 과거사 청산

그러한 천황제가 가지고 있는 민족 차별이나 민족적 우월감, 또는 아시아 멸시라는 것은 전후에도 단절되지 않고 연속성을 가지는 것이 아닙니까?

연속성을 가집니다.

전후 천황제에도 그러한 측면이 있다면, 예를 들어서 설명해 주십시오.

예를 들면 전전의 천황제 지배 체제의 기본은 '대일본제국'과 '교육칙어'입니다. '교육칙어'는 '황국사관'이라는 말로 표현되는 것입니다. 여기에는 두 가지 내용이 있습니다. 하나는 일본열도는 저 위대한 천황이 자비를 가지고 통치하고 있다는 것이고, 또 하나는 천황의 통치에 대해 인민은 열심히 충성을 다한다는 것입니다. 이 두 가지가 세트를 이루고 있습니다. 그것은 변할 수 없는 것입니다. 그리고 전후 일본이 '대일본제국'을 부정했는가하면 현실적으로는 부정하지 않았습니다. 부정이 아니라 부분적으로 바꿔나갔을 뿐입니다. 극단적으로 말하면 표현을 바꾼 것이죠. '대일본제국'을 폐기한 것은 대일본제국헌법하의 이해에 두고 행해진 것이지, 그것은 혁명도 뭐도 아닙니다. 그리고 '교육기본법'도 '교육칙어'에 새로운 교육 이념을 정한 것입니다. 저는 전전의 절대천황제와 전후의 상징천황제는 기본적으로 마찬가지가 아닌가 생각합니다. 예컨대 일본국헌법의 제1조는 "천황은 일본국의 상징이자 일본국민의 통합 상징이다"고 적혀 있는데, 대일본제국헌법 제1조에는 "대일본제국은 만세일계의 천황이 이를 통치한다"고 적혀 있습니다. 여기서 대일본제국헌법의 주어는 "대일본제국은"입니다. 일본국헌법의 제 1조의 주어는 "일본국은"이 되어야만 하는데 왜 "천황은"이 처음에 와야 합니까? 이것은 전전보다 더 나빠졌습니다. 일본과 같이 잔학 행위를 한 독일에서는 새로운 독일기본법 제1조에서 "인간의 존엄은 불가침하다"고 적혀있습니다. 굉장한 말이죠. 유태인을 대량 학살한 것의 반성일 것이라 생각합니다만, 인간의 존엄이라는 것은 만국에 통하는 훌륭한 말입니다. 일본국헌법에서 "천황은 일본국의 상징"이라고 한 것은 정말 바보 같은 것입니다. 그 속에는 역시 아시아 침략, 특히 조선과의 관계가 숨어있다고 봅니다.

전후 일본의 민주주의를 상징하는 것은 기본적 인권의 향유입니다. 헌법 1조부터 9조까지 천황에 관한 것만 잔뜩 적어 놓고 곧바로 기본적 인권을 적어 놓은 것이 제11조입니다. "국민은 모든 기본적 인권의 향유를 방해받지 않는다"는 유명한 말이 적혀 있습니다. 그러나 아시는 바와 같이 일본국헌법이라는 것은 대일본제국헌법을 근본적으로 고치려는 의지가 없는 일본 정부에 대해서 맥아더 점령군 사령관이 초안13을 만들어 준 것을 바탕으로 하고 있습니다. 그 헌

---

13 점령군은 일본 정부에 대하여 헌법 개정 초안 작성을 지시했으나 일본 측이 대일본제국헌법의 그것과 거의 대동소이한 내용으로 초안을 제출하자 맥아더가 이를 전면적으로 개정하도록 하기 위해 1946년 2월 4일 GHQ 민정국의 휘트니 민정국장에게 초안을 새롭게 작성하도록 지시했다. 이 때 맥아서가 제시한 세가지 기본 원칙을 '맥아더 3원칙' 이라 하며, 그 내용은 ① 천황은 국가원수의 지위에 있다, ② 국가의 주권적 권리로서의 전쟁을 포기한다, ③ 일본의 봉건제는 폐지한다는 세 가지로 되어 있다. 민정국의 초안 작업은 불과 일주일 만인 2월 10일에 맥아더에게 제출되어 2월 12일 승인을 받고 그 이튿날 일본 측 대표(요시다 시게루 외상 등)에 전달되었으며 3월 6일 '헌법 개정 초안요강' 으로 발표되었다. 이후 추밀원에서 중의원, 귀족원을 거쳐 11월 3일 공포, 이듬해 5월 3일 신헌법이 시행되었다. 오늘날 현행 헌법의 개정을 주장하는 보수파들의 논리에 이것이 미국의 손에 의해 만들어진 헌법이라는 불만이 포함되어 있는 데는 이러한 역사적 배경이 있다.

법 초안을 나중에 외무성이 번역한 것을 보면 "인민"이라고 적혀 있습니다. 물론 제 1조는 천황이지만 그것은 별도로 하고 나머지는 주어가 모두 "인민"입니다. 인민의 기본적 인권을 보장하고 국적에 의해 차별하면 안 된다는 그런 내용이 이어져 있습니다.

그것을 보고 일본 정부는 깜짝 놀랍니다. 왜냐하면 일본 정치에서 가장 중요한 것은 바로 천황입니다. 8월 15일 포츠담선언을 수락하기까지 일본은 여러 가지 조건을 제시했습니다. 가장 중요한 것은 물론 천황제를 살려 달라는 것이었고, 다른 하나는 대만과 조선은 일본국과 불가분한 영토로서 절대 양보할 수 없다는 것이었습니다. 특히 조선은 자신들의 생존의 기본적인 생명선으로 간주했던 것입니다. 그러나 마지막에 원폭 투하 당하면서 하는 수 없이 천황제만이라도 살려달라고 부탁한 것입니다. 그러니까 일본, 일본인에게 있어서 조선이라는 나라는 지극히 깊은 의미를 갖고 있는 것입니다. 맥아더 헌법 초안에서 내외인의 평등을 강조하고 국적의 차이로 차별해서는 안된다고 한 것은 모두 재일 조선인을 염두에 두고 나온 것입니다. 당시에 일본에 있던 일본인 이외의 인간은 조선인이 압도적이었으니까요. 일본 정부는 이를 보고 당황해서 국적에 의한 차별은 안 된다거나 내외국인의 평등이라는 조항을 삭제해 나갑니다.[14] 그리고 마지

---

14 일본 점령기에 관한 연구의 권위자 다케마에 에이지(竹前榮治)가 1984년 8월, 헌법 초안 작성 당시 GHQ의 민정국 차장이었던 찰스 케디스와 인터뷰한 내용을 보면, GHQ의 헌법 초안에는 일본 내 외국인에 대한 평등한 법 조항이 들어있었는데 일본 측의 법제국에서 이를 삭제한 것이 아닌가 하는 질문에 대해서 케디스는 "외국인은 평등한 법적 취급을 향유할 권리를 가진다는 조문을 삭제해도 헌법 14조에 법 앞의 평등이라는 내용이 있기 때문에 지장이 없다고 생각했다. 그러나 일본은 국적(national orgin)을 문지(門地 : family orgin)로 바꾸었는데 GHQ는 그 사태의 중요성을 알아차리지 못했다"고 증언했다.

막에 "국민은 모든 기본적 인권의 향유에 방해받지 않는다"는 식으로 바꾸어 기본적 인권의 조항을 '인민'이 아니라 '국민'으로 제한한 것입니다. 기본적으로 인권이라는 것은 인간이기 때문에 소중하게 여기지 않으면 안 되는 것입니다. 왜 '국민'이 되어야 합니까? 이것은 분명히 재일 조선인을 배제하기 위해서입니다.

그것은 또한 전후 일본이 상징천황제를 중심으로 민족을 재편성하는 과정이라고도 할 수 있죠.

민족 재편성, 국민 재편성이죠.

그러한 민족 재편성, 국민 재편성의 과정에서 재일 조선인이 배제되어 가는 측면에 관해서 좀더 구체적으로 말씀해 주십시오.

구체적으로 말하면 일단 선거권을 인정하지 않기 때문에 국적을 부여하지 않았습니다. 그리고 그만큼 많은 사람들을 전쟁에 몰아넣고도 전쟁 보상금이나 전후 보상도 연금도 일체 인정하지 않았습니다. 이런 것이 있을 수 있습니까? 그렇다고 우리들이 국적이 필요하다고 말하는 것이 아닙니다. 그러나 법치 국가로서는 독일과 같이 일단 어디 어디의 국민이라고 한 다음에 자동 선택권을 주는 것이 보통입니다. 그러나 일본은 그러한 것을 일체 인정하지 않습니다. 그렇기 때문에 특히 재일 조선인과의 관계에서 말하자면 일본국헌법이라는 것은 조선 멸시, 재일 조선인에 대한 배외 정책 그 자체입니다. 그러나 그렇게 적혀 있지는 않습니다. 평화를 사랑한다, 민주주의를 사랑한다, 진리를 사랑하는 사람으로 키우지 않으면 안 된다는 식으로 아름다운 말들만 하고 있습니다. 이러한 것은 오늘날의 상황을 보더라도 알 수 있듯이 과거를 제대로 총괄하지 않고 자각하지 않는 한, 원래대로 돌아가는 것은 빠른 법입니다. 그렇기 때문에 한국에서 과거사 청산을 확실히 하지 않으면 안 되는 이유가 거기에 있는 것입니다. 적어도 나쁜 방향으로는 가지 않도록 확실히 역사 청산을 하지 않으면 안 된다는 것을 말하고 있는 것입니다.

최근에는 일본의 양심적인 지식인과 한국의 지식인들이 연대를 맺어 활발하게 활동하는 등의 좋은 경향도 보이고 있다고 생각하지만, 전국적으로 보면 일본에서 그러한 일을 하고 있는 학자나 지식인은 아직도 소수파이지 않습니까?

소수파가 아니라 극히 소수입니다. 지금까지 같이 활동해 왔던 사람들조차 떨어져나가니까요.

그런 사람들이 극소수인데다가 일본에서 이른바 지식인, 그것도 진보적인 지식인마저도 아시아에 대한 가해자 인식이 결여되어 있거나 천황제에 대한 제대로 된 비판적인 의식이 부족하다고 봅니다. 선생님도 그러한 지적을 하셨는데, 그 근본적인 원인은 어디에 있다고 보십니까?

역시 가장 힘들고, 보기 흉한 것은 보고 싶지 않다는 것이죠. 역시 그것이 가장 힘들다는 것입니다. 방금 전에도 말씀 드렸지만 일본 근대사에 있어서 아시아 관계, 조선 관계라는 것은 가장 기본적인 부분을 이루고 있습니다. 우연한 일이 아닙니다. 그것이 없었다면 일본 근대사도 없었다는 것입니다. 그렇기 때문에 전후 일본이라고 한다면 조선과의 관계를 극복하는 과정이 필요한 것입니다. 그러나 거기에 들어온 것은 서양의 보편주의라고 할까요, 조선이라고 하는 구질구질한 존재에게 자신들의 마음을 드러내 보이는 것은 하고 싶지 않다는 그런 것이 아닐까요?

일본 지식인들도 일본이 패전하고 한동안은 천황제 문제를 다루었습니다. 전쟁책임 문제도 다루었고, 다른 여러 가지 비판도 했지만 최근에는 거의 없습니다. 물론 굴곡이 있기 때문에 전혀 없다고는 말할 수 없지만. 일본 지식인 가운데 가장 훌륭한 사람은 조선 문제를 분명하게 자신의 내면 문제, 정신, 사고의 문제로 다루고 있는 사람입니다. 물론 그 수는 적지만 예를 들어 쓰루미 슌스케鶴見俊輔15 라던가, 이름은 기억나지 않지만 이와나미岩波 서점의 사장16, 그리고 오다 마고토小田実, 그 사람의 부인이 재일 조선인이죠. 정말로 훌륭한 지식인들은 지극히 드물지만 그러한 인물들은 조선에 대한 문제를 분명하게 말하고 있습니다. 그것은 일본인으로서 가장 중요한 것이기 때문이죠. 그 이외의 사람들은 전문적인 연구에 치우친다든가 하면서 조선과 관련된 것을 말하지 않습니다. 우선 모르고요. 그

---

15 쓰루미 슌스케(1922~   ) : 도쿄 출신으로 하버드대학 철학과를 졸업하고 문예평론가, 철학자로 활동하고 있다. '9조의 회' 발기인의 한 사람으로 패전 후 《사상의 과학》을 창간하고 《공동연구 전향》 등을 편집하여 사상사 연구에서 성과를 올렸다. 마루야마 마사오와 함께 전후 사상계의 지도적 인물이다. 미국 프래그머티즘을 일본에 소개했다. 그의 저서 《戦時期日本の精神史1931~1945》(岩波書店, 1982)는 《전향》(최영호 옮김, 논형, 2004)으로 번역 출판되었다.

16 이와나미 시게오(1881~1946)는 나가노현(長野県) 출신으로 도쿄제국대학 철학과를 수료하고 이와나미출판사를 창업했다. 고서점에서 출발하여 양심적인 내용과 가격으로 양서를 출판하여 독자들의 신뢰를 쌓았다. 전시 중에는 군부의 탄압에도 굴하지 않고 전쟁 협력에 가담하지 않았다.

것이 근본적인 결함입니다.

한국과 관련되는 일을 하고 있으면서도 한국에 대한 편견 같은 것을 갖고 있는 사람들도 많이 있지 않습니까?

네, 그렇습니다. 이것은 역으로 말하면 한국의 지식인은 일본에 관해서 철저하게 살펴나가지 않으면 안 된다는 것입니다. 역사적 사실로써 식민지 지배를 당하지 않았습니까? 그러나 아직 일본보다는 낫습니다. 일본은 식민지 지배를 하지 않았다는 그러한 생각마저 있으니까요. 그러나 조선의 경우 분명히 희생자이자 피해자입니다. 식민지 지배를 당했다고 생각하는 것만으로도 낫지만, 그러한 사고 구조가 있다고 한다면 좀더 일본에 관해서 공부하지 않으면 안 됩니다. 서양에 관한 공부만 하고 미국에 갔다 오면 좋아 보이는 것은 분명 잘못된 것입니다. 서울대학교에 미국에서 공부하고 돌아온 사람들이 대부분이라고 하는 그런 바보 같은 이야기가 또 어디에 있겠습니까? 자신들이 걸어 온 역사의 발자취를 분명하게 총괄할 수 있는 지적인 준비, 구성, 행동이라는 것을 우리들이 확실하게 만들어 나가지 않으면 안 된다고 생각합니다.

1989년 1월 쇼와천황의 죽음을 전후해서 일본열도는 대단히 기이한 현상에 빠져들었죠. '과잉 자숙' 또는 '천황 현상'이라고 해서 외국인으로서는 도저히 이해할 수 없는 현상들이 거의 반 년 넘게 계속되었습니다. 그 당시 선생님은 재일 조선인으로서 어떠한 인상을 받으셨습니까?

그것은 완전히 비정상입니다. 윤치호 일기를 한번 읽어 보세요. 이것을 보면 다이쇼천황이 죽었을 때도 그러한 현상이 나타났다고 합니다. 천황이 죽었다고 해서 모두가 비통해 하고 가무음곡을 금지합니다. 그 명령에 따라 모두가 그만두는 것을 보고 이것은 비정상이라고 윤치호는 말하고 있습니다. 마찬가지 현상이 쇼와천황 때도 있었습니다. 이것은 특별히 천황이 죽었을 때만이 아니라, 현재에도 천황가에 어떤 문제가 있을 때에는 그렇습니다. 황태자에게 남자 아이가 태어날 것인가 어떨 것인가, 황태자비가 천황가에 들어가서 정신적으로 이상해졌다던가 하는 것을 모두들 말하지 않습니다. 완전히 금기입니다. 이것이 이상하다는 것입니다. 일국의 가장 중요한 부분이라고 말해지는 그러한 존재에 대해서는 모두 알고 있는 것이라도 말해서는 안 되고 생각해서도 안 된다는 것입니다. 그러니까 천황제는 안 된다는 것입니다. 단지 이것은 일본 사람들도 볼지 모르니까 말해두겠습니다. 저는 천황제를 없애라고 말하는 것은 아닙니다. 저는 조선의 왕조가 중요하다고는 생각하지 않습니다. 하지만 대일본제국은 조선이라는 왕조를 멸망시켰습니다. 자신들의 천황제가 그렇게 중요하다면 왜 조선의 왕조는 중요하게 생각하지 않느냐는 것입니다. 그러니까 천황제의 시스템으로서의 기능은 그만 두고, 어딘가에서 조용하고 즐겁게 살면 좋지 않을까 하고 생각하는 것이지, 조선 왕조처럼 죽이거나 해서 없애라고 하는 것은 아닙니다. 그것이 여러분들의 행복이라고 말하고 있는 것입니다.

쇼와천황이 죽었을 때, 천황의 죽음을 함께 슬퍼하지 않는 일본인도 있었습니다. 그런 일본인을 향해 '비국민'이라는 비난도 나왔는데요. 재일 조선인에 대해서도 특히 그러한 배타적인 분위기가 있었나요?

그때 제 기억으로는 '비국민'이라는 비난이나 공격은 없었던 것 같습니다. 일반적으로 극히 드문 예는 있었겠지만 모두들 꾹 참고 있었으니까요. 만약 "왜 이렇게 이상한 분위기인가?"라고 말했을 경우에는 "너는 비국민이다"라고 비난을 받을 수 있었겠죠. 그러나 아무도 말하지 않았다는 것과, 또 하나는 미디어가 그러한 정보를 전부 흘려보내지 않으니까 말할 방법이 없지 않습니까?

그래도 재일 조선인에 대해서는 차가운 시선이 있지 않았습니까?

재일 조선인도 마찬가지입니다. 그저 꾹 참고 있었으니까요. 저는 역사학연구회의 강연에서 말하기도 하고, 텔레비전이나 미디어를 통해서도 잠깐 강연을 하기도 했지만 그런 것은 특별히 없었습니다. 그다지 눈에 띄는 것이 아니었으니까요.

그때 선생님이 〈고절의 역사 의식〉[17]이라는 논문을 쓰셨습니다. 상당히 열정적으로 적으셨다는 느낌을 받았는데, 당시의 심정은 어떠하셨는지요?

네, 저 역시 열정적으로 적었습니다. 그것이 《사상思想》이라는 유명한 잡지에 실렸습니다. 그러나 대체로 그러한 것은 아무도 읽지 않잖습니까? "재일 조선인이기 때문에 차별받아서 힘들지요?"라고 가끔씩 물어 오지만 일상적이고 구체적으로 그런 일들이 있는 것은 아닙니다. 단지 옛날로 말하자면 잡지 《세계世界》에 기고한다거나,

---

17 尹健次, 〈孤絶の歷史意識〉, 《思想》, 786, 1989. 12.

요즘은 《아사히저널》에 글을 실거나 할 경우 여러 군데에서 무언의 전화가 걸려옵니다. 그래도 전화가 걸려 왔을 때 여기서 강하게 나가면 상대는 물러섭니다. 그러나 약하고 겁먹은 것처럼 받으면 피곤해 집니다. 공격당하는 것이죠. 인간이라는 것은 확실히만 하면 아무 문제없습니다. 그러니까 친일파 문제도 그렇습니다. 그렇게 반대를 하는 사람들은 예전에 무엇인가 있었던 것이 아니겠습니까? 그러나 한 집안에 좋은 사람이 있다면, 나쁜 짓을 한 사람도 있을 수 있고 그런 것 아닙니까? 역사적 문제라는 것은 좀더 거리를 두고 반성이라고나 할까, 할 일은 해야 하는 것이 서로를 위해서 좋지 않은가 라고 생각합니다.

상징천황제와 고절의 역사의식

이번에는 상징천황제에 관한 문제입니다. 결국 전후에도 천황제가 책임을 지지 않고 상징천황제로서 존속한 것이 일본인의 왜곡된 역사인식, 선생님의 표현을 빌리자면 '고절의 역사의식'을 온존시킨 것과 밀접한 관계가 있다고 생각합니다. 이 점에 대해서 선생님은 어떻게 생각하십니까?

관계가 있다고 봅니다. 역시 일본 근대사를 생각할 경우 패전 직후는 천황제를 없애는 유일한 기회였다고 봅니다. 단지 그것을 제대로 완수했을까 하는 것은 별도의 문제이지만 말입니다. 유혈이 낭자했을지도 모르고 현재에 이르기까지 여러 문제들이 영향을 미쳤을 것입니다. 그러나 적어도 그것을 하지 못했다는 것이 일본에 있어서 실패한 점입니다.

천황제를 폐지하지 않고 온존시킨 데에는 미국의 책임도 크지 않습니까?

미국의 책임도 컸습니다. 맥아더는 천황제를 이용하는 것에 의해 자유주의 진영의 상황을 꾀했으니까 역시 그것은 중요한 원인 중 하나였습니다. 이러한 경우 현대 일본에서 천황제가 왜 문제인가 하면 혁명이 일어날 수 없는 점입니다. 중국의 역성혁명이라는 것은 천명天命의 위탁을 받아 황제가 천하를 다스린다는 것이죠. 그리고 그러한 통치가 제대로 행해지지 않으면 물러나게 해서 왕조를 바꾸는 것이 가능한데 그 판단은 민중이 합니다. 이것이 혁명의 논리입니다. 그러나 천황이라는 것은 그런 것이 아닙니다. 우리들이 주의하지 않으면 안 될 것은 천황제가 있어서 일본이 이렇게 되고 있다고 말하기 보다는, 그러한 부분이 있다는 것은 하나의 이유일 뿐이고 중요한 것은 일반 사람들이 그것을 지탱하고 있다는 점입니다. 국민의 의식 구조가 천황제를 지탱하고 있다는 것을 잊어서는 안 된다는 것입니다. 그 경우 현재의 상황에서 또는 가까운 미래의 상황에서 사람들의 의식이 바뀔 것인가 하면 그것은 불가능하다고 봅니다. 모두 그것을 온존시켜 나가지 않으면 안 된다고 생각하고 온화하고 안이하게 현상에 만족하고 있으니까요. 게다가 일본인은 말을 잘 안하지 않습니까? 특히 책임 문제가 될 경우에는 말을 하지 않습니다. 회의를 할 때도 격론을 주장하지 않습니다. 모두들 술을 마시면서 뒤에서 이야기 할 뿐입니다. 이것은 모두 천황제적인 것이 아닌가 생각합니다. 여기까지 천황이라는 말을 사용하면 "당신 말이 지나칩니다" 라는 말을 들을 수도 있지만요. 그러나 이런 식으로 말하고 싶을 정도로 대다수가 그렇게 물들어 있습니다. 대학도 회사도, 전부 그런 상태입니다. 지금 일본은 하락하는 상황이고, 한국은 좀더 분발해서 싸우라고 말하고 싶습니다. 서로 싸워 죽이거나 상처를 입히는 것이 아니라, 같이 모여 논의를 펼치면 됩니다. 그러한 점이 천황제적인 것을 극복하는 것이 됩니다.

최근에 자민당이 헌법 개정의 초안을 제출했는데, 그 안에는 자위대를 자위군으로 바꾸고, '여성천황'을 인정하고, 또 하나는 천황을 원수로 규정한다는 내용이 있습니다. '여성천황'의 문제가 만약 현실화된다면 상당히 소프트한 이미지가 되기 때문에, 한편으로는 그것을 시스템으로서 보강하기 위해서 천황의 원수화를 노리고 있는 것이 아닌가라고 봅니다. 그러나 자민당의 이러한 발상, 즉 개헌을 통해서 상징천황제의 시스템을 강화하려고 하는 것은 가능성이 없지 않을까요?

제가 보는 바로는 헌법 개정이 아니라 개악입니다만 크게 줄기가 두 개 있다고 봅니다. 그 하나는 천황을 원수화하는 것입니다. 즉 상징이라는 것은 애매하기 때문에 원수라는 것입니다. 다른 하나는 군사력입니다. 군사력을 해외로 전개해 나가는 것을 좋은 말로 '국제공헌'이라고 하지만, 둘 다 전전戰前 지향적입니다. 지금 '여성천황'을 인정하는 것은 편법적인 것으로, 남자 아이가 태어나지 않으니까 그렇게 하지 않을 수 없다는 이야기입니다. 일본은 그런 의미에서는 조선인과 달리 유연합니다. 예를 들어, 조선은 1860년대에 개항하지 않으면 안 되는 상황에서 개화파가 근대화 운동을 했습니다. 그것에 대해 동학이라든가, 특히 위정척사파가 반대를 합니다. 죽어도 반대라는 것입니다. 전원이 전사해도 반대한다고 하는 그러한 사상입니다.

그러나 일본은 그렇지 않습니다. 자주 말하듯이 사쓰마薩摩나 죠슈長州는 존왕양이尊王攘夷라는 사상18이 지배적이었습니다. 서양 세력을 절대 인정하지 않겠다면서 오면 모두 죽여 버리겠다고 주장을 했지만 실제로 영국 함대와 프랑스 함대가 와서 사쓰마와 죠슈를 공격한 후에는 달라집니다. 힘이 다르다는 것을 깨닫고는 더 이상 쇄국은 무리라는 것을 알게 된 것이죠. 그 후에는 적극적으로 영국, 프랑스와 손을 잡고 새로운 인재를 양성한다는 쪽으로 전환합니다. 아직 도쿠가와 막부 아래서 국외로 나가는 것은 금지되어 있었지만 번藩이라는 지방 정부에서 유학생을 보내 공부시키는 것입니다. 즉 유연성이 있는 것입니다. 역시 이것은 나쁘게 말하고 싶지 않는 좋은 점이라고 봅니다.

천황의 전쟁책임을 논할 경우 쇼와천황이 살아 있을 때는 그다지 연구되지 않았지만, 쇼와천황이 죽고 나서부터 지금까지 천황의 전쟁책임에 대한 연구나 논의도 많이 나오고 있습니다. 제 생각으로는 쇼와천황의 전쟁책임은 천황이 죽음으로서 끝나는 것이 아니라 천황제 그 자체의 책임을 계속해서 물을 필요가 있다고 생각합니다. 즉 헤이세이천황이 대를 이은 후에도 천황제의 전쟁책임 문제를 더욱 더 논의해 나가지 않으면 안 된다고 봅니다. 천황의 대가 바뀌어도 천황제 책임이라는 것은 계속 이어진다고 보는 것이죠.

---

18 존왕양이 사상은 에도 막부 말기의 정치 운동이다. 존왕론과 양이론은 원래 별개의 사상이며 유교적 명분론에 입각한 것이었으나 막부 말기에 막번 체제의 모순이 격화되고 서구의 접근으로 야기된 대외적인 위기 의식(특히 1853년 미국 페리제독의 내항 이후)과 결합하여 정치 운동의 커다란 조류를 형성했다. 그러나 현실적으로 서구 세력을 물리치자는 '양이'가 불가능하다는 것을 깨닫게 되면서 존왕양이 운동의 명분론적 관념성은 점차 극복되어 1865년경부터 존왕양이파에서 탈피한 토막(막부 타도)파에 의해 개국이 주장되고 토막운동이 구체화되어 메이지유신을 주도하게 된다.

저도 그렇게 생각합니다. 구별하지 않으면 안 되는 것은, 천황의 전쟁책임과 천황제의 전쟁책임이라는 표현을 분명히 해야 한다는 것이죠.

개인과 시스템의 문제죠.

네, 개인과 시스템. 이것은 혼동하기 쉽지만 역시 혼동해서는 안 될 문제입니다. 개인의 문제로서 말한다면 쇼와천황의 전쟁책임은 추급할 수 있어도 헤이세이천황에게는 전쟁책임을 추급할 수 없다고 말하는 사람이 있습니다. 그렇기 때문에 천황제에 대해 이러쿵저러쿵 해서는 안 된다는 식으로 비약하는 것입니다. 그러나 그렇지 않습니다. 분명히 역사적으로 말하면 지금 천황도 전쟁책임이 있다고 봅니다. 왜냐하면, 천황제의 최정상에 앉아 있기 때문이죠. 천황제가 아시아 침략을 했던 것이고, 천황 개인이 한 것이기도 한 것이지만. 천황제라는 시스템을 형성하고 있는 한 역시 그에게도 책임이 있는 것입니다.

또한 현 천황 자신이 쇼와천황의 전쟁책임을 감싸고 있는 것도 문제가 입니다. 자신의 부왕父王의 책임을 묻어버리고 업적을 칭송하고 평화를 사랑했다는 식으로 미화하고 있습니다. 그러한 점에서도 책임은 있다.고 보는데요.

그렇습니다. 쇼와천황의 가장 심한 것은 기자회견에서 "전쟁책임을 어떻게 생각하십니까?" 하는 질문을 받았을 때, "저는 그런 문학 표현 같은 것은 잘 모릅니다"고 하는 그런 바보 같은 소리를 했습니다.**19** 저런 사람이 인간일까 하는 생각이 들 정도지요. 예를 들어 젊은이들에게 왜 전후책임이 있는가라고 물을 때, 사람을 죽인 것도 아니고 전쟁에 나간 것도 아니고, 그 당시 국민이었던 것도 아니다. 몇 십 년 후에 태어난 인간이다. 이런 사람한테 왜 전쟁책임을 추급하는가? 이렇게 말하는 사람이 있을지도 모르겠습니다.

전후 세대의 정치가, 국회의원들도 그런 말을 하고 있습니다.

네, 그런 말을 하고 있습니다. 그러나 그것은 이상합니다. 맨 처음에 말씀드렸다시피 인간은 운명적 존재입니다. 스스로의 의지로 태어난 것이 아닙니다. 일본인이 되고 싶어서 태어난 것도 아닙니다. 자신이 지금 생각하고 있는 것도 교육에 의해 전수받은 것이며, 인간의 생각 거의 다가 전해 받은 것입니다. 그것을 그후에 공부를 해서 어떻게 다시 생각할까 하는 것이죠. 그것은 작은 부분이지만 기본적으로는 그렇습니다. 그렇게 운명적 존재이지만, 태어나는 즉시 본인도 모르는 사이에 너는 우리 집의 장남이다, 너는 일본인이다. 또는 너는 가업을 이을 아들이라는 식으로 기대되는 것입니다. 이처럼 대부분의 경우 자신도 모르는 사이에 기대를 받으면서 살아가지 않습니

---

19 1975년 쇼와천황이 전후 최초로 미국을 방문하고 귀국한 후 일본 기자 대표단과의 기자회견에서 전쟁책임에 대해서 어떻게 생각하느냐는 질문에 대하여 "나는 그런 문학 방면에 대해서 그다지 연구도 하지 않고 있기 때문에 잘 모르겠습니다. 그 문제에 대해서는 대답할 수가 없습니다"라고 대답하고, 히로시마 원폭 투하에 대해서는 "히로시마 시민에게는 안 된 일이지만 부득이한 일이었다고 나는 생각하고 있습니다"고 대답했다. 당시 궁내청 장관은 천황의 이러한 답변에 대하여 "천황은 스스로 질문하는 일은 있어도 질문을 받는 일에는 익숙하지 않기 때문에 생각을 충분히 전하지 못한 아쉬움이 있다"고 논평했다(《아사히신문》, 1975년 11월 1일 참조).

까? 자신이 선택한 것도 아닌 일본어를 공부하도록 강요받고, 자신이 선택한 것도 아닌 역사를 기억하도록 강요받으면서 살아갑니다. 모두 자신의 의지와 관계없이 계승되는 것이죠. 실제 여행을 할 때, 기차에 타든 비행기를 타든 모두 선조들이 만든 것입니다. 이러한 모든 것을 유산 상속하고 있는 것입니다. 그러나 그런 유산 속에서 전쟁책임만은 싫다는 것이죠. 다른 것은 전부 계승하고 은혜를 입고 있으면서 전쟁책임만은 싫다는 자기식의 이야기가 가능합니까? 과거의 연장선상에 있으니까 과거를 받아들일 수밖에 없는 것입니다. 문화 유산이라든가 좋은 것만을 받아들이는 것은 옳지 못한 것이죠.

일본 내셔널리즘의 동향

최근 일본이 더욱 더 내셔널리즘을 강화해 나가는 국면을 보이고 있습니다. 이러한 동향 속에서 내셔널리즘의 중심, 또는 중핵이라는 것은 어떤 것이 될 것이라고 보시는지요.

역시 하나는 천황입니다. 평화스러운 때나 아무 일도 일어나지 않을 때는 패션이나 뭐 그런 재미있는 것만 하면 되지만, 위기적인 상황이 도래했을 때는 신화가 필요하게 됩니다. 단결할 수 있는 어떤 중심이 필요한 것입니다. 그것이 하나의 중심이 될 것이고. 그 다음에는 군사력입니다. 그러면 그 피해의 공격 목표는 조선이 되는 것입니다. 그것은 이미 눈에 보이는 것입니다.

방금 조선이라고 하신 것은 북한을 말씀하시는 건가요?

일본에서 지금 한류와 북한을 비난하고 매도하는 기류가 한 세트로 되어 있습니다. 한편에서는 한류 붐으로 야단을 떨면서 다른 한편에서는 일본의 신문, 텔레비전의 매스 미디어가 일체가 되어 북한을 비난하고 있습니다. 이것이 한 세트입니다. 완전히 분리되어 있습니다. 조선민족, 조선반도는 하나입니다. 이런 것을 말한다고 해서 제가 민족주의자라고 말하려는 것은 아닙니다. 원래부터 평화적인 의미로 하나였던 것이 분단에 의해 엄청난 군사력을 서로 사용하면서 세계의 긴장 상태에 원인을 제공하고 있습니다. 그리고 이산가족 문제도 있습니다. 따라서 하나라고 하는 것은 당연한 것이 아닙니까? 그러나 역시 일본인은 남북 조선의 분단을 아주 교묘하게 이용하고 있습니다. 그러니까 일본의 정치, 경제, 특히 이데올로기적인 면에서는 조선과 연동하고 있다는 것이죠. 1990년대 후반 이후 일본에서는 민족주의 내셔널리즘의 이데올로기를 고양해 왔다고 말하지만, 1990년 동서 냉전의 종언과 동시에 군위안부나 일본군 성노예 문제가 일본에서 화제가 되면서 일본인이 피곤해집니다. 그것에 대항해서 자유주의사관이 등장했습니다. "일본은 나쁜 일을 하지 않았다. 좋은 일을 한 것이다. 아시아는 무슨 소리를 하고 있는가? 왜 일본을 바보 취급 하는가?"라는 식의 내셔널리즘이 강해졌습니다. 일본의 내셔널리즘의 근간은 조선에 있는 것입니다. 조선을 뺀 내셔널리즘은 있을 수 없습니다. 진구황후도 그렇고, 메이지 시대에도 그렇습니다. 조선과의 관계를 통해 일본의 이데올로기 사상이 움직이는 것입니다. 이렇게 볼 때 일본이 천황을 원수로 추대하고 군사력을 쥐었을 경우 어디가 가장 먼저 표적이 되는가 하면 그것은 조선입니다. 저는 일본이 멈추지 않을 것이라고 봅니다. 저는 지금의 일본에 대해서 지극히 비관적입니다. 긍정할 부분은 거의 없습니다. 나쁜 방향으로 나아가고 있을 뿐입니다. 문제는 조선에 있습니다. 특히 한국에 있습니다.

한국의 노력 여하에 따라서 상황을 돌파할 수 있다는 말씀인가요?

그렇습니다. 조선반도의 열쇠는 남쪽에 있습니다.

역시 햇볕정책과 같은 것을 더욱 적극적으로 추진해야 한다는 말씀인가요?

네, 좀더 빈틈없게 해서 치켜세울 수밖에 없죠. 그렇지 않으면 어떻게 합니까? 같은 민족끼리 전쟁을 할 겁니까? 저는 그런 방법밖에 없다고 봅니다. 그런 과정에서 북쪽 내부에서 변화가 일어나서 변해 갈 것을 바랄 수밖에 없다고 생각합니다. 그렇기 때문에 남쪽에서 더욱 꼼꼼하고 확실하게 하지 않으면 안 됩니다. 남쪽이 좀더 민주화를 탄탄하게 해서 경제를 성장시켜서 북쪽과 잘 화합하면 상황은 변해 갈 것입니다. 그것이 일본에 대한 힘인 것입니다.

힘이 있다면 민주화, 평화, 경제 발전이라는 것이 동아시아의 평화로 이어지는 것이 되겠죠.

그렇습니다. 그러니까 동아시아의 운명은 확실히 한국에 있다고 생각해도 좋다고 생각합니다.

요 시 다 유 타 카

2004년 12월 9일

一橋大学 요시다 교수 연구실

요시다 유타카吉田裕 _ 1954년 사이타마현(埼玉県) 출
신으로 도쿄교육대학 문학부를 거쳐 히토츠바시대학
대학원 사회학연구과 박사 과정을 수료했다. 현재 동대
학 사회학부 교수로 재직 중이다. 일본 근현대사, 일본
군사사, 전쟁사를 전공했다. 일본 군사사의 카리스마
고 후지와라 아키라(藤原彰)선생의 수제자이며, 특히
근대 일본의 군대와 전쟁, 도쿄재판, 천황의 전쟁책임
등에 대한 자료는 거의 손대지 않은 것이 없을 정도로
폭넓은 지식을 갖추고 있다. 일찍이 일본의 남경대학살
을 입증하는 연구《天皇の軍隊と南京事件 ─もうひと
つの日中戦争史》(青木書店, 1986)로 세간의 주목을 모
았다. 이 밖에 쇼와천황의 전쟁책임, 현대 일본인의 전
쟁관 등에 대해서도 정력적으로 연구 활동을 하고 있
다. 근대 일본의 '천황의 군대'를 병사들의 생활사, 사
회사를 통해서 재구성 한《日本の軍隊─兵士たちの近
代史》(岩波新書, 2002)는 국내에서《일본의 군대 ─ 병
사들의 눈으로 본 근대》(논형, 2005)로 출판되었다. 대
화에서 거리감 없이 쉽게 친숙할 수 있는 연구자이다.
발디딜 틈도 없을 정도로 어지러운 연구실에서도 자료
를 정확하게 찾아내는 능력은 발군이었다.

패전 전후의 천황제에 관하여

먼저 패전 전후의 천황제를 둘러싼 상황에 관하여 묻고 싶습니다. 고노에 후미마로近衛文麿[1]는 이른 단계부터 전쟁을 마무리하기 위해서 이른바 '종전공작終戰工作'을 한 것으로 알고 있습니다만, '종전' 단계에서 천황 퇴위론을 제기했으나 결국 좌절되었습니다. 당시 천황 퇴위의 가능성 여부와 그 배경에 대해 말씀해주십시오.

고노에의 천황 퇴위론이란 것은 천황제의 개혁과 일체합니다. 즉 천황제를 민주화해서 천황이 전쟁책임을 지고 퇴위하는 형태로 천황제를 지킨다는 그런 생각입니다. 이와 같이 천황제와 천황 개인을 구별하는 발상은 일본인 가운데서는 역시 소수파라고 생각합니다. 고노에는 상당히 리얼하게 현실을 보고 있었기 때문에 천황제와 천황 개인을 구별할 수 있었지만, 원래 이런 발상은 일본의 지배계급 안에는 없었습니다. 다수파가 아니죠. 이런 상황에서 한편으

---

1 고노에 후미마로(近衛文麿, 1891~1945)는 화족(華族) 가운데 최상위인 고노에 가문의 당주로 교토대학 법학부를 졸업한 후 정치가, 제5대 귀족원 의장, 제34, 38, 39대 내각총리대신을 역임했다. 1993년 자민당 독주를 깨고 제79대 수상이된 호소가와 모리히로(細川護熙)의 외조부이기도하다. 1943년부터 군부적화론, 공산혁명 위협론 등을 주장하고 '종전공작'을 계획하기 시작했다. 그 연장선상에서 1945년 2월 14일의 "패전은 유감이지만 필지(必至)로 생각합니다"라고 하는 유명한 상주문을 천황에게 올려 패전의 혼란에 따른 일본 공산화에 대해서 지나칠 정도로 우려를 표명하고 있었다. 천황의 하문에 대해서도 군부를 억누르고 미국과 화평을 맺는 길 밖에 없다고 주장했다. 패전 후 10월 4일에는 맥아더를 방문하여 평소의 지론인 군부적화론을 설파하고 미국과의 개전에 즈음해서는 천황을 중심으로 한 궁중 그룹과 재벌이 전쟁을 제어하는 역할을 했다고 주장했다. 맥아더는 일시 고노에에게 헌법 개정 작업을 맡길 의향이었으나 국내외의 여론에서 고노에의 책임 문제를 추궁하는 목소리가 높아지자 고노에에게서 등을 돌리고 체포 명령을 내렸다. 1946년 12월 6일 GHQ로부터 체포 명령을 듣고 스가모구치소로 출두 명령을 받은 최종 기한일인 12월 16일 자택에서 청산가리를 마시고 자살했다.

로는 점령 후 GHQ**2**, 즉 맥아더 측이 천황의 퇴위를 바라지 않고 천황을 이용하여 점령 통치를 안정적으로 행한다는 방침을 정했으며, 무엇보다도 고노에 자신이 중일전쟁에 대한 전쟁책임을 추궁당하면서 좌절된 것이죠.

패전 직전의 어전회의에서 추밀원 의장인 히라누마 키이치로平沼騏一郎**3**가 "천황 당신에게도 전쟁책임이 있다"고 했습니다. 이러한 히라누마의 생각과 고노에의 생각 사이에는 어떤 거리가 있을까요?

단편적인 발언이기 때문에 판단하기 어렵습니다만, 천황제와 천황개인을 구별한다는 점에 있어서는 같습니다. 다만 히라누마의 '국체관國體觀'으로 말하자면 그는 국민에 대한 천황의 책임을 말한 것이 아니라 황조황종皇祖皇宗**4**으로부터 면면히 이어온 '국체'를 위기에 빠뜨린 데 대한 책임이라는 감각이 강했습니다. 그러나 고노에는 반드시 그러한 전통적인 '국체관'에 물들어 있는 것이 아니므로 오히려 냉담하게 보고 있었다고 생각합니다.

천황의 패전에 대한 결단을 '성단聖斷'이라고 표현하고 있습니다. 이

---

2 GHQ(General Head Quarters of the Supreme Commander for the Allied Powers)의 정식 명칭은 '연합국군 최고사령부 총사령관'이지만 흔히 GHQ라 부른다.

3 히라누마 기이치로(1867~1952)는 오카야마현(岡山県) 출신으로 도쿄제국대학 법학부를 졸업하고 제35대 내각총리대신, 니혼(日本)대학 제2대 총장을 지냈다. 정치 자세는 보수적이고 국수주의적이며 나치 독일을 모델로 한 천황제 파시즘 체제의 구축을 최대의 목표로 했다. 패전 후 'A급 전범'으로 종신형을 선고받았으나 1952년 병환으로 가석방된 후 곧 사망했다.

4 황조황종은 황조신 아마데라스 오미카미(天照大神)와 1대 진무(神武)천황을 합쳐서 부르는 말이다.

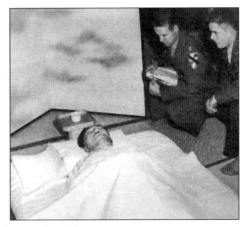

고노에 후미마로(좌), 음독자살 직후의 고노에(우)

와 같이 천황의 '성단'이라든가 '국체호지'라는 것도 실은 '종전공작'을 위한 대의명분이라는 의견도 있는데, 선생님은 어떻게 생각하십니까?

반은 그런 면이 있다고 생각합니다. 즉 이대로는 천황제를 지킬 수 없으니까 종전의 결단을 내릴 필요가 있다고 하는 논리는 좀처럼 반대하기 어려운 것입니다. 따라서 전쟁에서 이길 희망이 없어서 패전할 수밖에 없다고 하기보다는 '국체호지'를 위한 전쟁 종결이라는 편이 역시 찬동하기 쉬운 것이죠. 그런 의미에서는 전쟁종결파가 사용한 설득을 위한 논법이라는 측면이 있습니다. 그렇지만 최후까지 대다수의 지배자들이 천황제에 연연하고 있었던 것도 사실이기 때문에 단순한 대의명분이라고는 볼 수 없습니다.

전후 일본 국민들의 대부분은 전쟁에 대한 책임은 군부에 있고 천황은 희생자라는 인식이 강했던 것으로 알고 있습니다. 어떻게 그런 인식이 정착할 수 있었다고 보고 계시는지요?

일본 국민들이 1945년 8월 15일 정오 천황의 '옥음 방송'을 듣고 있다.

이른바 '성단' 신화란 것은 8월 15일 정오에 '종전의 조칙'을 천황이 읽는 형태로 국민에게 알린 것입니다. 그리고 그날 오후의 라디오 방송에서 아나운서에 의한 해설이라든가 수상에 의한 설명 등을 통해서 천황이 국민의 생명을 구하기 위해서 전쟁을 종결하기로 결단했다는 것을 대단히 강조했습니다. 당시 8월 15일의 조간 신문은 아침은 배달되지 않고 낮에 방송과 동시에 배달되었는데, 신문에도 완전히 라디오 방송과 마찬가지로 천황이 얼마나 국민을 위해서 종전에 대한 결단을 내렸는가를 아주 상세하게 보도하고 있었습니다. 그런 프로파간다가 한편에 있었던 것이죠. 이것이 중요합니다. 또 하나는 전시 하에 일본의 국가 지도자에 대한 불신감이 국민들에게 확산되고 있었습니다. 그것이 천황에 대한 비판과 반드시 연결되어 있지는 않지만, 예를 들어 천황과 군부를 구별해서 그 사이에 쐐기를 박는 미국 측의 프로파간다가 영향을 미쳤습니다. 즉 미국은 전시 심리전에서 일본인에게 천황에 대한 숭배심이 강하다는 것을 역이용해서 천황에 대한 공격을 하지 않는 대신 천황도 국민도 군부에 의한 전쟁정책의 희생자라고 하는 프로파간다를 계속해 왔습니다. 그리고 패전 후 시작되는 GHQ에 의한 보도 통제, 또는 여론 지도도 기본적으로는 그러한 방향으로 전개되었는데, 역시 국민도 천황도 같은 희생자라는 것은 국민에게는 받아들이기 쉬운 논리였습니다. 즉 천황에게 책임이 있다고 하는 것은 자신에게도 책임이 있다는 것이 되기 때문에, 그것은 천황도 문책을 당하고 동시에 잘못된 전쟁에 협력한 자신들도 책임을 문책 당한다는 결과가 됩니다. 따라서 국민도 천황도 모두 희생자라고 하는 논리는 자신의 전쟁책임을 면책하는 논리로서 국민들로서는 매우 받아들이기 쉬운 것이었죠.

쇼와천황의 전쟁책임과 도쿄재판

이번에는 쇼와천황의 전쟁책임 문제와 도쿄재판에 관해서 질문 드리고 싶습니다. 최근의 연구 동향을 볼 때 쇼와천황이 살아있던 1980년대까지의 연구에 비해서 1990년대 이후의 연구에는 많은 발전이 있었다고 봅니다. 이러한 최근의 연구 동향에 관해서 말씀해 주십시오.

최근의 연구에 의해서 역시 천황을 면책하기 위해서 미국과 일본이 어떻게 협력해서 재판을 운영했는가 하는 부분은 상당히 구체적으로 알 수 있게 되었습니다. 그것이 가장 크다고 봅니다. 도쿄재판 연구 자체는 미국의 정보 공개에 의거해서 1980년대부터 상당히

도쿄재판. 뒤의 두줄에 서있는 사람들이 'A급 전범'들이다.

구체적으로 발전되어 옵니다만, 1990년대에 들어와 가장 주목하게
된 것은 면책을 위한 미일간의 '연계' 입니다. 이것은 천황의 전쟁
책임 뿐만 아니라 731부대라든가, 독가스에 대해서도 '연계'에 의
한 협력의 측면이 크다고 봅니다.

최근 미국에서의 존 다워와 허버트 빅스의 연구에 대해서는 어떻게 생
각하십니까. 두 사람의 연구는 미국에서 연이어 퓰리처상을 수상했고
일본에서도 베스트셀러가 되고 있는데, 그 연구에 대해서도 일본에서
평가되는 부분과 비판받는 부분이 있다고 봅니다.

둘 다 일본의 1차 자료를 충분히 읽고 작성한 연구 논문이기 때문에
연구 수준은 상당히 높다고 봅니다. 미국에서의 일본 연구의 수준
이 높아졌음을 실감한 연구였죠. 빅스의 책은 일본의 정책 결정 과

정을 약간은 평범하게 다루고 있는 측면이 있습니다. 특히 전쟁 지도에 관한 정책 결정 과정은 분열과 대립을 반복하면서 전개되어가는 것인데, 그 과정이 평범하게 다루어지는 반면 천황의 이니셔티브라는 것이 조금 지나치게 강조되고 있다는 느낌을 줍니다. 그리고 다워의 연구와 관련해서 일본 측이 점령 지배를 수용해 나간다는 그 자체는 일본에서도 연구되어 있습니다만, 그만큼 전체적으로 훌륭하게 그려낸 것은 일본인의 연구에는 없었다고 봅니다. 그런 점에서는 구체적인 성과라고 생각합니다. 단지 일본인이 패배를 받아들이기까지의 전사前史라는 것이 있어서, 최근 일본에서는 총력전 체제를 수행해 가는 과정에서 일본 사회 자체가 현대화해 가는 부분이 주목을 모으고 있습니다. 그런 전제를 배경으로 1940년대에 들어와 총력전을 수행하는 과정에서 생긴 변화가 있습니다. 그런 점에서 전사의 부분은 현재 일본의 연구를 충분히 검토한 것은 아니라는 점에서 약간의 불만이 남습니다.

조금 전에 미일 간의 '연계'라는 부분을 지적하셨습니다. 도쿄재판에서 천황의 전쟁책임 면책이라는 것도 일종의 미일 간의 정치 공작으로 은밀하게 진행되었다는 것인데, 도쿄재판에서 가장 큰 문제점은 어디에 있다고 생각하십니까?

그것은 역시 전쟁책임을 육군을 중심으로 한 소수의 군벌에 떠넘기고 미국과 일본이 정치적으로 화해의 장을 만들기 위한 정치적인 재판이라는 측면이 아주 강했다는 데에 대체로 문제가 있습니다. 그렇기 때문에 천황의 전쟁책임을 처벌하지 않았고, 또한 미국에 이용 가치가 있는 731 등의 문제도 처벌할 수 없었던 것입니다.

일본의 우익도 도쿄재판을 비판하고 있는데 선생님이 보시는 도쿄재판의 문제점과 우익이 비판하는 도쿄재판 비판과는 어떤 식으로 구별할 수 있을까요.

우리는 일본이 전쟁범죄를 재판받아야 하는데도 불구하고 그것이 충분히 재판되지 않았다는 것을 말하고 있는데, 우익은 처음부터 재판받아야 할 책임도 범죄도 없었다고 하는 것을 말하고 싶은 것이죠. 그것이 하나의 차이점이고, 또 한 가지 우익이 완전히 입을 다물고 있는 것은 미국과 일본이 '연계'를 했다고 하는 측면입니다. 특히 천황의 전쟁책임 면책이라는 문제에 대해서 그들은 완전히 입을 다물고 있습니다. 그것이 큰 차이라고 생각합니다.

천황의 전쟁책임 면책에 가장 큰 역할을 한 누구라고 볼 수 있을까요? 맥아더, 그루, 혹은 팰러스 등 중요한 역할을 한 사람들이 있는데 이것을 복합적인 요인으로 봐야할지 아니면 맥아더가 결정적이었다고 봐야 할 것인지 그 어느 쪽일까요?

어렵네요. 복합적인 요인이라는 문제는 틀림없으니까. 그러나 직접 도쿄재판과의 관계에서 천황 전쟁책임 면책에 가장 큰 역할을 하고 있는 것은 조사 검찰관 측입니다.

키난5 말씀입니까?

네, 키난이죠. 단지 전체적으로는 역시 맥아더가 천황을 이용한다는 정책을 취했다고 하는 것이 결정적으로 결실을 봤다는 점은 분명하다고 생각합니다.

그렇다면 맥아더가 천황을 이용하는 방침으로 결론을 내린 것은 왜일까요? 특히 맥아더는 반공주의자로도 유명했고, 일본에서의 공산 혁명에 대한 위기감은 당시의 미국과 일본의 지배자들 사이에 상당히 강하게 나타나고 있습니다. 그러나 그들의 공산 혁명에 대한 위기감도 실은 지나치게 과장된 것이 아닌가 하는 느낌이 듭니다. 왜냐하면 현실적으로는 패전 직후의 일본 사회에서 공산 혁명이 일어날 가능성이 거의 없었다고 보기 때문이죠.

그렇습니다. 가능성은 없었다고 생각합니다. 설령 천황이 체포되거나 퇴위당하는 일이 있었다고 해도 맥아더가 강조하고 있는 것처럼 일본 국내에 대규모의 소란이 발생하고, 그로 인하여 다수의 병력을 투입해야하는 그런 사태는 생기지 않았을 겁니다. 상당한 반발을 초래한 것은 사실이겠지만 맥아더가 말하는 대규모의 소란은 발생하지 않았다고 생각됩니다. 그것은 천황을 이용하려는 정책을 오히려 정당화하려는 맥아더의 논리라고 생각합니다.

자신의 주장을 정당화하기 위한 과장된 표현이라는 말씀이군요.

그렇습니다.

---

5 조셉 베리 키난(Joseph Berry Keenan: 1888~1954)은 도쿄재판에서 국제검찰국(IPS : International Prosecution Section)의 수석 검사였다. 루즈벨트 정권하에서 연방정부사법장관 특별보좌관, 사법성형사부장, 사법장관보를 거쳐 1939년에 퇴직한후 변호사로 활동했다. 1945년 11월 29일 트루먼 대통령에게 일본의 전쟁범죄자 수사의 법률고문단장으로 임명되어 12월 6일 38명의 검사단을 이끌고 일본에 왔다. 12월 8일 맥아더 사령관은 국제검찰국을 설치하고 키난을 수석검사로 임명했다. 1946년 6월 17일 일시 귀국한 키난은 워싱턴에서의 기자회견에서 "천황은 장식물에 지나지 않으며 전범이 아니다"고 하여 최초로 천황불기소의 방침을 밝혔다.

새로운 사료의 발굴 · 공개에 관하여

이번에는 새로운 사료의 발굴에 대해서 여쭙고 싶습니다. 2003년 《문예춘추文芸春秋》 8월호에 천황의 '환상의 사죄조서'가 공개되었죠.6 선생님도 이에 관한 토론에 참가하신 걸로 알고 있습니다. 패전 직후 천황의 '사죄조서'가 왜 만들어졌는지, 천황의 의지는 반영되었는지, 그리고 최종적으로 그것이 왜 봉인되었는지에 관해서 말씀해 주십시오.

미국 측의 협력에 의해 천황이 도쿄재판에 기소되는 것은 면할 수는 있었습니다. 그러나 일본 국민들 사이에는 역시 천황이 책임을 지지 않는 것에 대한 맺힌 감정과 같은 것이 계속 존재해 온 것도 사실이었죠. 때문에 국민과 천황과의 일체감을 유지하기 위해서는 천황이 어떤 형태로든 책임의 소재를 명백히 해야 할 필요가 있다고 보는 논의는 천황을 포함해서 정부 안에서도 계속되고 있었습니다. 그러한 결과 48년의 도쿄재판 판결 때에 천황이 퇴위한다는 선택과, 만약 그것이 안 될 경우에는 국민에 대해 어떤 형태로든 사죄를 한다는 선택이 있었습니다. 전자는 도쿄재판 판결 때의 퇴위, 그리고 후자는 1952년 강화조약이 발효할 때 그 어떤 형태로든 천황이 의사

---

6 《문예춘추》(2003년 8월)에 공개된 '사죄조서'는 500여 자의 한문체로 되어 있다. 이 조서에서 '사죄'에 해당하는 내용은 "시체를 전장에 버려두고 목숨을 제각기 직장에서 바친 자들 이루 헤아릴 수 없으며, 생각이 그들과 그 유족에게 미칠 때 진심으로 아픈 마음을 금할 길이 없다. 이역만리 전쟁터에 억류되거나 전쟁의 재해로 재산을 외지에서 잃은 자 또한 헤아릴 수 없다. 이에 더하여 산업의 부진, 물가의 등귀, 의식주의 궁핍 등으로 인한 억조 도탄의 곤궁은 실로 국가 미증유의 재앙이며, 이를 생각하면 실로 애간장이 탄다. 짐의 부덕함을 깊이 천하에 부끄럽게 여기고 만백성에 대해서 무거운 책임을 느낀다"고 하는 부분일 것이다. 이 조서는 위에서 말한 바와 같이 공개되지 않았으나, 그것이 작성된 배경에는 '일본 국민'에 대한 '사죄'를 통하여 어려운 시국을 극복하고 국민 통합을 재차 강화하려는 의도가 있으며, 일본의 가해에 의해 막대한 피해를 입은 아시아 민중에 대한 '사죄'는 한마디도 포함되어 있지 않았다.

표시를 한다는 것으로 그러한 의사표시의 사죄 원고가 《문예춘추》에 실린 초고입니다. 이것은 제 추측이지만, 이 초고는 1952년의 강화조약 발효와 동시에 천황이 사죄하는 문장을 발표하기 위한 초안이었다고 생각합니다. 그렇게 하지 않으면 역시 국민은 납득하지 않을 것이라는 분위기가 사실로서 존재하고 있었다는 것이죠. 제 책7에도 1970년대의 여론 조사가 실려 있습니다만, 역시 천황에게 책임이 있다고 생각하는 사람은 상당히 많았습니다. '책임이 없다'가 3분의 1정도이고, '책임이 있다'가 3분의 1, 그리고 '모르겠다'가 3분의 1정도라면 역시 천황의 전쟁책임에 대한 맺힌 감정과 같은 것이 줄곧 남은 채로 있었다는 말이 됩니다. 그런 사태를 초래한 것은 퇴위도 사죄도 하지 않았다는 것이 아주 컸다고 봅니다. 단지 사죄 원고가 왜 봉인되었는가 하면 그것은 역시 전쟁책임 문제로 되돌아올 가능성이 있기 때문입니다. 즉 진정한 의미에서의 사죄를 하지 않으면 국민에 대해서는 의미가 없습니다. 그러나 그러한 사죄를 할 경우 혹은 외국에서 보면 천황에게 역시 책임이 있다는 결과가 되는 것입니다. 그러한 대내적인 사죄와 대외적으로 받아들이는 측의 사이에 간극이 생겨 미묘한 문제가 되어버리는 거죠. 그래서 결국 사죄를 단행하지 못했다고 생각합니다. 특히 사죄했을 경우 국제적으로 천황의 전쟁책임이 다시 문제가 될 가능성이 있었고, 그것에 대한 우려에서 사죄 원고는 봉인되었다고 생각합니다.

그것과 관련해서 2002년 10월에 맥아더와 히로히토 천황과의 회견

---

7 吉田裕, 《昭和天皇の終戰史》, 岩波新書, 1992.

1945년 9월 27일 맥아더와 천황의 회견 직전에 찍은 세장의 사진 가운데 하나이다.

자료가 공개되었습니다. 당시 두 사람의 회견 내용은 궁내청과 외무성이 보관해 온 것으로 알고 있는데, 외무성의 자료만 공개하고 궁내청 자료는 공개하지 않았습니다. 회견 내용 가운데 관심을 모은 부분은 이제까지 많은 사람들이 지적해왔던 것처럼 과연 천황이 "모든 책임은 나에게 있다"고 말했을까 하는 것이었는데, 그러한 내용은 이번에 공개된 자료에는 없지 않았습니까?[8]

---

8 1945년 9월 27일 쇼와천황과 맥아더와의 첫 회견이 점령군 사령부에서 이루어졌으나 그 내용은 극비에 부쳐져왔다. 그러나 후일 그 내용에 관한 정보가 측근들의 입을 통해서 전해졌으나 대부분은 쇼와천황의 '인간적'인 측면을 부각시키는 것이었으며 《맥아더 회상기》에서도 이를 뒷받침 하는 내용이 서술되어 있다. 즉 이 책에 의하면 쇼와천황이 "나는 국민이 전쟁 수행을 하는데 있어서 정치, 군사면에서 행한 모든 행동에 대한 전적인 책임을 지는 자로서 나 자신을 당신이 대표하는 연합국의 재결에 맡기기 위해서 찾아 왔습니다"라고 말했으며, 이에 대해서 맥아더는 "나는 커다란 감동을 받았다. 그것도 내가 알고 있는 모든 사실에 비추어 볼 때 명백히 천황이 져야할 것이 아닌 책임을 모두 지려고 한 것이다. 이 용기에 가득 찬 태도는 나를 뼈 속 깊숙이까지 감동시켰다. 나는 그 순간 내 앞에 있는 천황이 개인적인 자격에 있어서도 일본 최상의 신사라는 것을 감지한 것이다"라고 되어 있다(288쪽). 그러나 이 내용의 진위에 대해서는 많은 논란이 전개되었으며, 결과적으로 2002년 10월 외부성의 회견 자료 공개로 인하여 천황이 위와 같은 발언을 한 사실이 없다는 것이 밝혀졌다.

없었습니다.

그렇다면 그것이 처음부터 없었는지, 혹은 사안의 중대성에 비추어 지웠을 가능성이 있다고 보는 사람도 있는데 선생님은 어떻게 생각하십니까?

저는 지웠을 가능성은 없다고 봅니다. 그만큼 핵심적으로 파고 들어간 발언을 당시 천황이 했다고는 생각되지 않기 때문이죠. 주위의 상황으로 봐도 예를 들면 천황 자신은 책임을 지고 퇴위한다는 것에 대해서 망설임이 있었습니다. 따라서 천황이 맥아더에게 확실하게 그런 발언을 했다고는 생각할 수 없습니다.

그럼에도 불구하고 맥아더의 회상기에는 천황이 그런 발언을 했다고 기록하고 있는데 그것은 역시 맥아더의 과장일까요?

맥아더는 항상 미국과 연합국의 여론에 신경을 쓰고 있었던 것이죠. 즉 천황에 대한 엄한 시선이 있었습니다. 그러한 분위기 속에서 천황을 이용하기 위해서는 천황제도 천황 개인도 민주화되어 신이 아니라 보통의 인간이라는 것을 알릴 필요가 있었습니다. 천황의 '인간선언'도 그렇죠. 이미 천황제는 위험한 존재가 아니라는 것을 그는 어필하지 않을 수 없는 입장에 있었고, 그런 문맥에서의 발언이었다고 생각합니다. 천황 자신도 전쟁에 반대했었고 아주 민주적인 신사였다는 것을 강조하는 그런 문맥이었다고 봅니다.

쇼와천황과 맥아더의 회견은 11회나 있었는데 지금까지 공개된 것은 수회에 불과합니다.[9] 나머지는 거의 공개되지 않고 있는데, 그 내용이 무엇인지 확인할 방법이나 가능성은 없는가요?

부분적으로는 몇 가지 나와 있지만, 지금의 상황에서는 가능성이 없습니다. 물론 회견 기록이 존재하지 않는 일은 있을 수 없기 때문에 아마 궁내청에는 있다고 봅니다. 그러나 그것은 사문서私文書라고 해서 천황가의 개인적인 문서로 취급을 하고 있습니다. 정보 공개에 대해서 아사히신문 기자가 회견 기록을 청구하여 정보 공개 심사회에서도 논의가 있었는데 궁내청의 답변을 읽어보면 조금 그런 뉘앙스가 있습니다. 즉 개인적인 사문서에 관해서는 자신들이 관여하지 않는다는 뉘앙스입니다. 그렇게 볼 때 아마도 천황의 개인 문서라는 형태로 자신들의 문고에 보관되어 있을 겁니다. 역시 회견 기록의 중요성으로 볼 때 존재하지 않는다는 것은 있을 수 없는 일이죠.

당시 통역한 사람 중에 생존자는 없습니까?

이제 없습니다. 그런 관계자로부터 나올 가능성이 없지는 않지만 역시 없다고 생각합니다. 정부나 궁내성에서 공개할 의사가 없는 한 나오지 않을 겁니다.

하지만 쇼와천황이 죽은 후 많은 자료가 공개되고 있습니다. 앞으로 대단히 중요한 자료로서 공개될 가능성이 있는 것은 없는지요?

---

9 천황과 맥아더의 11차례에 걸친 회담 가운데 그 내용이 알려진 것은 1945년 9월 27일의 제1차 회담 이외에 3차(1946년 10월 16일, 노동 운동, 신헌법 등 화제), 4차(1947년 5월 6일, 안보에 관한 화제), 8차(1949년 11월 26일, 국내 치안에 관한 화제), 10차(1950년 4월 18일, 일본 공산화의 위협에 관한 화제) 등이다.

정보공개법이 일단 시행되고 있습니다만 그것도 행정 자료에 한정되어 있습니다. 역사 자료는 별도입니다. 역사 자료는 각각의 공문서관에서 공개하는데 예를 들면 방위청의 전사부戰史部라든가, 외교자료관이라든가, 궁내청의 서릉부書陵部라든가, 그런 곳에서 공개하게 되어있습니다. 정보공개법 안에는 예를 들면 개인 정보는 공개하지 않아도 된다거나, 나라의 안전이나 외교에 관계되는 주요 정보는 공개하지 않아도 된다는 예외 규정이 있습니다. 그것이 그대로 궁내청 서릉부나 방위청, 외교자료관의 이용 규칙에 적용되고 있습니다. 저는 《다이쇼천황실록》에 대해서도 논문에 썼지만 부분 공개입니다. 개인 정보에 관해서는 묵으로 지워 그 내용을 알아볼 수 없게 하는 식으로 하고 있습니다. 따라서 정보공개법을 개정해서 예를 들면 30년 지난 역사 자료는 공개한다든가 40년이 지나면 모든 자료를 공개한다든가 하는 원칙을 세우지 않으면 역시 무리라고 생각합니다. 쇼와천황에 관한 자료는 많이 나와 있지만, 그것은 전부 기본적으로는 사문서입니다. 측근의 일기 등은 모두 개인 문서이지 공적인 것이 아닙니다. 공적인 것은 전혀 공개되지 않고 있습니다.

그것과 관련해서 지금 궁내청이 쇼와천황의 실록을 편찬하고 있다고 들었습니다. 그 사료로서의 가치는 어떠한지, 그리고 그것이 공개될 가능성은 있는지요?

상당히 많은 사료를 모으고 있고, 궁내청이 가지고 있는 사료도 있어서 사료로서는 매우 중요한 가치가 있다고 생각합니다만, 공개할 예정이 없다고 합니다.

그렇다면 그것을 편찬해서 궁내청에서만 소장하고 일반인에게는 공개하지 않는다는 건가요?

그것은 《요미우리신문》(1998년 12월 27일)을 보면 알 수 있습니다. 나중에 보여주겠습니다.

하지만 《메이지천황기》도 궁내청에서 편찬하여 공개하지 않습니까?

그것은 메이지 백년 기념으로 한 것이죠.

그럼 쇼와천황실록도 시간이 지나면 공개할 가능성이 있다고 할 수 있겠군요.

쇼와 백년 기념으로……(웃음)

역사인식의 문제점

이번에는 역사인식 문제에 관해서 말씀을 듣고 싶습니다. 선생님은 이른 시기부터 《천황의 군대와 남경사건》[10]이라는 책을 내셨는데, '남경학살'이라 하지 않고 '남경사건'이라고 하신 이유는 무엇인가요. 그때는 학살이라는 말을 사용하기가 곤란했는가요?

그렇지는 않습니다. 오히려 학살이라고 하면 전쟁 범죄의 내용을 좁게 한정해버린다는 판단에서 그랬습니다. 즉 남경에서 행해진 것

---

10 吉田裕, 《天皇軍隊と南京事件 ― もう一つの日中戦争史》, 靑木書店, 1985.

은 예를 들면 학살뿐만이 아니라 여성에 대한 강간, 그리고 약탈, 방화, 아편 매매, 도시에 대한 공폭 등 갖가지 전쟁 범죄를 포함한 것이기 때문에 학살이란 형태로 표현하면 오히려 너무 좁게 보는 것이라고 생각해서 더욱 폭넓게 다뤄야 한다고 판단했기 때문이죠. 우리들이 1980년대에 '남경사건 조사연구회'란 것을 만들었지만, 그때도 전원 일치된 인식이었습니다. 결코 학살이라는 것을 애매하게 하려는 의미는 아니었습니다.

아이리즈 창이란 사람이 《난징南京의 강간》[11]이란 책을 썼는데, 최근에 자살했습니다. 한국 언론에서는 일본의 우익의 압력이 있었을지도 모른다는 뉘앙스로 보도되었는데, 실제로는 어떻습니까?

그건 잘 모르겠습니다. 다만 일본에서는 아주 작게 다루었죠. 그리고 직접 우익의 압력이 있었는지 어떤지는 잘 모르겠습니다.

최근의 남경학살에 대한 논의는 어떤 단계에 와 있습니까? 완전히 우익과 의견이 갈라지는 부분이라고 생각합니다만.

일본 정부 자체는 남경에서 일종의 범죄를 저지른 것을 어느 정도 인정하고 있습니다. 교과서 검정에서도 남경사건에 관한 기술에 대해서는 이의를 제기하지 않고 있습니다. 한편 우익은 아주 강하게 존재하지 않았다고 주장하고 있는데, 그들은 전쟁 범죄라든가 학살이라든가 하는 것의 범위를 대단히 좁게 보고 있습니다. 즉 전쟁 행

---

11 원제는 *THE RAPE of NANKING*이다. 국내에서는 《난징대학살》(이끌리오, 1999년)로 출판되었다.

위의 연장선상에서 일어난 사건으로 보는 것이죠. 예를 들면 포로의 살해라든가 군복을 벗고 민간인의 옷을 입고 난민구 속에 잠복했다고 생각되는 중국 병사를 색출해서 처형한 것 등을 전쟁 행위라고 보는 것입니다. 그러나 이에 대한 반론도 아주 강합니다. 1980년대에 '가이코샤偕行社' 12라는 육군 정규 장교 출신의 친목 단체에서 발간한 《남경전사》라는 책이 있는데 거기서도 적어도 1만 명이 넘는 전쟁 포로를 살해했다는 사실을 인정하고 있습니다. 그 단계에서 우리는 남경 문제는 이미 결착을 보았습니다. 연구자들 가운데 그런 일이 없었다고 하는 전문가는 한 사람도 없습니다. 그럼에도 불구하고 우익은 없었다는 것을 주장하고 있는데, 문제는 매스컴이 그것을 자주규제하고 있는 점입니다. 이번의 만화 얘기 알고 있으신가요? 최근 모토미야 히로시本宮ひろ志라는 만화가가 그린 남경사건의 만화가 우익적인 의원의 항의로 삭제되었다는 것말입니다. 13

한국에서도 보도되었습니다.

슈에이샤集英社라는 출판사의 홈페이지를 보면 경위라든가 사죄문, 설명문이 실려 있습니다. 《아사히신문》에서 기사화했는데, 그것도

---

12 가이코샤는 1877(메이지 10)년 2월 15일 육군 장교의 집회소로 설립되어 1945년 패전까지 육군 장교의 수양연마와 친목단결의 장으로서 전 장교들의 갹출로 운영되고 있었다. 패전 후에는 육군 장교 전사자들의 '영령봉찬', 전쟁희생자 구제, 친목을 위한 재단법인이 되었으며 최근에는 자위관 유지도 회원으로 가입하여 차세대로 계속할 것을 의도하고 있다.

13 2004년 만화가 모토미야 히로시(本宮ひろ志)의 연재 중인 작품 〈国が燃える〉(《週刊ヤングジャンプ》, 2002년 49호~2005년 9호)라는 작품 중에 남경대학살의 묘사(2004년 43호, 제88화)를 둘러싸고 우익으로부터 항의를 받아 48호~52호까지 연재가 일지 중지되었으며 이듬해 1월에 연재 종료했다. 문제의 장면은 단행본으로 나오면서 삭제되었다.

명백히 출판사 측이 지나치게 양보를 많이 했습니다. 아주 최근의 일이기 때문에 출판사 홈페이지를 찾아보면 알 수 있을 거라고 생각합니다.

'새역모'를 비롯한 우익 운동을 하는 사람들이 천황의 전쟁책임을 부정하고 천황은 민주적이고 평화적이라는 주장을 하고 있는데, 그것은 한편으론 1990년대 이후부터 나타나는 새로운 연구에 의해서 쇼와천황의 전쟁책임이 더욱 명백해진 것에 대한 위기감의 반작용으로도 볼 수 있지 않을까요?

그렇게 생각합니다. 예를 들면 2001년 8월 15일 《아사히신문》에서는 일본의 중앙지로서는 처음으로 사설에서 쇼와천황의 전쟁책임에 대해 언급하고 있습니다. 이것은 확실히 변화가 있다는 것을 말해주고 있습니다. 천황의 전쟁책임에 대해서는 역시 전혀 없다고는 말할 수 없다는, 바꾸어 말하자면 쇼와천황은 일관해서 평화주의자였다고 단순히 말할 수 없다는 것이죠. 지금은 실증적인 연구를 통해서 대단히 분명해져 있습니다. 그것은 국민의 실감과도 맞는 부분이죠. 그런 점에서 천황의 전쟁책임 문제에 대한 터부는 후퇴했다고 봅니다. '새역모'의 움직임도 역시 이러한 것에 대한 위기감의 하나로 볼 수 있겠죠.

역시 그런 의미에서는 천황의 책임 문제가 전혀 해결되지 않았기 때문에 전후 일본의 역사인식 문제가 지금까지 계속되어 왔다고 볼 수도 있겠지요.

국민들에게는 그 전쟁에 속았다고는 하지만 협력하고 참가했다는 일종의 공범자 의식이 있습니다. 따라서 천황이 책임을 문책당하는 것은 자신이 책임을 문책당하는 것이기도 하기 때문에, 천황이 책임을 문책당하지 않으면 자신도 문책당하지 않고 모두 희생자였다는 논의가 세워질 수 있는 것이죠. 따라서 무의식에 의한 것이기는 하지만 명백히 국민의 책임문제와 천황의 책임문제는 서로 연동하고 있습니다. 따라서 이것은 역시 매우 중요한 부분이라고 생각합니다.

일본인의 전쟁관

다음은 화제를 바꾸어 질문하겠습니다. 50년대에 일본에서 전쟁 기록물이 대단히 유행하게된 배경에는 어떤 요인이 있었습니까?

샌프란시스코 강화조약14 발효 후에는 일본인들 사이에 낡은 내셔널리즘이 부활하는 경향이 있었습니다. 그런 의미에서 1950년대는 과도기라고 생각합니다. 전후적인 가치관이 아직 충분히 형성되지 않은 채 전전戰前의 낡은 가치관이 남아 있었고 전쟁에 대한 인식도

---

14 샌프란시스코강화조약은 '대일평화조약'이라고도 한다. 태평양전쟁의 종결과 국교 회복을 위해서 일본과 구연합국과의 사이에 맺어진 조약이다. 냉전에 의해 구연합국(55개국)이 분열함으로써 미국을 중심으로 한 48개국과의 조약과, 여기에 조인하지 않았던 소련, 중국, 인도 등의 국가들과의 2국간 조약이 있다. 미국을 중심으로 1951년 9월 4일~9월 8일까지 개최되었다. 구연합국과의 조약의 특징은 일본의 개별적, 집단적 자위권을 승인하고 일본의 재군비와 외국 군대의 주둔 계속을 허용하며, 조선의 독립, 대만·팽호열도·치시마열도, 남사할린의 영토권 포기를 규정했으나 포기한 영토의 귀속을 규정하지 않아 문제를 남겼다. 이 조약으로 미국의 점령 지배로부터 일본은 완전 독립하고 국제 사회의 일원으로 복귀하였다.

그다지 바뀌지 않았습니다. 그것이 바뀌어 가는 것은 1960년대에 들어서라고 생각합니다. 그런 의미에서 1950년대와 1960년대 초반까지는 전전의 가치관이나 전쟁관이 아주 뿌리 깊게 남아있었다고 봅니다. 다만 1960년대 초두의 전쟁 기록물이나 만화 등을 보면 전쟁에 대한 반성이 보이지 않습니다. 그런 점에서 저를 비롯한 지금 1950년대 태생의 연구자들은 어릴 때 전쟁에 대한 반성이 전혀 없이 만화를 읽은 세대입니다.

전쟁 기록물이 유행하고 있었지만 그런 속에서도 침략전쟁에 대한 반성의 시각은 거의 볼 수 없었다는 말씀이군요.

그렇습니다. 그 배경에는 일본의 전쟁에 대한 책임을 묻지 않는 냉전이라는 것이 있었습니다. 냉전의 덕분에 일본은 전쟁책임을 문책당하지 않고 1980년대까지 애매하게 넘어올 수 있었습니다. 냉전체제가 붕괴된 후 일본의 전쟁책임 문제가 아시아에서 제기되면서 비로소 일본인은 전쟁 문제를 자신의 문제로 생각하지 않을 수 없게 되었습니다. 지금 그 출발점에 있다고 생각해도 좋지 않을까요?

선생님은 1990년대에 《일본인의 전쟁관》[15]이란 책도 쓰셨는데, 일본인의 전쟁관과 천황관을 관련시켜 생각한다면 어떻게 설명할 수 있을까요?

이것은 실은 관련성이 있습니다. 천황이 평화주의자로서 전쟁에

---

15 吉田裕, 《日本人の戦争観 — 戦後史のなかの変容》, 岩波書店, 1995.

반대했다고 하는 논의는 바꾸어 생각하면 그 전쟁은 반드시 정당화할 수 없는 전쟁이었기 때문에 반대했다는 것이 됩니다. 이러한 여러 가지 자기모순이 있기 때문에 천황은 평화주의자로서 전쟁에 반대했다는 것을 강조하면 역으로 그 전쟁은 불행한 전쟁이라는 것을 명백히 하는 결과가 됩니다. 그러므로 천황의 평화주의자 캠페인이라는 것이 실은 전쟁관의 문제에서는 그 전쟁이 정당화될 수 없다는 것을 암묵의 전제로 한 논의가 됩니다. 그 결과로서 적어도 침략 전쟁이라는 자각은 없었어도 역시 싸워야 할 전쟁은 아니었다는 가치관을 일본 속에서 피해자 의식과 연결시키면서 만들어낸 것이라고 봅니다.

2005년은 한국에서는 해방 60년, 일본에서는 '종전' 60년을 맞이하게 됩니다. 전쟁이 끝나고 60년이란 단계에 접어들어 일본인의 전쟁관, 천황관에서 어떤 변화를 볼 수 있겠습니까? 특히 최근의 젊은이들의 의식 변화와 관련하여 말씀해주십시오.

전쟁관의 문제에서는 1980년대부터 1990년대에 전환이 있었고, 일단 침략전쟁이라는 인식이 일본 사회 속에 생겨납니다. 대체로 과반수의 사람이 침략전쟁이라고 생각하고 있으며, 자위를 위한 전쟁이라든가 해방을 위한 전쟁이라고 생각하는 사람은 2할에도 달하지 않았습니다. 그 구조는 지금도 기본적으로는 변함이 없습니다. 그러한 가운데 아주 크게 변한 것이 있다면 실은 젊은 세대들 가운데 '모르겠다'고 대답하는 사람이 증가했다는 점입니다. 이것은 야스쿠니신사 문제에 대해서도 그렇습니다. 1985년 8월 15일에 나카소네 수상이 공식 참배했을 때는 이를 지지하는 자가 반대하는 사람보다 배 정도 있었습니다. 그런데 지금은 야스쿠니신사 공식 참배 문제가 인근 나라의 국민의 감정을 다치게 한다는 발상이 일본인 가운데서도 생겨나서, 최근 《아사히신문》의 여론 조사를 보면 공식참배의 계속에 대한 찬성보다 반대가 상회하고 있습니다, 공식참배는 그만두는 편이 낫다고 하는 식으로 바뀐 것입니다. 이와 같이 여론이 변화하고 있는데도 불구하고 젊은이들 사이에는 야스쿠니신사 공식 참배에 대한 지지가 꽤 있습니다. 이것은 대단히 큰 문제입니다. 나이가 든 세대는 역시 전쟁 체험이 있기 때문에 침략전쟁이라는 인식이 불충분한 사람의 경우에도 전쟁과 군대는 이제 지긋지긋하다는 인식이 있는데, 그런 사람들이 사라지고 있는 상황 속에서 생겨난 변화라고 생각합니다.

그리고 천황관에 대해서 볼 때 우선 쇼와에서 헤이세이로 바뀌고 나서 아주 큰 변화란 것은 천황을 존경하는 사람이 줄었다는 점입니다. 그 대신 천황에게 친근감을 느끼는 사람이 늘어났습니다. 그런 의미에서는 쇼와천황은 일종의 카리스마적인 권위를 가지고 있어서 이에 대한 외경심畏敬心을 가진 사람이 어느 정도 있었지만 이제 그런 것이 사라졌습니다. 그런 점에 권위주의적인 천황관은 명백히 후퇴했습니다.

이러한 가운데 여성의 역할을 매우 중시하게 되어 황태자비가 중요한 역할을 해왔습니다. 이것도 일본 사회 속의 변화와 상응하고 있는 부분입니다. 동시에 무관심층이 두텁게 존재하고 있습니다. 젊은이들 중에 천황제 폐지는 아니더라도 평소에는 전혀 관심을 갖지 않는 사람이 대단히 두텁게 존재해서 황태자의 결혼이라든가 쇼와에서 헤이세이로의 황위 계승 등과 같이 다소 큰 황실의 이벤트가 있으면 조금은 관심을 가지게 되지만 그것이 끝나면 곧 원래대로 돌아가는, 그런 의미에서는 기본적으로 무관심 층이 두텁게 존재한다는 상황은 변하지 않고 있습니다. 최근의 여론 조사에도 나와 있지만 '국가를 지킨다', '내셔널리즘', '애국심' 이란 말이 중요하냐고 물었을 때 '중요하다고 생각한다' 고 대답한 사람 가운데 '애국심' 의 내용으로는 무엇이 중요하냐고 물었을 때, '천황, 히노마루, 기미가요' 라고 답한 것은 최하입니다.

1위는 무엇입니까?

이건 복수 선택인데, 1위는 '일본의 역사와 전통', 그 다음이 '일본의 국토와 자연', '자신의 가족과 친구', '일본의 문화와 예술' 이라는 식으로 이어져 가장 적은 것이 '히노마루' 가 19%, '기미가요' 가 15%, '천황' 이 14%로 현재 내셔널리즘 속에 천황의 역할이 분명히 저하되어 있다는 것을 알 수 있습니다. 따라서 '새역모' 도 반드시 천황을 전면에 내 세우지는 않고 있습니다. 만약 천황을 내세운다면 그것은 자신들에게 마이너스라고 생각합니다.

그렇다면 자위대의 수뇌부의 전쟁관 혹은 천황관의 현 상황은 어떻습니까?

잘은 모르겠지만 1970년대에 방위대학 학생들에 대한 설문조사가 있는데 그걸 보면 거의 변하지 않고 있습니다. 천황을 원수로 한다는 생각은 거의 없을 거라고 봅니다. 이미 1980년대에 들어오면서 일본 자위대 중에서 전쟁 체험을 가진 자, 군대 체험을 가진 구군인은 없어졌습니다. 지금의 자위대는 실전 체험을 가지고 있는 사람은 한 사람도 없는 군대입니다. 구군인이라면 천황에 대한 인식이 다를 거라고 생각하지만, 지금의 새로운 방위대 졸업생들이 천황을 원수로 한다는 것은 반드시 지지받을 수 없는 일이라고 생각합니다. 그런 점에서 국민과 크게 다르지 않다고 볼 수 있습니다.

와 타 나 베 오 사 무

2004년 12월 9일
一橋大学 와타나베 교수 연구실

와타나베 오사무渡辺治 _ 1947년 도쿄 출신으로 1972
년 도쿄대학 법학부 정치코스를 졸업하고 동대학 법학
부 공법코스에 입학했지만 1973년 중퇴 후 동대학 사
회학연구소 조수를 거쳐 1979년 사회학연구소 조교수
로 재직했다. 현재 히도츠바시 대학 사회학부 교수로
재직 중이다. 종합사회과학, 사회사연구, 정치학, 일본
정치사, 헌법학을 전공했다. 최근에는 1990년대 이후
일본 사회와 국가의 대규모의 변화는 주로 1980년대
일본 자본의 뒤늦은 글로벌화에 기인하고 있으며 그것
은 1980년대에 영국과 미국에서 수행된 신자유주의의
글로벌화에 따른 개혁을 뒤따라 실행하는 성격을 가지
는 것으로 보고 있다. 이러한 시각에서 1990년대 이후
의 정치 개혁, 네오내셔널리즘의 대두, 규제 완화를 표
방하는 신자유주의 개혁을 검토하고 있으며, 특히 21
세기 일본의 내셔널리즘을 북한과 중국 위협론을 배경
으로 전개되는 군사주의적인 내셔널리즘과 사회 통합
의 재건을 위한 공동체적인 내셔널리즘의 두 가지 측면
에서 분석하고 있는 데 특징이 있다. 예리하고 날카로
운 분석력, 흐트러지지 않는 자세, 단순명쾌한 웅변이
인상적이었다.

전후 상징천황제의 기능 변화에 관하여

선생님은 1990년대 초 전후천황제에 관한 연구[1]에서 1960년대와 1970년대에 상징천황제의 역할과 기능이 '지반침하'했다가 80년대에 부활했다고 주장하신 것으로 알고 있습니다. 먼저 그러한 과정에 대한 구체적인 설명과 그것이 1990년대 이후 어떻게 변화했는지에 관해서 설명해주십시오.

일본의 보수 세력과 기성 세력이 천황제를 통해서 노린 것은 두 가지라고 생각합니다. 하나는 전전의 천황제 국가에서 천황제가 한 역할로서 군사적인 국민 동원이라는 측면이고, 또 하나는 보다 넓은 의미에서의 국가적인 국민 통합의 상징으로서의 역할입니다. 전후의 일본 보수 세력은 미국의 점령 하에 군사적인 대국으로서의 부활이 저지되고 있었지만 점령군이 돌아간 후 다시 복고적인 회귀를 하려고 했습니다. 그때 천황이 가지고 있는 국민 통합력이라는 것을 대단히 중시해서 이것을 다시 한번 부활시켜 전후의 일본 국가를 재건하려고 시도했습니다.

그러나 실제로는 전후 일본의 여러 가지 시민 운동에 의해 그러한 복고주의적인 노선이 좌절하지 않을 수 없게 된 결과 지배 세력은 1960년대에 들어와 국민 통합의 방향을 전환하게 되었습니다. 당시 일본의 재계와 보수 세력이 통합 수단으로 이용한 것은 두 가지 있었습니다. 그 하나는 기업을 위해서 헌신적으로 일하고 그 대신에 기업 내부의 승진 등을 통해서 자신들의 생활을 개선한다고 하

---

1 渡辺治, 《戦後政治史のなかの天皇制》, 青木書店, 1990.

는 기업주의적인 통합을 강화하는 것이었으며, 또 하나는 기업의 경제 발전에 의해 늘어난 세수税收를 매개로 하여 자민당의 이익 정치를 전개한다는 것이었습니다. 이 두 가지가 1960년대와 1970년대 일본 보수 정치의 안정을 만들어 주었던 것이죠.

따라서 1960년대와 1970년대는 이러한 기업 사회와 보수 세력의 이익을 수반하는 정치적 안정에 의해 천황을 중심으로 국민을 통합하려는 의욕이 저하했습니다. 천황의 권위는 오히려 자민당의 이익 정치에 이용되어 천황으로부터 훈장을 받는다고 하는 형태로, 즉 훈장을 뿌려서 정치가들의 권위를 높인다는 형태로 이용되었습니다. 그리고 냉전 시대에는 미국의 전면적인 군사적 종속하에서 일본은 기지를 대여함으로써 서방 진영의 일원이 될 수 있었기 때문에 군사적인 통합의 필요성도 없었습니다. 따라서 전체적으로 볼 때 1960년대에서 1970년대는 천황에 대한 의식이 가장 지반 침하한 시대라고 생각합니다.

이것이 변화하게 되는 하나의 획기적인 계기는 1980년대입니다. 1980년대 일본의 지속적인 경제 성장에 의해 경제 대국이 되고 1982년에 성립한 나카소네中曾根 내각은 이러한 경제 대국에 대응하여 정치대국에 대한 커다란 야망을 가지게 됩니다. 그것은 전후 정치의 경제주의적 통합을 극복하여 다시 한번 정치 군사 대국으로 부활하고 싶다는 욕구로 나타났습니다. 그러한 욕구와의 관계에서 천황이 가지고 있던 전전의 국민 통합력과 군사적 동원에서의 커다란 역할이란 것을 다시 한번 부활시키고 싶다는 것이 나카소네 정권하에서 천황 복권을 향한 여러 가지 시도로 나타났습니다. 예를 들면 야스쿠니신사의 공식 참배라든가, 건국 기념일에 수상이 공식적으로 출석한다든가, 그리고 천황 재위 60주년 기념식전을 대대적으로 거행한다든가 하는 형태로 일련의 천황 권위 부활 현상의 시도가 있었습니다.

그러나 이 시대에 나카소네는 분명히 경제 대국에 대응하는 정치 대국으로서의 복권이라는 것을 지향하고 있었습니다만 경제의 글로벌화에 대한 일본 기업의 대응은 대단히 늦었습니다. 이미 당시 세계 경제의 글로벌 기업은 점차 세계 시장을 자유로운 기업의 시장 질서로 바꾸어 가고, 이를 위해 군사적인 질서 유지를 위한 힘을 늘려가는 방향성을 취하고 있었습니다. 그러나 일본의 경우 자본주의 발전 시스템이 국내 생산과 수출에 한정되어 있었기 때문에 일본의 재계가 반드시 군사 대국화를 원하고 있었던 것은 아니었습니다. 경제발전을 했기 때문에 그것에 수반되는 정치 대국으로서의 명예와 같은 것을 원하는 대국화의 욕망은 있었지만, 그것은 어떤 의미에서는 경제적인 충동에 뒷받침된 강력한 것이 아니었습니다. 그것이 일본의 기업이 해외, 특히 아시아에서 미국과 협력하면서

나카소네의 야스쿠니 참배
(1985년 8월 15일)

글로벌의 주요 시장을 가진다는 방향으로 가면서 대국의 일원으로
서 부활하고, 또한 비로소 일본의 경제적인 번영도 확보할 수 있는
상황이 된 것은 1990년대의 냉전 종언 이후가 된다고 봅니다. 그런
가운데 일본의 군사대국화, 정치대국화로서의 부활, 제 표현을 빌
자면 현재의 제국주의의 일원으로서의 부활 속에서 새삼스럽게 천
황 문제가 떠오른 것이 아닐까요.

천황제와 기업 사회

1980년에서 1990년으로의 전개 과정에서 보였던 하나의 특이한 현상
은 1989년 쇼와천황의 죽음을 전후해서 나타난 과잉 자숙이라고 생각
합니다. 예를 들면 그때 600만 명이 넘은 사람들이 천황의 쾌유를 기
원하기 위해서 기장記帳에 참가한 것에 대해 의견이 있으실 텐데요. 특
히 당시 선생님은 현대 일본의 군주는 '천황'이 아니라 '기업'이라고
하셨는데, 이 부분에 대해서 구체적으로 설명해 주십시오.

1989년에 쇼와천황이 서거했을 때 상당한 과잉 자숙과 천황에 대
한 독특한 분위기가 만들어졌었지요. 당시 제가 가장 주목한 것은
이러한 쇼와천황의 죽음에 대해, 혹은 천황의 대가 바뀌는 것에 대
해 많은 국민들이 자숙하거나 여러 가지 형태로 천황을 찬미하는
그런 사태가 어떻게 해서 일어난 것일까 하는 것이었습니다. 예를
들어 많은 사람들이 황궁 앞의 기장소記帳所에 몰려들었습니다. 전국
에서도 쇼와천황의 쾌유를 기원하는 기장이 행해졌습니다. 하지만
유심히 살펴보면 그 기장은 상당 부분 기업에 의해 동원된 것이었
습니다. 말하자면 기업의 노동자, 샐러리맨들이 획일적으로 기업에

의해 동원되어 기장하러 가거나, 백화점의 경우에는 획일적으로 경사스러운 날에 먹는 찰밥을 팔지 않는다는 등의 여러 가지 형태로 기업은 기업 나름대로의 이미지를 생각해서 획일적으로 상품을 통일하거나 자숙의 형태를 만들어갔습니다. 학교의 자숙도 강제적으로 학교 행정 속에서 획일적으로 행해졌습니다.

그런 의미에서 천황 현상이 일어난 배경에는 일본의 기업에 의한 강력한 국민 통합, 그리고 자민당의 이익 정치에 의한 지방 지배의 강력함과 언론의 획일적인 보도가 합체된 것이 있다고 봅니다. 당시 대부분의 서구 언론은 이를 일본의 낡은 전통이 등장했다고들 했지만, 실제로는 그게 아니라 현대 일본 사회 통합의 본연의 모습, 그 시스템 자체가 나타난 것입니다. 그런 의미에서 말하자면 일본의 고도 경제 성장과 지속적인 성장을 이끌어 온 일본 기업 사회의 강고함이 상징적으로 나타난 것입니다. 그런데 이러한 강한 일본 기업 사회의 경제 성장을 이끌어 온 강력한 기업 사회의 통합이란 것은 일본 경제가 글로벌화해가는 가운데 급속도로 해체와 개편을 겪어야 했습니다. 이것은 1990년대 중반에 걸쳐서 나타난 대단히 큰 변화라고 생각합니다.

기업에 의한 사회의 통합이란 것이 경제의 글로벌화 가운데 해체되기 시작하는 것은 대체로 헤이세이에 들어와서란 말씀이죠. 이른바 '헤이세이 대불황'이라든가 또는 '잃어버린 십년'이라고 해서 불경기가 장기화되지 않았습니까? 그 요인은 어디에 있다고 보시는지요.

기업 사회의 절정기에 쇼와천황의 서거가 있었습니다. 그것은 기업 사회의 강력함을 보인 것이지만, 그 후 10년 사이에 일본 기업이 글로벌리제이션을 행해가는 가운데 기업의 경쟁력이 저하되어 갑니다. 왜냐하면 일본 기업의 경쟁력이란 것은 대부분의 경우 노동자 착취라든가, 서비스 잔업, 과로사 등과 같이 기업에 대한 노동자의 공헌과 기업의 강력한 노동 조합 운동 등에 뒷받침되어 왔습니다. 그리고 하청 기업에 대한 기업의 착취가 기업 경쟁력의 또 하나의 중요한 비밀이었습니다.

그러나 이러한 기업도 해외로 전개할 경우 하청 기업을 모두 가져갈 수 없기 때문에 불가능합니다. 특히 서구로 전개할 경우 서구의 강한 노동 조합 운동의 규제 속에서 일본과 같은 서비스 잔업, 과로사를 낳을 정도로 노동을 착취하는 것은 도저히 불가능합니다. 그런 상황에서 일본 기업이 글로벌을 전개해가는 속에서 경쟁력이 급속도로 떨어졌습니다. 그런 의미에서 일본 기업이 글로벌리제이션 속에서 다시 한번 미국의 기업과 경쟁하여 승리하기 위해서는 격심한 신자유주의 개혁이라든가, 기업의 구조 조정, 그리고 값싼 노동력을 구하기 위한 아시아로의 기업 진출 등을 하지 않을 수 없게 되고 이윽고 이것이 고질화되어 갑니다.

지금까지는 기업을 위해 헌신하면 불황기에도 해고되지 않았습니다. 그러나 종신 고용, 연공 서열과 같이 정사원이 되면 정년 퇴직까지 일할 수 있는 일본 기업의 강력함을 자랑하던 고용 시스템이 모두 무너진 것입니다. 그렇게 되면 이미 기업 사회의 통합을 유지하고 있을 여유가 없습니다. 기업이 경쟁력을 키워서 글로벌 경쟁의 시대에 미국 기업 등과 맞서기 위해서는 이미 과거와 같은 형태로 기업 사회 통합을 하고 있을 때가 아닙니다. 계속 구조 조정을 해서 젊은 사람을 해고하는 등의 일을 하지 않으면 안 되지만, 그것은 결국 일본 사회의 통합에 큰 금이 가게 하는 결과가 됩니다.

한편 1990년말경이 되어 일본 사회에서는 지금까지 생각할 수 없었던 여러 가지 사건이 발생했습니다. 예를 들면 일본의 경찰은 1980년대 말에서 1990년대 전반까지 세계 제일의 안전한 나라라고 선전했습니다. 범죄율은 서구에 비하면 아주 낮았습니다. 특히 흉악범죄 발생율이 아주 낮았고 검거율은 세계 제일이었죠. 이것은 일본에 온 유학생들도 말하고 있지만, 일본은 선진국 중에서도 안전한 나라라는 신화가 만들어졌습니다.

그러나 1990년대 말이 되면 그런 신화가 완전히 무너져버립니다. 범죄율은 점점 올라가고 검거율은 겨우 20%를 넘어 선진국 중에서도 최저 수준이 되었습니다. 그리고 흉악 범죄의 증가, 특히 소년의 흉악한 범죄가 증가한 것은 지금까지 그 예가 없었습니다. 이제까지 서구에서 보이는 현상이었던 무숙자도 1990년대에 들어와 극단적으로 많아졌습니다. 또한 자살자가 90년대 말에 2만 명에서 3만 명대를 넘어 지금은 3만 5000명 정도에 달합니다. 그 중 2만 명 정도는 50대 이상의 남성으로 대부분 기업의 구조 조정으로 실직하거나 회사가 도산하여 생명 보험 혜택이라도 받아서 가족이나 기업에게 돌려주자는 식의 자살이었던 것입니다. 이는 사회 통합 측면에서 볼 때 종래에는 없던 파탄과 분열이 일어나고 있다는 것을 말해주고 있습니다.

그렇다면 신자유주의 개혁을 그만두고 원래의 기업 사회를 재건할 수 있는가하면 그것은 불가능합니다. 글로벌 기업의 경쟁 하에서는 아시아와 미국 등과 경쟁하기 때문에 도저히 불가능한 것이지요. 그럼 사회 통합은 어떻게 할 것인가? 여기서 새삼스럽게 사회 통합의 최후 수단으로 가족이라든가, 천황이라는 것을 가져오게 되는 것입니다. 한편 군사대국화를 지향하는 욕구도 상당히 강했지만 지금의 상황에서 '천황폐하를 위해서'란 인식을 국민에게 심어주는 것은 도저히 불가능합니다.

따라서 군사대국화의 지향은 오히려 천황을 이용하지 않고 '국제공헌'이라든가 '자유로운 시장 질서의 풍요로운 사회'를 지켜간다거나 하는 새로운 이데올로기로 커버하면서 신자유주의 개혁에 의해 글로벌리제이션과 기업의 구조 조정을 추진하는 한편, 빈부의 격차가 확대된 일본 사회의 분열과 해체 상태는 천황제나 공동체에 의해 재건해 가겠다는 방향이 특히 최근에 와서 급속하게 나타나면서 새삼 천황원수화론 등이 등장하게 된 것입니다. 1960년대, 1970년대에서 1980년대에 걸쳐서는 그다지 언급되지 않았던 천황이란 것이 다시금 나오게 된 것입니다.

최근 자민당의 헌법 개정 초안2에도 천황원수화의 내용이 보입니다. 그러나 일본 국민이 그것을 받아들일 가능성은 희박하지 않습니까?

자민당이 천황을 내세워 분열한 국민 통합을 다시 한번 재건하고 싶은 의욕은 대단히 강합니다, 단 이것이 성공할지 어떨지는 지배층도 자신이 있다고는 보지 않습니다. 하지만 이번의 천황원수화론이 종래의 그것과 확연히 다른 것은 '여제론'이 개입된 것입니다. 군대와 군국주의에 국민을 통합시켜간다고 할 때에는 역시 천황은

---

2 다카하시 인터뷰의 각주 참조.

대원수라는 인식이 있기 때문에 '여제론'은 어울리지 않습니다. 그러나 사회 통합을 재건하기 위해서 공동체적, 전통적인 공동성을 복권시키려는 의도가 강한 상황에서 지금 '여제'를 인정함으로써 천황의 역할이라든가 대표성이라는 것을 새롭게 평가하고자 하는 방향이 나오고 있습니다.

그런 의미에서 국민 통합을 재현한다는 점에서는 '여제론'은 아주 효과적인 측면을 가지고 있습니다. 다만 전체적으로 지금 사회 통합의 해체 상황을 가족, 공동체, 천황으로 다시 한번 재건하려는 지배층의 시도는 생산성이 없으며, 실제 그것으로 사회의 분열과 해체 상황이 극복될 가능성은 대단히 낮다고 봅니다.

앞서 기업 사회의 분열이라든가 붕괴라는 현상이 일어나고 있다고 하셨는데, 앞으로 헤이세이천황이 죽을 때에도 쇼와천황 때와 같이 기업 사회적인 현상이 일어난다고 보십니까?

그것은 상당히 추측하기 어려운 일이라고 생각합니다. 왜냐하면 쇼와천황의 서거와 황위 계승 때는 무엇보다도 일본 사회의 통합이 강한 시대였습니다. 그렇기 때문에 천황에 대한 자숙 동원 같은 것이 아주 강력하게 행해졌죠. 그러나 이번의 경우 다시 한번 천황을 이용하려는 것은 그러한 사회 통합이 해체되었기 때문에 그런 상황이 재현되리라고는 생각하지 않습니다. 하지만 최근의 동향은 어떤 형태로든 '여제'를 인정함으로써 다시 한번 재건하여 통합의 기동력으로서 이용하려는 의욕은 있기 때문에 아마도 헤이세이 천황이 죽을 때는 쇼와천황 때의 그것과도 같은 의식을 보다 강력하게 행할 가능성은 있다고 봅니다. 그러나 그것이 1989년 때처럼 성공할 확률은 적습니다.

야스쿠니신사 참배 문제

국민의 자발성이 쇼와천황 때에 비해서 약할 것이란 말씀이군요. 이번에는 야스쿠니신사 문제에 대해 질문하고 싶습니다. 야스쿠니신사 문제 가운데 수상의 공식 참배에 대해서는 국내외적으로 논란이 일고 있습니다. 특히 대외적으로는 한국과 중국의 반발을 불러일으키고 있음에도 불구하고 고이즈미 수상은 해마다 일자는 틀려도 반복해서 참배하고 있습니다. 고이즈미 수상이 그렇게 하는 근본적인 요인은 어디에 있다고 보시는지요?

야스쿠니 문제는 1950년대부터 여러 보수 세력이 거의 50년이 넘도록 추구해 온 것입니다. 그러나 그렇게 추구해온 요인이랄까 원인은 시대에 따라 바뀌어 왔다고 생각합니다. 1950년대는 일본의 복고주의적인 정치 재건의 일환으로 야스쿠니와 기원절3 을 부활시켰습니다. 그런 의미에서 천황제라는 시스템 부활의 일환으로 나라를 위해 목숨을 바친 자를 신으로서 모시고 있는 야스쿠니를 국가적인 제도로서 부활시키고 싶다는 복고주의적인 요구가 상당히 강했다고 봅니다. 그러나 60년대에는 야스쿠니신사의 국가호지법안4을 5번이

---

3 나카무라 인터뷰 각주4(161쪽) 참조.

4 야스쿠니신사는 패전 후 점령군의 '신도지령'에 의해 국가의 기관에서 일반 종교 법인으로 바뀌었다. 이것을 다시 국가가 관리하는 체제로 되돌리자는 것이 '야스쿠니신사 국가호지운동'이다. 자민당은 1969년 국가관리화를 지향하는 '야스쿠니신사법안'을 국회에 제출했으나 보수와 혁신의 대립 속에서 폐안이 되었다(1969, 1970, 1971, 1971, 1973년 2차례). 이후 1973년까지 5차례 법안을 제출했으나 심의도 마치지 못하고 폐안이 되었다. 야스쿠니신사의 국가관리에 관해서는 현재의 신사 형식과 신도에 의한 제사를 유지하는 이상으로 헌법의 '정교분리' 원칙에 위배된다는 의견이 많으며, 법제화를 위해서는 어떤 형태로든 '비종교화'가 필요하다는 의견도 있다. 또한 국가 관리에 대하여 전우회와 유족회 등은 200만 명의 '야스쿠니신사 국가호지'를 탄원하는 서명을 모았다. 그러나 야스쿠니신사 측은 '비종교화'를 받아들이지 않고 '국가의 관리'에 반대하고 있다.

나 냈지만 한 번도 심의되지 못하고 실패했습니다.

이것이 실패한 이유는 당시 야스쿠니신사를 부활시켜 국가적인 제도로서 재건하고 싶어 하는 세력의 중심이 자민당 이익 정치의 강력한 지지 기반이었던 신사본청이나 유족회 등과 같은 사람들인데 자민당은 그들의 지지를 얻기 위해서 야스쿠니신사 법안을 국회에 제출한 것입니다. 그러나 그것을 통과시켜버리면 이번에는 또 하나의 자민당을 지지하는 우익적인 신흥 종교, 특히 반신도反神道적인 신흥 종교 단체가 반발하기 때문에 이 시대에는 야스쿠니 문제를 실제로 실현할 의욕이 자민당의 보수세력 안에는 없었다고 생각합니다.

지금 문제가 되고 있는 수상의 야스쿠니신사 공식 참배 문제는 1970년대부터 시작됩니다. 이것은 야스쿠니신사의 국가호지가 불가능해진 단계에서 야스쿠니신사를 국가 시설로서 부활하기 위한 첫걸음으로서 우선 수상이 8월 15일에 참배한 것입니다. 이렇게 공식 참배를 할 수 있는 여건을 만든 다음에 야스쿠니신사를 국가 시설로 복권하자는 순서를 택한 것이죠. 이것이 본격화되어가는 것은 앞서 말했듯이 예를 들어 일본의 글로벌한 군사 대국화라는 움직임 속에서입니다. 수상이 끈질기게 야스쿠니신사 공식 참배를 고집해 온 직접적인 원인으로 우파 세력이나 자민당 매파가 요구해 온 것도 사실이지만 그것만으로는 설명할 수 없습니다. 그 배경에는 역시 일본의 글로벌한 군사대국화 속에서 군사 대국으로서 복권하고 싶다는 욕구가 있습니다.

그러나 군사대국으로서 복권을 꾀하기 위해서는 몇 가지 문제를 해결하지 않으면 안 됩니다. 먼저 자위대를 해외에 파병시키기 위해서는 헌법을 개정하지 않으면 안 되지만, 동시에 더욱 중요한 것은 일본의 군대가 해외에 출병했을 때 거기서 전사한 자에 대해서 공적으로 위령할 시설이 없다는 사실입니다. 즉 어떻게 해서라도 군사대국으로서 부활하기 위해서는 먼저 전쟁을 위해 출동한 군인들이 전사했을 때 그들을 공적으로 위령할 시설이 없다는 현상을 돌파해야 한다는 과제를 안고 있습니다. 최근 이것이 특히 강해진 것은 자위대를 인도양이나 이라크에 파병해서 전사자가 나오게 되는 것은 피할 수 없는 일이 되었기 때문입니다. 이 때 야스쿠니신사를 어떻게 한다든가, 군인의 훈장을 어떻게 한다든가, 은급을 어떻게 한다든가 하는 등의 군사대국으로서 가져야 할 여러 가지 제도를 어떻게 해서라도 빨리 부활시켜야 할 필요성이 생긴 것입니다. 이러한 요청이 고이즈미 수상의 야스쿠니신사 참배라는 형태로 나타난 것입니다. 그러한 의미에서 대단히 강한 충동으로서 나타났다고 봅니다.

그러나 이것은 한편으로는 커다란 모순을 안고 나타나고 있는 것입니다. 왜냐하면 지금 일본 기업의 글로벌리제이션은 아시아를 중심으로 전개하고 있습니다. 아시아의 자유 무역 경제권을 만들어야 하고, 동아시아에서 리더십을 잡고 특히 중국에 경제 진출을 해 간다는 것이 지금의 일본 기업의 기본적인 전략입니다. 야스쿠니신사 참배는 그러한 글로벌한 일본의 기업 진출을 군사적으로 백업하기 위해 불가결한 조치이지만, 이 같은 조치가 아시아의 강한 경계심을 불러일으킵니다. 일본의 기업으로서는 군사 대국을 했으면 좋겠지만, 동시에 군사대국을 해버리면 일본기업의 아시아로의 전개, 아시아에서의 리더십이란 것에 큰 상처를 입게 된다는 사실에 큰 모순이 있다고 봅니다.

일본 재계의 대표가 고이즈미 수상의 야스쿠니신사 참배에 대해서 부정적인 견해를 표명한 것도 아시아로의 글로벌한 기업 진출에 장애가된다고 생각했기 때문이라고 볼 수 있겠군요. 그런 의미에서 모순이표면화된 것이라고 생각되는데, 이러한 재계의 요청에 대해서 고이즈미는 어떻게 대응할까요?

일본의 게이단렌經團連과 재계의 야스쿠니신사 문제에 대한 발언의배후에는 특히 2000년대에 들어와서 글로벌리제이션의 새로운 단계에서 한편으로는 경쟁력을 높이기 위한 가혹한 개혁과 동시에아시아의 패권을 잡고 동아시아 무역 경제권을 만들고 싶다는 의욕이 상당히 강하게 있다고 생각됩니다. 이것은 일본 게이단렌이2003년에 낸 '매력있는 일본을 지향하며'라는 보고서 속에 처음으로 동아시아의 자유 무역권이라는 구상을 제시한 것으로도 알수 있습니다.

지금까지의 일본의 글로벌 기업은 오로지 미일 관계를 중심으로 생각해왔지만 아시아의 자유무역권을 생각할 때는 한중일이 중심이되어야 합니다. 그런데 앞서 말한 보고서에서는 동아시아의 자유무역권 속에서 일본이 리더십을 획득하기 위해서라도 일정한 정도의군사력이 필요하다고 보고 있습니다. 결국 이런 방향으로 추구해가면 군사대국으로서의 부활이 헌법 개정, 야스쿠니신사의 국가 시설로서의 재건이라는 결과가 되지만 동시에 아시아에서의 리더십을획득하기 위해서 야스쿠니신사를 끌어내는 것은 불가능한 일입니다. 혹은 헌법 개정이나 천황의 원수화, 또는 자위대의 이라크 파병을 강행한다는 것은 아시아에서 볼 때 일본은 여전히 반성하지도않고 다시 군국주의의 길을 걷고 있는 건 아닌가하는 의혹을 불러

일으킵니다. 그런 의미에서 게이단렌은 경제의 글로벌한 전개를 위해서는 군사력의 강화와 아시아에 대한 배려의 두 가지가 다 필요하다고 하는 모순된 제언을 하는 것입니다.

그렇다면 이것에 대해 고이즈미는 어떻게 대응해야 하는가하는 문제입니다만, 지금까지의 고이즈미의 태도를 보면 절박한 군사대국으로서의 완성을 위해서 역시 이 부분은 노력하지 않으면 안 된다고 봅니다. 그런 의미에서 고이즈미는 야스쿠니신사 참배를 포기하지 않을 것입니다. 오히려 어떤 형태로든 공적인 위령 시설로 부활할 방향을 모색할 것입니다. 그러나 동시에 매우 절박한 것은 중국과 일본 기업의 경쟁이죠, 중국에 신칸센을 놓는다든가 하는 문제가 있습니다. 그렇게 되면 이것은 실로 실익實益이니까 당분간은 야스쿠니신사에 가지 않고 적절하게 약간의 수정을 거듭해 갈 것이라고 생각합니다.

미일안전보장과 동아시아 질서

일본의 동아시아에서의 패권을 생각할 경우, 아무래도 미국의 후원이 없으면 힘들다고 생각합니다만, 그러한 미일안전보장 문제와 그것이 냉전 체제 붕괴 이후에 어떻게 변화했으며 앞으로 어떻게 전개될 것인지에 대한 전망을 말씀해주십시오.

전후 미일동맹은 기본적으로는 냉전기에 있어서 사회주의권의 확대를 저지하고 자유시장권을 확보하려는 미국의 전략 속에서 기지 대여 조약이라는 측면이 매우 강했습니다. 냉전기의 상당한 시기까지

는 미국과 일본 자위대의 힘 관계는 압도적으로 달랐기 때문에 미국
으로서는 기본적으로 일본 자위대를 동맹군으로서 사용한다는 신뢰
를 갖고 있지 않았습니다. 오히려 미군이 자유로이 이동할 수 있는 거
점으로서 일본을 사용한다는 역할을 지니고 있었습니다. 물론 60년
의 안보조약 개정은 그것을 더욱 버전업해서 미일간의 군사적인 동
맹 관계를 만들려고 했으나 격렬한 안보조약반대투쟁5을 초래했습니
다. 미국으로서도 만약 일본의 보수 정권이 쓰러져 중립화된다면 아
시아에서의 자유로운 전략 기지로서의 일본이 사라져버리기 때문에
일본에 대한 군사적 분담 상의 요구를 어느 정도 억제해 왔습니다.

그러나 그것이 크게 변한 것은 역시 냉전 종결입니다. 냉전 종결에
의해 사회주의권이 붕괴하는 한편 중국을 포함한 자유시장권이 거
대하게 확대했습니다. 13억 인구의 시장과 러시아 동구권이 6억, 7
억이라는 자유 시장이 생겨났습니다. 이러한 지역에서의 분쟁, 내
란 등의 갖가지 장애에 대하여 군사적, 정치적으로 압력을 가하면
서 기업이 글로벌한 활동을 전개할 수 있는 시장을 확실하게 유지
해 가기 위해서는 미국만이 세계 경찰이어서는 도저히 무리입니다.

---

5 안보투쟁은 1960년 미일안전보장조약에 대한 반대 투쟁이다. 미국의 극동 전략 재편과 일
본의 경제력·군사력 부활을 배경으로 1958년경부터 개정 교섭을 추진하고 있다. 이에 대해
서 1959년 3월 안전보장조약 개정 저지 국민 회의가 발족하여 4월 15일 제1차 통일행동 이후
1960년 7월 2일 제23차 통일행동까지 공전의 지속적인 국민 운동을 전개했다. 1960년 1월 조
약이 조인되어 국회 심의에 들어가자 연일 국회의사당 앞에서 데모가 일어났으며 특히 5월 20
일 중의원 본회의에서의 강행 체결 이후에는 안보조약 찬성자까지도 의회제민주주의 옹호를
위한 국회 청원에 가담하여 운동은 일거에 격화되었으며, 6월 4일, 15일, 22일에 국민적 지지
하에 노동자의 정치 파업이 결행되었다. 이 운동의 격화로 아이젠하워 미대통령의 방일이 취
소될 정도였으나 안보 조약은 6월 19일 자동 승인되고 22일 비준서를 교환하면서 발효되었다.
안보투쟁은 좌절했으나 전후 일본 민주주의 운동에서는 중요한 이정표가 되었다.

그렇기 때문에 아시아에서의 일본, 유럽에서의 나토라는 이 두 개의 군사적 압력이 강해졌습니다. 여기서 미일안보조약이 크게 성격을 달리하게 됩니다. 하나는 영역적으로 말하자면 기지 대여 조약에서, 혹은 극동 레벨에서의 공동 작전 태세에서 아시아 태평양 지역으로, 나아가 1990년대 말이 되면 글로벌한 지역에서의 일미 군사 협력 태세로 크게 변해갑니다. 그것은 어떤 의미에서는 미국이나 일본의 글로벌 기업이 세계적인 수준에서 자유로이 활동할 수 있는 안정된 시장을 군사적, 정치적으로 확보한다는 것이며, 그것을 위해 미국과 일본이 협동하여 작전 태세를 갖춘다는 것으로 기능이 변화해 갔다고 생각합니다.

일본이 군사 대국화의 방향을 추진하면 할수록 중국과의 마찰이나 알력도 발생할 것으로 예상되는데, 이 밖에도 현재 북한의 문제가 있습니다. 특히 북한에 대해서 지나치게 위협론을 강조하여 국민들의 경각심을 불러일으키고 그것을 군사적인 국민 통합에도 이용하려는 의도가 있다고 생각합니다. 앞으로 일본이 군사 대국화를 추진해 나가는 과정에서 동아시아의 질서는 어떻게 변화할 것으로 보십니까?

상당히 어려운 문제라고 생각합니다. 일본은 지금까지 아시아 각국에서의 경계심과 일본 국민에 대한 경계심을 갖지 않도록 하기 위해서 변칙적인 형태로 군사대국화를 전개해 왔다고 봅니다. 1990년대 이후 일본 기업은 특히 아시아 속에서의 안정된 활동을 위해서도 일본의 군사력을 원해 왔다고 보는데, 일본의 군사대국화는 항상 몇 가지 곤란을 안고 있습니다. 하나는 일본 기업이 주로 전개하는 아시아는 일본 제국주의가 침략 전쟁을 한 지역입니다. 일본이 침략과 식민지 지배를 되풀이한 아시아 지역에서 기업 활동의 안정을 지키기 위한 군사적 주둔은 당연히 일본 제국주의의 침략전쟁이라는 기억을 재생산하지 않을 수 없습니다. 그리고 일본 국민과의 관계에서 보더라도 그러한 군사대국화란 것이 과거의 비참한 전쟁을 반복하는 것이 아닌가 하는 식으로 일본의 평화주의적, 소국주의적인 국민 의식을 자극하게 됩니다.

그런 의미에서 일본의 군사대국화란 직선적으로 정면 돌파할 수 없는 상황에 있다고 생각합니다. 그래서 어느 정도 변칙적인 형태로 군사대국화를 전개하지 않을 수 없었던 것인데, 군사대국화에 있어서 가장 큰 장애가 되는 것이 역시 헌법입니다. 그러나 헌법에 손을 대면 일본 국민의 경계심이 폭발할 것이며, 아시아 각국에서도 이것을 곧 군사대국화로 간주하기 때문에 헌법에 손을 대지 않고 군사대국화로 진행시키는 과정에서 만들에 낸 것이 바로 가이드라인 체제6라고 하는 것입니다. 즉, 일본이 히노마루를 내걸고 아시아로 진출하는 것이 아니라 미군의 후방을 일본이 지원한다는 것입니다. 미국에 대해서는 후방을 지지하는 것으로 군사대국의 요청에 응하지만, 아시아 여러 국가나 일본 국민에 대해서는 군사대국이 되는 것이 아니니 안심하라고 하는 더블 스탠다드식으로 군사대국화를 추진하고 있는 것이죠.

---

6 정식 명칭은 '미일방위협력지침' 이다. 냉전 체제 붕괴 후 구소련을 봉쇄하는 것을 목적으로 맺어왔던 미일안전보장의 역할을 재 정의하기 위해 1996년 미일수뇌회담에서 미일안전보장 공동선언을 발표했다. 여기에 의거해서 미일간의 협력을 규정한 구 미일방위협력을 위한 지침(가이드라인)을 97년에 개정했다. 90년대 전반의 북한을 염두에 둔 '주변사태' 라는 새로운 개념을 도입하여 물자 수송과 보급 등, 후방 지역 지원의 40항목으로 되어 있으며 '주변사태법' 을 제정하는 계기가 되었다.

그러나 여기에는 상당한 한계가 있습니다. 결국 이것으로는 언제까지나 일본은 세계 무대에서 대국의 일원으로서 승인 받지 못하는 결과가 됩니다. 특히 자유주의 진영의 여러 국가로부터 대국으로서 승인 받기 위해서라도 '보통 국가'로서 군사적인 파병을 하고 전쟁도 하는 군대를 만들고 싶다는 것이 오늘날 군사대국의 큰 충동이 되고 있지만, 이것은 아시아 각국의 국민과 일본 국민에 대해서는 커다란 충격이 되기 때문에 그 위험성이 매우 큽니다.

따라서 저는 이런 형태로의 군사대국화는 오히려 아시아에서의 일본의 리더십 확립을 정치적으로도 경제적으로도 방해하는 결과가 되어 버린다고 봅니다. 그렇게 되면 다시 그러한 군사대국화의 노선을 억누르는 방향도 나오게 됩니다. 그렇다고 군사대국화를 그만두고 본격적으로 전쟁책임을 인정하고 아시아에 대해 사죄를 해서 일본이 아시아에서의 정치적인 리더십을 발휘하기 위해 한걸음 내딛게 되면 일본의 군사대국화의 방향은 크게 수정하지 않을 수 없는 문제가 생깁니다. 여기에 일본의 군사대국화를 둘러싼 딜레마가 있습니다.

여기서 재계나 보수 세력이 하나의 돌파구를 뚫으려고 할 때 크게 클로즈업되고 있는 것이 북한 문제입니다. 북한 문제는 실은 일본의 보수 세력이 전후 반복해서 국민에게 군사대국화를 승인받기 위한 이데올로기로 이용해 왔습니다. 이제까지 소련 위협론이라든가, 중국 위협론 등 여러 가지 위협론이 있었습니다만 한 번도 일본 국민이 받아들인 적이 없습니다. 소련이 침범해 올지도 모른다, 중국이 공격해 올지도 모른다는 것에 대해서 여론 조사를 해 보면 일본 국민은 그다지 믿지 않았습니다. 그런데 1990년대 말에 들어와 북한은 무섭다고 하는, 혹은 북한에서 미사일이 날아올지도 모

자위대 해외 파병 사진

른다는 것에 대해 일본 국민은 처음으로 위협론을 받아들이고 있는 것입니다. 그런 의미에서 지금의 북한 문제라는 것은 일본의 군사적인 내셔널리즘을 부활하기 위한 절호의 지렛대가 되고 있습니다. 즉 북한 문제는 일본의 군사대국화를 완성해 가는 과정에서 일어날 매우 큰 혼란을 일본의 지배 세력이 돌파해 나가기 위한 하나의 커다란 지렛대로서 주목되고 있습니다. 이것이 지금의 북한 문제로서 역시 정부는 동아시아 전체의 리더십을 잡기 위해 북한에 대해서는 대화를 통해서 추진해가고 싶다고는 생각하지만, 그럼에도 불구하고 매스컴과 우파 세력이 북한 위협론을 크게 다루고 있는 것이 그 배경에 있다고 봅니다.

일본에서 보도되고 있는 북한 관련 뉴스를 보면 조금은 과장되었다는 느낌을 받습니다. 매스컴에서는 거의 매일같이 북한 문제를 보도하고 있는 것을 볼 수 있는데, 그러한 배경에는 네오내셔널리즘과 같은 우경화의 움직임도 있다고 봅니다. 한국에서는 진상이 잘 알려져 있지 않은 탓인지도 모르겠지만 대체로 일본은 총체적인 우경화가 진행되고 있으며, 그것을 저지하는 세력의 힘이라고 할까, 야당이나 언론의 역할이란 것이 너무도 약한 것이 아닌가 하는 생각이 듭니다. 이러한 우경화에 반대하는 측의 동향에 대해 듣고 싶습니다.

크게 봐서 1993년을 전후해서 일본의 좌파 세력과 평화 운동의 힘은 크게 변했습니다. 1993년까지 일본의 사회당이나 공산당, 노동조합 운동이란 것은 분명히 정권을 잡고 복지국가 정책을 전개할 정도의 역량은 없었지만, 그럼에도 불구하고 3분의 1이상의 국회의석을 차지하고 있다는 것은 여러 가지 의미에서 커다란 영향을 가지고 있었다고 봅니다. 가장 큰 것은 헌법 개정을 할 수 없다는 것이죠. 국회에서 중참양원 3분의 2의 찬성이 없으면 헌법 개정은 불가능합니다. 그렇기 때문에 수십 년에 걸쳐서 헌법 9조7의 개정을 막아 온 것은 일본의 군사 대국을 저지하는 큰 힘이었습니다. 게다가 여러 가지 의미에서 야당 세력이나 평화 운동의 힘이라는 것은 다른 나라에는 없는 일본 특유의 헌법 9조에 수반되는 소국주의적인 제도를 만들어왔습니다. 예를 들어 '비핵 3원칙'8이라고 해서 경제대국 가운데 핵을 소지하고 있지 않은 군대는 일본뿐입니다. 그리고 '무기 수출 금지 3원칙'9이라고 해서 수출 대국이면서도 무

---

7 일본국헌법 9조의 전문은 다음과 같다. 제9조(전쟁 포기, 군비 및 교전권의 부인) ① 일본 국민은 정의와 질서를 기조로 하는 국제 평화를 성실하게 희구하고 국권의 발동인 전쟁과 무력에 의한 위혁 또는 무력의 행사는 국제 분쟁을 해결하는 수단으로서는 영구히 이를 포기한다. ② 전항의 목적을 달성하기 위해서 육해공군 기타 전력은 이를 보유하지 않는다. 국가의 교전권은 이를 인정하지 않는다.

8 비핵 3원칙이란 "핵을 보유하지 않고, 만들지도 않으며 가지고 들어오지도 않는다"고 하는 일본이 국시로 삼는 기본 원칙이다. 1968년 1월 당시 사토 에이사쿠 수상이 시정방침 연설에서 이 원칙을 제시했다. 이후 역대 내각은 이 원칙을 준수한다는 자세를 표명하고 있으나 실제로 이것이 지켜지고 있는지에 대해서는 의심쩍은 부분이 많다. 또한 미국은 자국 함선의 핵병기 탑재에 관해서 긍정도 부정도 하지 않는 원칙을 견지하고 있으며 일본에 기항하는 미군 함선이 핵병기를 보유하지 않고 있다고는 군사적인 상식으로서도 있을 수 없는 일이다. 고베시(神戸市)에서는 현재 이 원칙을 자체적으로 채용하여 고베항에 기항하는 모든 해군의 함선에 대하여 '비핵증명서'의 제출을 요구하고 있어 미해군은 고베항에 기항하지 않고 있다.

기를 수출하지 못하도록 한 것은 일본이 세계 전쟁에 군사 산업면에서의 역할이라는 것을 못하도록 했다는 점에서 아주 의미가 컸다고 봅니다.

그리고 지금까지도 일본의 자위대는 사람을 죽이지 않았습니다. 물론 이것은 자위대가 보통의 군대와 다르기 때문에 매우 독특한 소국주의적 태세를 지니고 있었고, 방위비에 대해서도 상당히 엄격한 조건 제한을 두고 있었습니다. 만약 헌법 9조와 평화 운동이 없었다면 아마도 GNP의 3% 정도를 넘어 더 빠른 단계에서 일본의 군사대국화는 완성되었으리라 생각합니다. 그리고 해외 침공용 병기의 경우에도 지금 급속도로 그것을 충족시키고 있긴 하지만, 항공모함이나 원자력 잠수함과 같은 병기를 갖추지 않고 있습니다.

이와 같이 전체로서 헌법 9조와 평화 운동의 체계가 일본의 군사대국화에 대한 강력한 제어가 되어 왔습니다. 유사법제**10**도 없었고 국가기밀법도 없는 상황에서는 군사대국이 될 리가 없습니다. 야스쿠니 신사도 없고 군사 용품도, 훈장도 없는 이런 상황에서는 1990년대에 들어와서 일본의 대기업이나 보수 세력이 원하는 군사대국화는 도저히 불가능합니다. 이러한 현상을 돌파하기 위해 평화 운동에 대해 가해진 가장 큰 공격이 저는 정치 개혁이라고 생각합니다. 1993년의 정치 개혁에서 소선거구 제도가 도입되어 10년이 지난 결과, 예를 들면 2003년 11월 중의원선거에서는 480의석 중 호헌 정당은 20의석

---

9 무기 수출에 관한 일본 정부의 기본 방침으로서 1967년에 사토 에이사쿠 수상이 국회에서 ① 공산권 국가에 대해서, ② 국회 결의에 의해서 수출이 금지되어 있는 국가에 대해서, ③ 국제 분쟁 당사국 또는 그 우려가 있는 국가에 대해서는 무기 수출을 인정하지 않는다고 표명했다.

10 고모리 요이치 인터뷰 각주 14(136쪽) 참조.

밖에 차지하지 못했습니다. 그렇기 때문에 개헌을 지지하는 정당이 중의원에서 95%를 차지하고 참의원에서도 93%를 넘는 이러한 국회 안에서 기본적으로 평화 세력이란 것은 완전히 감축되었습니다. 그리고 미국식의 2대 보수 정당 태세가 만들어져서 군사대국의 문제에서 자민당이 크게 전진했고 국민들의 비판을 받으면서도 헌법 개정안에 찬성하는 민주당이 있습니다. 단지 민주당은 국제연합의 결의가 없으면 자위대는 내보내지 않는다는 점에서 자민당과 다릅니다. 자민당은 국제연합의 결의가 없어도 미일동맹으로 보낸다는 것이 차이점이죠. 이는 미국의 공화당과 민주당의 차이와도 같습니다. 이런 태세를 갖춤으로서 일본의 군사대국화를 보다 무난하게 전개시키는 태세를 만들었습니다. 이것이 지금 아시아 각 국의 국민에게는 일본의 군사대국화가 자꾸 진전되는 것처럼 보이는 매우 큰 근거가 되고 있습니다.

따라서 주목해야 할 것은 이러한 급속도의 변화라는 것이 90년대 중반 이후 가속화하고 있다는 점입니다. 이제까지 만들어온 평화주의의 체계를 여러 가지 형태로 무너뜨리는 것을 지켜봐야 합니다. 그렇다면 정말 일본의 저항 세력, 평화 세력은 해체해 버렸는가 하면 분명 국회에서는 방금 말했듯이 거의 힘이 되지 않는 상황입니다. 그러나 일본 사회 속에서는 사회적 대항과 정치적 대항 사이에 큰 갭이 생기고 있습니다. 예를 들어 헌법 문제로 보자면 헌법이 오래되었기 때문에 사회적 변화에 맞추어 조금 좋은 면도 포함해서 개정해 가자는 목소리가 어떤 여론 조사를 보더라도 대충 과반수를 넘습니다. 그런데 헌법 9조의 문제에 대해서 바꾸고 싶지 않다는 목소리도 어떤 여론조사에서도 과반수를 넘고 있습니다. 《아사히신문》은 60%,

NHK는 51%,《요미우리신문》은 활발하게 개헌 캠페인을 벌였지만 헌법 9조 개정에 찬성하는 사람보다 반대하는 사람이 많습니다.**11** 이것은 국민의 반수 가까이가 9조 개정에 반대하고 있다는 것을 말해줍니다. 일본 국민의 반수 이상이 자위대를 밖으로 내보내는 군사대국화에는 반대라는 것이죠. 이라크 파병에 대해서도 반대가 점차 늘어나고 있는데 문제는 눈에 띄는 의회적인 세력이 형성되어 있지 않다는 것입니다. 의회 세력이라 하면 예를 들어 2004년 4월의 참의원 선거에서는 6000만 명이 투표하고 있는데, 그 가운데 호헌파에 투표한 유권자는 700만 명입니다. 여론 조사에서 헌법9조 개정에 반대하는 사람이 적게 보아도 50%이기 때문에 6천만 명으로 생각해 보았을 때 3000만 명은 9조 개정에 반대입니다. 그런데 실제 호헌정당에 투표한 것은 700만 명밖에 없다는 것입니다. 크게 자민당을 지지하거나 민주당을 지지하는 2300만 명, 혹은 2400만

---

11 최근의 헌법9조 개정에 대한 여론 조사 결과는 다음과 같다.

◇《요미우리신문》(読売新聞, 4월8일)
−지금 하는 대로의 해석과 운용에 대응한다: 27.6%
−9조를 엄밀하게 지키고 해석과 운용으로는 대응하지 않는다: 18.1%
−해석과 운용에 대응하는 데는 한계가 있으므로 9조를 개정한다: 43.6%

◇시사통신(時事通信, 4월17일)
−자위대를 군대로 위치 지우고 전력 보유를 명기하는데 찬성: 28.5%
−9조는 현행 그대로 좋다: 41.7%
−9조의 2항을 삭제하면 된다: 11.9%
※전력 보유 명기에 반대하는 사람은 합계 53.6%

◇마이니치신문(每日新聞, 4월16 · 17일 전화로 조사)
−헌법 개정에 반대: 31%
−헌법 개정에 찬성: 59%
이 가운데 9조 1항의 개정 반대 : 60%(헌법 개정 반대와 합하면 66.4%)
이 가운데 9조 2항의 개정 반대 : 37%(헌법 개정 반대와 합하면 52.8%)

명의 사람이 잠재적으로는 9조 개정에 반대라는 결과가 됩니다. 이
것은 자민당이 좀처럼 헌법 개정에 결단을 내리지 못하는 큰 걸림
돌입니다. 그러나 이것이 지금까지는 시민적인 갖가지 운동에 의해
분산적으로 분출되고 있을 뿐이기 때문에 거대한 정치 세력으로서
통합되어 있지 않다는 점이 가장 큰 문제입니다.

그 하나가 지금 말했듯이 국회에서 정당의 힘이 약해졌다는 것이고,
또 하나는 전후의 평화 운동을 지지해 온 노동 조합 운동이 90년부
터 '총평'에서 '연합'으로 변했다는 것이 역시 크다고 봅니다.12 지
금 일본 노동 운동의 800만을 조직하고 있는 '연합'은 모두 그렇지
는 않지만 기본적으로는 글로벌리제이션에 찬성하는 대기업의 정사
원수를 상당수 조직하고 있습니다. '연합' 중에도 호헌파, 평화파가
있지만 '연합'이 주도권을 잡고 정치 세력의 규합을 꾀할 수 있으

---

12 '총평'은 '일본노동조합총평의회'의 약칭으로 일본 최대의 전국 노동 조합 중앙 조직이었
다. 패전 후 점령군 GHQ의 보호와 육성 하에 재출발한 일본의 노동 운동은 당시의 경제, 사회
정세를 배경으로 정치적 성향이 강했으며 또한 격렬했다. 총평은 노동조합주의와 세계 노련이
분열한 결과 만들어진 국제자유노련의 지향을 원칙으로 하여 1950년 7월에 결성되었다. 자유
노련 가맹을 둘러싼 내부 논쟁을 거쳐 1953에는 일본 조합의 탈퇴를 계기로 계급 투쟁을 기본
이념으로 삼고 자본주의 체제의 변혁을 목표로 하는 노선을 명확히 했으며 일본사회당 지지를
운동 방침으로 명기하고 반전 평화 운동을 추진했다. 1976년에는 OECD 노동조합자문위원회
에 참가, 1981년에는 자유노련과의 연대 강화 방침을 내세우고 유연한 대응 자세를 나타냈다.
1983년에는 451만 명, 전 조직 노동자의 36%가 산하에 있으며 그 약 7할은 관공 노동자였다.
매년 중립 노련과 함께 춘투 공투 회의를 조직하고 춘투를 임금결정기구로 정착시켰으나 1987
년에 발족한 전일본민간노동조합연합회의(전민노련, 후에 일본노동조합총연합회, 약칭 '연합')
와 합류하기 위해 1989년 11월에 해산했다. '연합'은 1987년 발족 당시 조합원 약 800만 명을
결집시켜 노동 4단체의 통일을 완성했다. '연합'을 반공산주의·노사협조노선이라고 비판하는
일본공산당계 노조는 같은 1989년 11월에 이에 대항하여 '전국노동조합총연합(전노련)'을, 사
회당 좌파계 노조는 12월에 '전국노동조합연락협의회(전노협)'을 결성했다. 2005년 현재 '연
합'의 조합원 수는 약 670만 명이며 민주당 최대의 지지 기반이지만 최근에는 민주당 집행부와
의 사이에 갈등으로 인하여 조직률과 영향력이 감소하는 추세를 보이고 있다.

며, '연합'이 개헌 정당의 하나인 민주당을 지지하고 있다는 것이 일본의 평화 운동 배후에 있는 큰 문제입니다. 이러한 사회적 다수를 어떻게 정치적으로 반영하느냐하는 것이 큰 과제가 되는 것이죠.

헌법 개정에 대한 전망

조금 전에도 잠깐 언급되었습니다만, 자민당의 헌법 개정의 큰 포인트는 세 가지가 있다고 생각합니다. 즉 자위대를 자위군으로 바꾸는 문제, 천황 원수화를 명기하는 것, 그리고 여성천황을 인정하는 것이라고 보는데 이 세 가지에 대한 전망에 대해 말씀해주십시오.

우선 자민당의 헌법 개정은 분명하다고 봅니다. 이것은 지금의 개헌 세력이 원하고 있는 개헌 구상을 가장 노골적으로 내보인 것입니다. 그러나 그것이 그대로 실현될 것이라고 보지는 않습니다. 개헌안의 요구를 완전히 실현하고자 할 때 발생하는 문제 가운데 중요한 지주의 하나가 '개별적 자위권' 뿐 아니라 '집단적 자위권' **13**을 확실하

---

13 집단적 자위권이란 동맹국이나 자국과 밀접한 관계에 있는 국가가 무력 공격을 받았을 경우 이를 원조하기 위해 공동으로 반격하는 권리를 말한다. 일본 정부는 지금까지 "국제법상 집단적 자위권을 보유하지만 헌법(9조)상으로는 이를 행사할 수 없다"는 해석을 취해왔다. 그러나 고이즈미 수상은 "일본과 미국이 함께 행동하면서 미군이 공격을 받았을 경우 일본이 아무 행동도 취하지 않는다는 것이 과연 있을 수 있는 일인가"하면서 집단적 자위권의 행사에 대한 검토에 적극적인 자세를 보이고 있다. 여기서 집단적 자위권이란 군사 동맹을 맺고 있는 상대국이 전쟁을 수행할 때 공동으로 전쟁 행위에 참가하는 것을 말하며, 고이즈미 발언의 배경에는 집단적 자위권의 채용을 재촉하는 미국의 압력이 있다. 그러나 현실적으로 2005년 발표한 자민당의 신헌법초안을 보면 이 문제에 대해서는 충분하게 언급하지 않고 있다. 이는 당 내외에서의 반대 의견을 배려한 결과이지만, 집단적 자위권을 둘러싸고 애매한 헌법 해석을 해소하는 것이 헌법 개정에 중요한 동기의 하나라는 것을 나타내고 있기도 하다.

게 명기한다는 것입니다. 이것이 의미하는 것은 어떤 경우에도 국제 연합의 결의가 있든 없든 미일동맹에 근거하여 유사연합이란 형태로 자위대의 해외 파병을 명확히 하여 정당화하는 것입니다. 따라서 '집단적 자위권', '개별적 자위권', 그리고 '국제공헌의 무력 행사'가 전부 적혀있는 것입니다. 실제로 강한 반대 운동이 있고 또한 민주당, 공명당과의 협의 속에서 이것이 그대로 통과된다고는 볼 수 없습니다만, 모든 경우에 자위대의 해외 파병을 정당화하는 것은 군사대국화에 있어서 가장 중요한 승부의 과제입니다.

그런 의미에서 가장 강한 개헌안을 만든다면 이러한 형태가 된다는 것이 하나의 지주이고, 또 하나는 군사대국화의 기초가 되는 일본 기업의 경쟁력을 높이기 위해서는 다름 아닌 국민 경제를 지탱해 온 농업을 저버리거나 도시의 자영업과 지반 산업을 없애고 노동자를 구조 조정 시키거나 해서 중소기업의 사회보장과 의료보험제도를 개악하지 않을 수 없습니다. 그렇게 되면 제국주의적인 국민통합이라는 점에서 사회 통합의 기반이 약체화되지 않을 수 없습니다. 이것은 일본뿐만 아니라 미국, 한국 곳곳에서 문제가 되고 있다고 생각합니다, 그것을 다시 조이기 위해서 공동체라든가, 천황, 가족 등이 자민당의 개헌 초안 속에서 상당히 강조되고 있습니다. 따라서 천황의 원수화란 것이 망령처럼 나오게 된 배경에는 현대 일본의 사회 통합의 파탄에 대응해서 천황제에 의해 긴장감을 다시 찾는다는 형태로 천황 원수화를 명기하려는 의도가 있는 것입니다. 이러한 형태로 사회 통합의 파탄을 다시 조이기 위해서 천황 원수화를 가지고 나온다면 그것은 '여제론'과 세트가 되지 않을 수 없습니다. 국민의 반수를 차지하는 여성에게도 국민 통합의 상징으로서 천황을 재건하고 싶다는 것이며, 그것을 위해 '여제'는 최후의 수단의 하나인 것입니다. 군사적 통합으로서는 좋지 않지만 국민 통합의 상징으로서 천황이라고 하는 점에서는 천황제 시스템을 민주주의적으로 강화하는 의미에서 '여제론'은 상당히 중요한 개헌의 세트가 되어 있다고 봅니다. 실제로는 황실전범을 개정하면 헌법을 개정하지 않아도 '여제'는 허용되지만, 그렇게 하지 않고 굳이 헌법 개정안에 넣는다는 것은 이것을 하나의 관심거리로 만들어 천황제를 재건하려고 하는 의도가 있는 것이 아닌가 생각합니다.

그러한 '여제' 문제도 포함해서 최근에는 황실의 이미지가 점차 부드러운 황실, 혹은 소프트한 천황제로 변해가고 있는 이미지를 주고 있습니다. 그런 점에서 지금까지 근대 이후 일본 내셔널리즘에 중심적 역할을 해 오던 천황제에 변화가 생긴 것처럼 보입니다. 이미 '천황제 없는 내셔널리즘'이란 표현도 사용되고 있는데, 이제부터 일본 내셔널리즘의 기축이란 것은 어떤 것이 될 것으로 보시는지요?

아마도 일본의 군사대국화 과정에서 군사적 내셔널리즘으로 재건해 가는 경우 천황을 이용할 수는 없다고 생각합니다. 천황제를 중심으로 군사적 내셔널리즘을 만들게 되면 일본제국주의의 침략전쟁에 대한 기억이 너무 강하게 남아 있어서 아무리 지금의 보수 세력이라 해도 그건 할 수 없습니다. 오히려 1990년대 이후 군사대국화 과정에서의 천황의 역할은 군사적 내셔널리즘의 중심으로서가 아니라, 전전과 전후의 일본은 다르다고 하는 것을 어필하는데 이용되어 왔습니다. 예를 들면 자위대의 해외 파병, ODA, 또는 글로벌 기업의 진출은 전전의 군국주의나 제국주의의 부활이 아니라는 것을 강조하기 위해서 천황은 사죄의 사절과 같은 형태로 이용되어 왔습니다. 따라서 헤이세이천황은 군사적 내셔널리즘의 상징으로서 능히 기능하지 못합니다. 그는 스스로 일본국헌법을 옹호하는 자세를 보이고 있고, 예를 들면 히노마루 · 기미가요의 강제에 대해서도 반대하는 입장을 표명하고 있습니다. 이와 같이 헌법을 옹호하고 자유, 평화, 그리고 오키나와를 좋아하는 그러한 천황14으로는 군사적 내셔널리즘의 통합의 상징이 될 수 없습니다.

그러나 사회 통합의 해체, 분열에 대응하여 천황을 이용하고, 이를 위해서 '여제'를 부활시키고 싶다는 욕구는 지금도 여전히 있다고 생각합니다. 그러나 전전의 일본 천황이 국민 통합에 상당히 강력한 역할을 할 수 있었던 것은 강대한 정치적 권한을 배경으로 하고 있었기 때문입니다. 그런데 지금은 어떤 형태로든 황실의 권위를 강화하려 해도 여론 조사를 보면 알 수 있듯이 그것은 권위가 아닙니다. 군사적 의미가 아니더라도 천황을 위해서 국민들이 몸을 던져 단결한다는 그런 의미에서의 권위성은 거의 없습니다. 그렇기 때문에 오히려 현대 내셔널리즘의 중핵으로서 천황을 이용한다는 것은 상당히 어려운 일이라고 봅니다. 그 대신에 오히려 예를 들면 미국이 가지고 있는 민주주의적, 국민주의적인 의미에서의 내셔널리즘 — 물론 미

---

14 아키히토는 이미 황태자 시절부터 평화와 민주주의에 대하여 지대한 관심을 표명해 왔으며 특히 종전기념일과 히로시마 · 나가사키 원폭투하일, 그리고 오키나와전투 종결의 날(6월 23일)을 결코 잊어서는 안 된다고 말했었다. 이러한 인식은 일본을 가해자로 보지 않고 피해자로만 보는 전후 일본의 역사인식의 한 단면을 보여주는 것이라 하겠다. 한편, 전쟁 희생자에 대한 애도를 되풀이 하는 천황의 자세는 일본 국민에게 평화를 추구하는 천황의 이미지를 심어주는 데 족한 것이었다. 천황은 1995년 8월 '전후 50년' 기념으로 오키나와의 희생자에 대한 '위령여행'을 했으며, 2005년 1월 국립오키나와 개장 기념공연에 참석하면서도 오키나와 전몰자 묘지에 참배하면서 위령과 애도를 되풀이해 왔다.

오키나와의 '평화의 초석'을
방문한 천황부처.

국의 경우는 상당히 침략주의적, 팽창주의적인 내셔널리즘이지만
— 과 같은 것이 중심이 되어 군사대국화의 경우에는 '국제공헌론'
이나, '풍요로운 사회의 방위론'과 같이 국민의 생활을 유지하거나
방위한다는 식의 이해에 착목한 내셔널리즘이 강화되고 있습니다.

그 한 가지 예로 일본의 소국주의적인 내셔널리즘이 부패한 형태로
북한 위협론이라는 것이 여기에 더해졌다고 생각합니다. 저는 일본
의 전후 국민 의식 가운데 가장 큰 특징은 내셔널리즘이 끝내 대중
적으로 형성되지 못했다는 점이라고 생각합니다. 곧잘 일본 내셔널
리즘의 위협이라는 것이 지적되어 왔지만, 전후의 혁신 내셔널리즘
이든 보수 내셔널리즘이든 내셔널리즘이라는 것이 국민을 사로잡
은 적은 없었습니다. 이것은 국민들이 전전의 제국주의적 내셔널리
즘의 기만성을 너무 잘 알고 있어서 전후 세계 속에서 일본만큼 내
셔널리즘을 싫어하는 국민은 없다고 할 정도로 일본의 내셔널리즘
이 약했다고 생각합니다.

그런데 그것이 1990년대 이후 일본의 글로벌한 대국화 속에서 형
성되고 있다는 것이 무서운 점이라고 생각합니다. 내셔널리즘을 일
본의 국민의식 속에서 무너뜨려온 최대의 요인은 과거의 비참한 전

쟁을 반복하지 않는다는 것이었습니다. 이것은 아시아 여러 국민들에게는 불만일지도 모르겠지만 나가사키의 8만, 히로시마의 20만이라는 희생자를 낸 원폭을 반복하지 않겠다는 것이 일본의 평화운동과 반내셔널리즘 운동의 매우 강한 모티브였습니다. 이것이 일본의 군사대국화와 자위대의 해외 파병을 막아온 최대의 힘이었다고보지만 평화 운동이나 평화 의식이란 점에서 말하자며 어떤 한계가될 구조였다고 봅니다.

예를 들면 원자폭탄을 어느 날 갑자기 미국이 떨어뜨린 것이 아니라 일본 제국주의가 일으킨 침략전쟁의 산물이라는 것이지만, 일본의 평화 운동의 원점은 그러한 비참한 전쟁을 다시는 되풀이하지않는다는 데에 초점을 맞추어온 운동이었습니다. 그런데 방금 말했듯이 비참한 히로시마, 나가사키 체험이란 것은 실은 일본의 침략과 식민지 지배의 산물입니다. 그런 의미에서 일본 국민은 평화 운동의 와중에서 가해의 결과로서 피해자들이 큰 아픔을 겪어야했다는 논리를 충분히 반복해서 자신들의 국민적 경험이나 문화로서 축적해 가는 힘이 약했다고 봅니다. 그 미약함이 지금 또 다시 가해측의 대국이 되려고 할 때, 일본이 가지고 있는 위험성을 명백히 자각하고 있는 국민은 거의 없습니다. 역사적으로 볼 때에도 일본제국주의가 침략당한 적은 한 번도 없습니다. 그러나 일본과 아시아, 일본과 한국, 일본과 북한, 일본과 조선이라는 관계에서 보면 이것은 일방적으로 일본이 침략해서 식민지 지배한 역사밖에 없습니다. 하지만 지금의 일본 국민은 북한은 무섭다, 북한이 언제 미사일을 쏘아 올릴지 모른다고 하는 북한 위협론에 사로잡혀 있습니다. 이것이 저는 큰 한계라고 생각합니다. 이 문제를 진정한 의미에서 극

복해서 가해 측의 대국이었던 일본이 다시 한번 가해자가 되지 않
도록 하는 그런 평화 운동을 어떻게 형성해 갈 것인가, 그런 진정한
의미에서의 근대 역사 속에서 현대 일본을 어떻게 파악해야 할 것
인가 하는 문제가 심각하게 추궁되어야 한다고 생각합니다.

저는 이전의 아시아컵 축구 대회에서의 중국의 반향은 오늘날 일본
의 이러한 현상을 나타내는 대단히 상징적인 문제라고 봅니다. 중
칭重慶에서 반일 소동이 벌어진 것에 대해 일본의 모든 매스컴이 보
도했지만, 왜 중국에서 그런 일이 생겼는지에 대해서는 본격적인
분석을 하지 않고 있습니다, 어떤 매스컴은 일본의 축구가 강해졌
다는 증거라고 하고, 중국에서 반일 교육이 행해지고 있기 때문이
라는 식으로 보도했습니다. 그러나 중칭은 일본제국주의의 중국에
대한 침략전쟁 과정에서 하나의 전략적인 커다란 획으로서 일본군
이 처음으로 시민에 대한 무차별 폭격을 한 도시입니다.[15] 최초로
침략 폭격이 행해진 도시가 중칭으로, 그것에 이어 나치스 독일이
영국에 대해, 혹은 미국이 일본과 독일에 대해 철저한 무차별 폭격
을 하게 되는 것입니다. 그 돌파구가 중칭이었습니다. 중칭의 시민
에 대한 인터뷰에서 한 젊은 청년이 자신은 잊을지 모르지만 나이

---

15 중칭대폭격이란 1938년 2월 18일부터 1943년 8월 3일까지 5년 반에 걸쳐 일본육해군 항
공부대가 중국의 임시수도 중칭(重慶)을 전략적으로 무차별 폭격한 것을 말한다. 합계 218회
폭격에 연 9513기가 출동하여 2만 1539발의 폭탄이 투하되었으며, 사망자 1만 1889명, 부상
자 1만 4100명, 그리고 1만 7608채의 가옥이 파괴·소실되었다. 현재 중칭대폭격으로 부상
등의 피해를 입은 생존자 40명이 일본 정부에 의한 사죄 성명과 일인당 1천만 엔의 손해 배상
을 요구하면서 도쿄지방법원에 소송을 제기했다. 원고 측에서는 "우리 마음속에는 아직도 전
쟁은 끝나지 않았다. 고이즈미 수상이 야스쿠니에 참배하는 장면을 텔레비전에서 보면 부친을
살해한 원수에게 참배하는 것처럼 보인다. 우리의 감정을 유린하는 행위를 언제까지 계속할
것인가" 하는 응어리가 남아있다.

중칭 대폭격

든 사람들은 일본을 잊지 않는다고 말했습니다. 그 의미를 대부분의 일본인들은 모를 것입니다. 그런 의미에서 전쟁에 대한 책임도 반성도 없이 일본이 미국과 함께 또 다시 군사대국으로 복권하여 아시아 속에서 패권을 잡으려고 하는 상황에 일본이 있다는 것을 지금의 일본 국민이 얼마만큼 확실하게 자각하고 있는가가 당면한 중요한 과제입니다. 만약에 이것이 안 되면 군사대국으로의 방향을 억제하는 운동도 어렵다고 봅니다.

일·중·한, 그리고 북한을 포함해서 볼 때 동아시아의 평화를 지키기 위해 헌법 개정을 비롯하여 일본의 군사대국화를 저지하는 것은 그렇게 간단한 문제가 아니라 생각합니다. 특히 헌법 개정이 쉽게 이루어지리라고는 생각하지 않지만 이를 추진하면 추진할수록 동아시아의 위기와 긴장은 고조될 거라 생각하는데요. 그 평화를 지키기 위해 우리들이 해야 할 일에는 어떤 것이 있을까요?

지금 일본의 군사대국화와 국민 경제를 파괴하는 갖가지 개혁의 시도 가운데 가장 큰 요인은 일본의 글로벌 기업이 마음대로 아시아와 세계에서 착취와 경제 활동을 하고 있다는 것이며, 그것에 대한 갖가지 장애물에 대해서는 군사적, 정치적으로 제거하려고 하는 것이 문제입니다. 예를 들면 값싼 석유를 안정적으로 확보하기 위해서는 중동의 군사적 안전이 필요하고, 시장의 안정을 지키기 위해서는 군사적인 주둔이 필요하다는 식으로 전개하고 있는 것입니다. 이러한 군사대국화의 배경에 있는 글로벌 기업의 전개라는 것이 한편으로는 군국주의의, 또 한편으로는 아시아 각국에 대한 경제 진출과 지역 경제의 파괴, 그리고 일본 농업의 붕괴 등의 문제를 일으키고 있는 것입니다.

따라서 진심으로 일본의 군사대국화를 저지하고, 헌법 9조가 지금까지 추구해 온 평화의 이니셔티브를 발휘하기 위해서는 글로벌 경제 진출 자체를 크게 바꿔가는 시도가 필요하다고 생각합니다. 구체적으로 말하자면 단기적인 것과 장기적인 것의 두 가지가 필요합니다. 단기적으로는 일본의 군사대국화를 저지하고 동시에 동아시아의 평화와 안전 보장을 위해 일 · 중 · 한을 중심으로 한 동아시아 공동의 평화보장 대책을 마련해야 한다고 생각합니다.

그러나 그것을 실제로 실현하기 위해서는 두 가지 조건이 필요합니다. 하나는 일본이 과거의 아시아에 대한 제국주의적인 침략전쟁과 식민지 지배에 대해 명백히 사죄하는 것이고, 또 하나는 그것을 장래에 실행해 나가기 위해서 동아시아의 단순한 평화보장뿐만 아니라 동아시아 공통의 경제권을 만들어 갈 필요가 있다는 것입니다. 단순히 불가침 조약이라든가, 평화 보장이란 것은 실제로 불가능합니다. 그것을 만들기 위해서는 EU가 경제권을 만들어가면서 서서히 공통의 헌법이나 사회적 헌장 등을 갖추어갔던 것과 마찬가지로, 동아시아가 공동으로 다국적 기업의 규제, 즉 그 나라의 국민 경제를 파괴하려는 활동이나 환경을 파괴하는 그런 활동을 규제해서 공통의 국민 경제, 지역 경제를 만들어 가야합니다. 그러한 가운데 미국의 기업도 일본의 기업도 제대로 된 일정한 규제 하에서 활동할 수 있도록 하는 것입니다. 그리고 그 나라의 경제를 파괴하거나 여성을 차별하거나 환경을 파괴하는 등의 행동을 하지 않는 공통의 경제권을 만들어, 그 속에 북한을 포용해 가고, 일본의 기업도 그러한 규제하에서 아시아 속에서 활동해 간다는 것입니다. 그것이 중요하다고 생각합니다.

스 즈 키 마 사 유 키

2004년 12월 10일
神戸大学 이사실

스즈키 마사유키鈴木正幸 _ 1943년 가나가와현(神奈川県) 출신으로 1966년 도쿄교육대학 문학부 졸업 후 1975년 동대학원 문학연구과 일본사 전공 박사 과정을 수료했다. 고베대학(神戸大学) 강사, 동대학 문학부장, 문화학연구과장, 부총장 등을 거쳐 현재 고베대학 교수 겸 이사로 재직 중이다. 일본근대정치사를 전공했다. 서승(현재 리츠메이칸대학 교수)과는 대학 동문이며, 서승이 1971년 서울대학교 유학중 스파이 용의로 체포되어 옥중 생활을 하고 있을 때 구명 운동을 위해 처음으로 한국 서울을 방문했다고 한다. 보스 기질이 강하여 이를 따르는 소장파 학자들이 많으며 간사이(関西)지방에서는 스즈키 텐노(천황, 즉 권위)라는 별명을 가진다. 평생을 근대천황제국가의 내재적 논리와 국제사(國制史)에 대한 연구로 일관했으며, 근대천황제국가 시스템의 내적 운동 원리를 천황 통치의 정당성과 국민의 천황제 국가관에 입각하여 고찰하는 특징이 있다. 저서 《近代の天皇》(岩波書店,1992)과 《皇室制度》(岩波書店, 1993)가 출판된 이래 언론으로부터 황실에 관한 자문을 종종 받고 있으며 2005년에는 황실전범 개정에 관한 유식자회의에서도 수차례 보고를 하고 있다. 《皇室制度》는 한국에서 《근대일본의 천황제》(이산, 1998)로 출판되었다.

메이지유신과 '정한론'

선생님께서는 일찍부터 근대천황제 국가론1에 대한 연구를 해오신 걸로 알고 있습니다. 주로 근대천황제의 시스템에 대한 이론적인 분석을 해오셨습니다. 오늘은 먼저 메이지유신과 근대천황제의 관계에 관해서 질문드리고 싶습니다. 메이지유신 이후 근대적인 개혁을 추진하는 과정에서 복고적인 요소를 가지는 천황제와 결합한 이유는 어디에 있다고 보시는지요?

시민혁명과는 달리 그 주체가 개혁파 무사였던 것에 주의하지 않으면 안 됩니다. 당시 지배 신분인 무사에게 있어서는 막부幕府의 쇼군將軍보다 상위의 가치를 갖지 않으면 타도해야 할 막부에 대한 정통성이 생겨나지 않습니다. 따라서 당시 쇼군의 권위가 생겨나는 것은 물론 조정·천황 밖에 없었기 때문에 천황을 등에 업고 자신들의 행동에 정당화를 꾀한 것이죠. 이것은 어떤 의미에서는 당연한 일입니다. 그리고 일단 새로운 정부의 정통성의 근거를 천황에 둔 이상은 그 근거를 자꾸만 바꾸는 것은 역으로 권력을 위태롭게 하

---

1 근대천황제국가론이란 근대 일본의 국가 권력의 성격을 '천황제'로 규정하고 그것을 구조적으로 파악하는 마르크스주의 역사학의 분석 이론을 말한다. 일본 마르크스주의에서 천황제에 대한 개념이 체계적이고 이론적으로 규정된 것은 '32년 테제'에서였다. 여기서는 "일본에 있어서 구체적인 정세의 평가에 즈음하여 가장 먼저 출발점이 되어야 할 것은 천황제의 성격 및 비중이다"고 하여 그 중요성을 강조하고, 천황제를 지주와 부르주아 양 계급의 이익을 대표함과 동시에 상대적인 독자성을 가지면서 '사이비입헌적'으로 가볍게 분식된 절대적인 성격을 가진 것으로 규정했다. 이후 마르크스주의 역사학에서의 천황제 연구는 주로 계급 투쟁사관과 정치 권력, 경제 구조에 대한 분석이라는 기본 틀 속에서 논의되어 왔다. 그러나 80년대 이후 구조주의, 포스트모더니즘, 컬처럴 스터디즈 등의 연구 조류가 도입되고 냉전 체제가 붕괴하면서 마르크스주의 역사학도 그 설득력을 상실하기 시작했다. 스즈키의 천황제 연구는 이러한 흐름 속에서도 국가 권력의 내부로 파고들어가 절대주의 국가 권력의 여부나 경제사에 치중한 마르크스주의 역사학의 한계를 극복하려는 시도라고 할 수 있다.

는 것이기 때문에 그 후 일관해서 천황에게 권력의 정통성의 근거를 두려고 한 것입니다. 이것도 어떤 의미에선 당연한 것이죠.

문제는 왜 복고적인 형태를 취했는가 하는 것인데, 근대 이전에는 정통성에 의거해서 권력의 정당성을 논증하는 경우가 많습니다. 즉 가마쿠라鎌倉 시대 이래 무사가 쇼군에 의해 권력을 유지해 왔기 때문에 그것을 뒤엎기 위해서는 무가 정권 이전의 본래의 권력 형태로 돌아가는 것에 의해 새로운 권력의 정통성이 증명되었던 것이며, 그래서 왕정복고라고 부르게 된 것입니다. 그러나 복고라고는 해도 내용을 보면 이른바 3대 개혁이라 일컬어지는 지조개정, 학제, 징병제란 것은 근대화 과정에서 빠른 시기부터 급속도로 전개했습니다. 정치 시스템에 있어서도 국회를 개설하려는 움직임은 자유민권운동2에서 비로소 시작된 것이 아닙니다. 이미 메이지 5년 (1872년)에 정부 내부에서 그 문제가 제기되고 있었습니다. 그리고 메이지 20년대 중반에는 국회를 개설하고, 헌법을 제정하고, 그리고 내각 제도가 가능한 근대적인 체제를 갖추게 됩니다. 다만 권력의 정통성을 유지하기 위해서는 역시 무가 정권 이전의 왕조로 복고해서 천황을 신성화할 필요가 있었던 것이죠.

그렇다면 왜 시민혁명이 일어나지 않았는가 하는 점인데, 그런 조

---

2 자유민권운동이란 메이지 시대 전반기의 정치 운동, 사회 운동을 말한다. 1874년 '민선의원설립건백서'의 제출을 효시로 하며, 정부의 독재에 대항하여 의회 개설, 지조 경감, 불평등 조약의 개정, 언론과 집회의 자유 보장 등을 요구하면서 1890년 제국의회 개설에 이르기까지 정치 운동을 계속했다. 특히 1880년을 전후해서는 그 절정에 달하여 전국적인 규모의 반정부 운동을 전개했다. 운동의 주체와 내용은 실로 다양하고 복잡하지만 전반적으로는 근대 일본에서 최초의 민주주의 운동으로 자리매김 되고 있다.

건이 성숙하기 이전에 서구 열강의 개국 강제가 있었고, 식민지화의 위기에서 나라의 독립을 어떻게 지켜나갈 것인가가 문제되었습니다. 그런 것을 가장 민감하게 받아들인 것은 역시 개혁파 무사층이었습니다.

메이지유신을 주도한 개혁파 무사들이 천황에 대한 숭배와는 거리가 있으면서도 천황을 신격화한 것은 어떤 의도에서입니까?

신격화와 신성화는 전혀 다른데, 천황의 신격화란 물론 메이지에는 잠재적으로 계속 있었지만, 이것이 실제로 본격화하는 것은 만주사변 이후, 특히 군부의 주도에 의한 1935년의 천황기관설사건**3** 이후 천황을 현인신現人神으로 위치 지우면서부터입니다. 메이지에는 천황을 반드시 신격으로서 취급했다고 하기보다 오히려 정치적 군주로서 천황을 확립하려는 것이었죠. 유신 이래 메이지 정부의 지도자들은 표면적으로는 천황친정天皇親政을 내세웠지만 실제로 천황은 이름뿐이고 정부가 절대적인 권한을 행사한 것이기 때문에 천황 개인에게 절대적인 권한을 주려고 하지는 않았습니다. 이것은 이토 히로부미伊藤博文가 전형적인데요. 따라서 겉으로는 천황친정이라고 하면서도 실제로는 천황을 정부가 이용했다는 것이 실태입니다. 이것을 저는 '군주적 니힐리즘'이라 부르고 있습니다.

그런 의미에서는 오쿠보 도시미치大久保利通가 "비의非義의 칙명은 칙명이 아니다"고 한 것도 천황의 정치적인 이용이라는 맥락에서 이해할 수 있겠군요.

---

3 천황기관설사건은 나카무라 각주16(170쪽) 참조.

이것은 만약 천황이 내린 명령이라도 천하 만민이 납득하지 않으면 진짜 천황의 명령이 아니므로 무시해도 좋다는 의미에서 고메이孝明 천황4의 행위에 대해서 말한 것인데, 이런 인식은 특히 막말의 토막파討幕派5 사이에는 상당히 일반적으로 퍼져 있었습니다. 어떤 의미에서 당시는 정치적 위기 상황이었기 때문에 그런 리얼한 정치 인식을 갖지 않으면 자신이 당하게 됩니다. 그런 점에서 볼 때 오쿠보는 냉철한 정치가였다고 생각합니다.

천황의 명령이라도 천하 만민이 납득하지 않으면 무시해도 좋다는 오쿠보의 논리는 패전을 선언하기 직전인 8·15 새벽까지 승복하지 않고 천황의 '옥음 방송' 녹음반 탈취를 기도한 소장파 장교들의 쿠데타6와 논리적으로 통하는 것이 있을까요?

당시의 군인은 오쿠보만큼 냉정한 정치적 사고를 갖고 있지 않았

---

4 고메이천황(1835~1866)은 121대 천황으로 메이지천황의 아버지이다. 에도막부 말기의 정치 과정에서 개국반대, 양이실행, 막부타도 반대의 입장을 취하여 토막파(討幕派)의 정치 행동을 제약했다. 두창(痘瘡)으로 사망했다고 하지만, 토막파에 의한 독살설이 설득력을 얻고 있다.

5 토막파는 나카무라 인터뷰 각주2(158쪽) 참조.

6 일본이 최종적으로 포츠담선언 수락을 결정한 것은 8월 14일 10시 50분경이었다. 이날 밤 11시 20분~50분에 걸쳐 천황의 육성을 담은 '종전의 조서'가 녹음되었으며, 거의 같은 시간에 '종전'을 승복할 수 없다는 육군성 군무국의 하타나카 겐지(畑中健二) 소좌, 시이자키 지로(椎崎二郎)중좌 등의 중견장교들이 천황을 옹호하여 궁성을 점거할 계획을 세우고 쿠데타를 일으켰다. 이들은 모리 근위사단장이 "천황의 명령 외에는 듣지 않는다"고 협조를 거부하자 그 자리에서 살해하고 거짓 명령서를 작성하여 근위사단을 출동, 8월 15일 새벽 궁성을 점거하고 수상관저 및 일본방송공사 등을 습격했다. 그들의 일차적인 목적은 천황의 육성이 담긴 녹음반을 탈취하여 이를 발표하지 못하도록 하는 것이었으나 새벽 5시경 동부군 사령관의 진두지휘에 의한 반란군 진압으로 실패로 돌아가자 11시 20분경 황궁 앞에서 하타나카는 권총으로 자신의 머리를 쏘고 자살했으며, 시이자키는 군도를 복부에 찔러 넣고 권총으로 자신의 얼굴을 쏘았다.

습니다. 오히려 5·15사건 이후 이른바 급진파의 청년 장교들의 경우 당시 정치가 엉망인 것은 '군측君側의 간妇'이 천황의 의지를 방해한다고 보고, 그들을 없애면 올바른 천황 정치가 행해진다는 인식이 있었죠. 녹음반을 탈취하려는 인간들도 기본적으로는 그러한 인식의 연장선상에 있었다고 봅니다. 다만 패전 직전 고노에 후미마로近衛文麿의 상소문에서 공산 혁명이 가까워졌다는 유명한 문장7이 있습니다. 여기서 고노에는 공산 혁명의 주체는 군인이라고 했는데 어쩌면 그런 가운데 그와 같은 인식이 있었을지도 모른다는 느낌이 듭니다.

이번에는 정한론에 관한 문제입니다. 정한론은 당시 메이지 정부 지도층의 정치 투쟁이라는 성격이 강한 것이기는 하지만, 한편으로는 이러한 정치 투쟁과는 별도로 조선에 대한 인식이라고 할까 그러한 사상적인 배경도 있다고 생각합니다. 이 점에 대해서는 어떻게 보고 계시는지요?

분명 메이지 2년(1869년)의 일이라고 생각합니다만 기도 다카요시木戸孝允8가 국내의 모순을 해결하기 위해 사실상 조선과 전쟁을 하자는 의견을 냈습니다. 물론 이것은 무산되지만 열강에게 뺏긴 것을 조선에서 취하자는 생각은 상당히 일찍부터 있었죠. 한편 에도江戸 시대에 조선통신사가 새로운 쇼군이 취임할 때 축하 사절로 오고 있었습니다만, 왕정복고 이후 천황의 새로운 정부가 탄생했는데 축하 사절을

---

7 고노에 상주문은 요시다 인터뷰의 각주1(231쪽) 참조.

8 기도 다카요시(1833~1877)는 에도 시대 말기 존왕양이파의 중심 인물이자 죠슈번의 거두. 메이지유신의 공신, '유신 3걸' 가운데 한 사람이다. 존왕양이운동의 정신적인 지도자로 알려진 요시다 쇼인의 제자다. 요시다 쇼인에 관해서는 주12(299쪽) 참조.

보내지 않는데 대하여 무뢰하다는 의견이 나옵니다. 정한론은 이러한 배경이 없으면 논의로서 나오지 않았을 것이라고 생각합니다.

정한론 파열은 원래 국내의 모순을 밖으로 어떻게 전개할 것인가 하는 의도에서 나온 명백한 정치 투쟁입니다. 즉 사이고 다카모리西鄕隆盛는 별도로 하더라도 이와쿠라 도모미岩倉具視**9**를 비롯한 구미사절단 그룹과 대립한 이타가키 다이스케板垣退助**10**와 에토 신페이江藤新平**11** 등은 급진적인 개혁파였습니다. 조금 전에 얘기한 3대 개혁은 이들이 의해 이루어졌죠. 1872년에 정부가 국회개설을 조사했을 때 이것을 명령한 것도 이타가키와 에토였습니다. 이것에 대해 오쿠보, 기도, 이와쿠라 등은 점진파였습니다. 이것이 국내적인 정치 투쟁이었던 것은 틀림없습니다. 그러나 문제는 국내적인 정치 투쟁, 혹은 모순의 전개가 왜 조선으로 향했는가에 대해서는 생각하지 않으면 안 된다는 것입니다. 이 배경에는 유신이래의 조선에 대한 위압적인 태도가 있었다고 보는 것이죠. 이것은 틀림없다고 생각합니다.

---

9 이와쿠라 도모미(1825~1883)는 에도 시대 말기 ~ 메이지 초기의 공경, 정치가이자 공경으로서 메이지유신을 주도한 대표적인 인물로 유신 이후 우대신으로 승임했다. 메이지초기 조약개정을 위한 서구 사절단의 대표. 뛰어난 마키아벨리즘의 소유자로서 고메이 천황을 독살한 장본인으로 지목되고 있다. 황실 재산의 확보와 황실의 방패로서의 화족 보호에도 노력했으며 일본철도회사 설립에도 관여했다.

10 이타가키 다이스케(1837~1919)는 에도 시대 말기 ~ 메이지 시대의 정치가, 메이지유신의 공신, 자유민권운동의 지도자이다.

11 에토 신페이(1834~1874)는 에도 시대 말기 ~ 메이지 초기의 정치가, 메이지유신의 공신이다. 메이지 정부에서는 학제, 사법 제도의 기초를 정비하고 사민평등, 경찰 제도의 정비 등의 공적을 남겼다. 정부 내에서의 급진적인 민권론자로서 정부 내의 보수파로부터 격심하게 비난 받았다. 1873년 '정한론정변'으로 사이고 다카모리 등과 하야한 후 이듬해 '민선의원설립건백서'에 서명했다. 같은 해 향리 사가(佐賀)로 내려가 불평사족들에게 옹립되어 '사가의 난'을 일으켰으나 실패로 끝나 체포, 처형되었다.

정한론. 찬성파와 반대파의 논쟁하는
모습을 상상으로 그린 그림이다.

이미 막부 말기의 18세기말경부터의 일본 지식인들의 민족 의식에 대
한 자각이 조선에 대한 우월감으로 나타나고 있었는데, 그러한 연장선
상에서 정한론이 대두했다고 볼 수도 있지 않을까요?

요시다 쇼인吉田松陰12도 비슷한 얘기를 하고 있기 때문에 그렇다고
할 수 있겠지요. 그러나 한편으로는 에도 시대에 조선통신사가 왔
을 때 일본의 무사든 상인이든 모두가 고도의 문화를 받아들이려고
통신사가 길을 지나면 다투어 한시漢詩를 받거나 했기 때문에, 이른
바 국가로서의 차별, 구별 의식과 일반 국민 — 국민이란 표현은 좀
이상하지만 — 의 생각은 상당히 다른 것으로 봅니다. 일반 민중의
그러한 인식이 변하는 것은 메이지 후반입니다. 아마 청일전쟁 당
시가 큰 경계가 된다고 생각합니다.

---

12 요시다 쇼인(1830~1859)은 에도 시대 말기의 사상가, 교육자, 병학자이다. 1853년 페리
제독의 내항을 계기로 외국 유학을 계획, 1854년 페리가 미일화친조약 체결을 위해 재차 내항
했을 때 밀항을 호소했으나 거부당하고 막부에 자수하여 향리에 유폐되었다. 이후 사설학원
쇼카손쥬쿠(松下村塾)를 열어 기도 다카요시, 다카스기 신사쿠, 이토 히로부미, 야마가타 아리
토모 등 다수의 인재를 양성했다. 1858년에는 막부가 천황의 칙허를 받지 않고 미일수호통상
조약을 체결하자 이를 격심하게 비난하고 막부 고관의 암살을 기도하다가 죠슈번에 체포되고
이듬해 에도로 송환되어 참수형에 처해졌다. 향년 29세였다.

근대천황제 연구에 대하여

이번에는 근대천황제 연구에 대해 말씀을 듣고 싶습니다. 선생님은 일찍부터 천황제국가론에 대해 연구하셨는데, 1980년대 후반부터의 논문을 보면 정통적 마르크스주의 역사학과는 연구 방법론이 조금은 다르다는 인상을 받았습니다. 또한 《근대의 천황》13이란 책도 내셨는데, 그것은 지금까지의 근대천황제 국가에 대한 마르크스주의 역사학의 방법론에 어떤 변화가 있었기 때문인가요. 혹은 선생님의 '근대 천황'이란 표현은 기존의 '근대천황제'와의 사이에 어떤 차이가 있습니까?

'근대의 천황'이란 타이틀은 제가 붙인 것이 아니라 출판사가 붙인 제목입니다. 그리고 천황제 국가라든가 천황제란 말은 지금도 사용하고 있기 때문에 이름붙이기에 따라 의미가 달라지는 것은 아닙니다. 1930년대에 일본의 마르크스주의에서 일본의 지배 기구를 절대주의 천황제로 규정했는데, 이것은 잘 아시다시피 코민테른이 일본 공산당에 대해 지시를 내린 '32년 테제'에 의거한 것입니다. 일본 마르크스주의 진영의 연구는 그 테제의 정당성을 입증하기 위한 학문이었습니다. 따라서 상당히 정치적 목적을 가진 연구였죠. 전후가 되어도 이른바 강좌파라는 마르크스주의의 일파가 근대천황제를 절대주의적 군주제로 보고 그것을 자명한 전제로 연구를 해왔습니다.
그러나 기존의 연구자들은 유럽의 절대왕정에 관한 연구 성과를 충분히 도입하지 않았습니다. 당시는 오로지 마르크스, 엥겔스, 레닌 등의 문헌 속의 절대주의론에 관한 개념 규정을 그대로 일본에 적용하는 경향이 강했습니다. 저는 유럽의 절대왕정이나 유럽봉건제 등

---

13 鈴木正幸, 《近代の天皇》, 岩波書店, 1992.

과 같은 국제사國制史를 한동안 집중적으로 연구해 왔는데, 그 결과 하나는 일본사 연구에서 이해되고 있는 절대주의와 서양사의 최근의 연구에서 이해되고 있는 절대주의가 상당히 다르다는 것, 즉 유럽의 절대 군주에게는 절대 권력이 실제로는 없다는 것을 알 수 있었습니다. 또 한 가지는 그렇다면 왜 그런가를 살펴보았을 때, 절대군주제가 성립하는 역사적 전제인 봉건제의 실태가 유럽 봉건제와 에도 시대의 봉건제는 근본적으로 상당히 다르다는 것을 알 수 있었습니다. 우선 권력의 편성 원리가 다르고, 그리고 그것을 뒷받침하는 봉건적 영유의 형태가 전혀 다릅니다. 그렇게 되면 역사적 전제 조건이 상이한 이상 일본에 절대 왕정이 성립할 조건은 없다고 생각했습니다.

종래의 근대천황제론과 저의 천황제 연구의 차이를 말하자면 반 년 동안 강의를 하지 않으면 안되므로 상세한 설명은 할 수 없지만, 우선 분석 방법의 차이를 들 수 있습니다. 하나는 천황이 통치하는 정통성의 논증 — 간단히 말해서 국체론國体論입니다 — 이 어떻게 이루어져왔는가에 관해서 지금까지 연구한 사람은 없었습니다. 제가 왜 이런 연구에 관심을 가졌냐면, 확실히 기억하고 있지는 않지만, 《러시아제국의회사》[14]란 책을 나카무라 선생님이라는 분이 쓰셨는데, 그 안에 "어떠한 전제 권력이라도 권력의 정통성이 없으면 권력은 존재할 수 없다"는 말이 있었습니다. 이것이 상당히 인상에 남아서 근대천황제라 해도 정통성이 어떻게 되어 있는가를 연구하지 않으면 알 수 없을 것이라고 본 것이 지금까지의 연구와 크게 다른 점이라고 생각합니다.

---

14 中村義知, 《ロシア帝国議会史》, 風間書房, 1966.

또 한 가지는 통치를 받는 국민 측이 천황, 천황제를 어떻게 보고 있었는가하는 점입니다. 여담이지만 저는 대학원생 시절에 선배에게서 "천황제를 다루는 것은 금기이니까 그런 것을 조사하려해도 사료 따위는 없다"는 말을 듣고 오히려 그렇다면 한번 해 보자는 오기가 생겨 하게 되었고, 그래서 여러 가지를 알 수 있게 되었습니다. 그러니까 천황제 국가를 기본적으로 일본 국민이 지탱하고 있다는 것을 보지 않고 일방적으로 지배당하고 학대를 받았다고 하는 것은 바꾸어 말하면 일본의 민중이나 국민은 역사를 형성할 능력이 없다는 것이 되므로 그럴 리는 없다, 국민이 가장 중요한 요소라고 생각했습니다.

세 번째는 국제 관계와 근대천황제국가 시스템과의 관계에 관한 것인데, 국제 상황이 바뀌면 당연히 일본의 국가 시스템도 바뀐다는 생각에서 그 변화를 고찰한다는 것이죠. 그리고 즉 근세와 근대의 연속면과 단절면은 어디일까 하는 것을 권력과 권리 사이의 관계에서 재검토하는 연구를 했습니다. 따라서 근세 에도 시대의 제도에 관한 연구를 조금 한 것은 근대를 이해하는 데 많은 도움이 되었습니다. 이러한 점이 저의 연구가 다른 연구와 다른 점입니다.

방금 국민 측이 천황, 천황제를 어떻게 보았는가 하는 점도 중요하다고 지적하셨는데, 선생님의 근대천황제론 중에서 천황과 국민의 사회적 관계를 '이에家질서적 국가'란 용어로 설명하고 계십니다. 그것은 이전부터 제기되고 있던 '가족국가관'이란 용어와 어떻게 다릅니까?

저는 의도적으로 '이에질서적 국가'란 용어를 사용합니다. 천황의 정통성을 논증하는 것을 '국체론'이라고 하는데, 이것은 메이지유신 이래 대체로 5가지 패턴이 있었다고 봅니다. 첫 번째는 '왕토왕민王土王民적인 발상'. 두 번째는 이것은 제가 사용하는 용어로 '시라스형 통치'라는 것이 있습니다. 다른 말로 표현하자면 '공공통치론적 발상'이라고도 하죠. 세 번째는 지금 말한 '이에질서적 국가론', 네 번째는 '사회공헌적 황실론', 그리고 마지막은 천황 = '현인신'으로 국체론은 이 5가지 패턴으로 이루어져왔습니다. 이것은 메이지유신 이후 사회와 시대의 변화에 따라 방금 말한 순서대로 주류가 변화해 간다는 식으로 이해도 된다고 생각합니다. '이에질서적 국가론'이란 것은, 대체로 청일전쟁 이후 확산되어 러일전쟁 때 완성하는데 왜 그런가를 이해하기 위해서는 먼저 첫 번째의 왕토왕민부터 언급하지 않으면 안 됩니다.

먼저 왕토왕민론은 천황이 정통성을 가지는 근거를 천황이 일본 전토의 영유권자이기 때문이라는 전근대적인 발상입니다. 따라서 이러한 발상으로는 서구 열강과의 불평등 조약을 개정하여 국가 주권을 확립해야 한다는 국가로서의 지상 과제를 해결할 수 없습니다. 일본의 조약 개정 요구에도 불구하고 서구 열강은 일본이 근대 문명적인 국가 체제와 법제도를 확립하고 있지 않기 때문에 평등한 조약을 맺을 수 없다고 했습니다. 그래서 민법을 만들 때에도 많은 반대가 있었으나 에노모토 다케아키榎本武揚15라는 외무대신이 민법을 만들지 않으면 조약 개정이 안 되니까 눈 감고 통과시켜달라고

---

15 에노모토 다케아키(1836~1908)는 에도 시대 말기의 막부 신하이며 메이지 시대 정치가, 해군중장으로 도쿄농업대학의 창설자이기도 하다. 메이지유신에서는 막부 측에서 최후까지 저항했으나 1869년 정부군에 항복했다. 1872년 사면되고 능력(외국어에 능통하고 국제법에 밝았다)을 인정받아 정부에 등용되었다. 체신대신, 외무대신, 문부대신, 농상무대신 등을 역임했다.

하는 연설을 했습니다. 민법 논의에 외무대신이 개입하는 것도 재미있는 부분이지만 바로 그 점에 상징되고 있다고 생각합니다. 그것은 헌법의 경우도 마찬가지입니다. 역시 유럽식의 원리에서 볼 때 근대 국가의 법제도는 국가의 통치권과 소유권의 분리를 전제로 하고 있으므로 왕토왕민론과 같은 논의로는 설명할 수 없고 설명해서도 안 된다는 것이지요.

여기서 일본은 신대神代 이래 황실의 조상은 근대 국가와 마찬가지로 순수하게 공적 통치를 해 왔다는 — 이것은 고사기古事記의 신화에 근거하여 상당히 견강부회한 것이지만 — 논의를 만들어 낸 것입니다. '시라스'란 말은 '시라시메스(통치한다)'의 '시라스'입니다만, 이 말에서 의미를 발견해 그것에 억지 이유를 붙인 것이죠. 예를 들어 대부분의 경우 호족의 지배라는 것은 사적인 지배지만 그것에 비해서 천황가의 조상은 줄곧 공적인 통치를 전통적으로 해왔기 때문에 소유권과 준별하여 순수한 공적 통치를 보유하는 근대 국가를 천황이 통치해도 된다는 그런 논의를 한 것입니다. 이것은 상당히 논리적인 것으로 메이지헌법의 원리에 이것을 도입하고 있습니다. 이토 히로부미가 쓴 — 실은 이노우에 고와시井上毅**16**가 쓴 것이지만 — 공인된 헌법 해석서인 《대일본제국헌법의해》가 있는데, 그 해설에 의하면 일본은 '시라스'라는 특수한 통치를 천황이 해왔기 때문이라고 기재되어 있습니다.

---

16 이노우에 고와시(1844~1895)는 구마모토(熊本) 출신으로 메이지 시대의 관료, 정치가, 내각법제국장관, 문부대신 등을 역임했다. 이토 히로부미에 중용되어 대일본제국헌법과 황실전범, 교육칙어, 군인칙유 등의 기초에 참여했다. 중앙집권국가의 확립에 진력하여 정당정치에는 강하게 반대했으나 법치국가, 입헌정치의 원칙은 중시했다.

그러나 이것으로 문제가 해결된 것은 아닙니다. 헌법을 만들면 국회를 열게 되고 국회를 열면 반드시 야당, 즉 민당이 많은 의석을 차지할 것이라는 것을 정부도 알고 있었습니다. 그렇기 때문에 황실 비용에 대해서 제지를 가하는 일이 국회의 심의 과정에서 일어날 가능성을 막기 위해서는 국회의 제지를 받지 않을 만큼의 재산을 만들어 두지 않으면 안 된다고 인식한 것입니다. 그러한 논의는 메이지 14년(1881)부터 급속히 전개되었습니다. 그래서 1885년에 내각 제도가 생겨난 12월에 궁내성에 고료쿄쿠御料局[17]를 만들어 이곳을 중심으로 방대한 부동산과 정부 소유의 동산을 황실 재산에 편입시켜 1890년 국회가 개설 때에는 365만 정보라는 방대한 토지가 황실 재산이 되었습니다. 이렇게 되면 순수하게 공적이어야 할 것이 사적인 성격을 가지고 사유 재산을 가지게 되었기 때문에 실은 논리적으로 모순입니다. 그러나 정치적으로 말하자면 황실이 의회의 제지를 떠나 자립해서 행동을 할 수 있기 위해서는 황실 재산이 필요합니다. 그러나 권력의 정통성은 앞서 말했듯이 순수하게 공적 존재여야 한다. 이러한 논리적인 모순을 어떻게든 타개해야 하는데, 조약 개정[18]까지는 열강의 근대 문명 국가의 원리로 조약을 체결해야 하기 때문에 이것을 제외시킬 수 없다는 모순이 그대로

---

17 '고료(御料)'란 황실 재산 가운데 부동산을 말하며, 이를 관장하는 부서를 고료쿄쿠라 한다. 1885년에 창설되어 1908년에 제실임야관리국, 1924년에 제실임야국으로 개편되었다. 황실재산은 패전 후 GHQ에 의해 해체되어 신헌법 제88조에서는 "모든 황실의 재산은 국가에 귀속되며 황실의 지출은 국회의 의결에 의거"하게 되었다.

18 조약개정이란 여기서는 에도 시대 말기부터 메이지에 걸쳐서 서구 열강과의 사이에 맺어진 불평등조약(치외법권과 관세협정)을 개정하기 위한 외교 교섭을 말한다. 치외법권은 1894년 청일전쟁 직전에 철폐되었으며 관세자주권은 1911년에 최종적으로 회복되었다.

남습니다. 이러한 논리적 모순을 타개하는 돌파구가 된 것은 청일 전쟁 직전에 영국과의 조약 개정 교섭에 성공하면서부터입니다.

불평등조약이 개정된 후에는 유럽식의 근대 국가 통치 원리라는 족 쇄를 벗어버리고 일본식 통치의 정통성을 전개할 수 있게 되었기 때문에 여기서 급속히 황실을 국민의 '총본가'로 하고 국민은 '분 가'라고 하는 '이에질서적 국가론'이 성립됩니다. 당시 일본은 가 부장적인 '이에' 사회였기 때문에 '총본가'의 가장家長인 천황이 '분 가'인 국민에 대해 지휘 명령을 한다는 것은 실제로 이상할 것이 없 고, 게다가 '총본가'이기 때문에 사유 재산을 가지면 안 될 것도 없 었습니다. 이것으로 천황의 통치권의 독점과 황실 재산의 소유를 모순 없이 설명할 수 있게 된 것입니다.

한편 '가족국가관'이란 표현을 저는 좀더 한정적으로 사용하고 있 습니다. '가족국가관'이란 천황을 '엄부嚴父', 국민을 '적자赤子'라고 하는 의제擬制를 설정하는 것이죠. 메이지 시대에도 없었던 것은 아 니지만 '가족국가관'은 만주사변 이후 특히 전시 하에 유행한 것으 로 저는 그것을 구별합니다. 어느 쪽도 의제인 것이기는 하지만, '가족국가관' 쪽이 그 정도가 극단적이고 보다 이데올로기적이라 는 점에서 구별하고 있습니다.

1930년대 군부 대두의 배경

'이에질서적 국가론'이 청일전쟁 후에 성립된 것으로 보고 이를 1930 년대 이후 본격적으로 전개되는 '가족국가관'과 엄밀하게 구분하고 계 신다는 말씀이군요. 그럼 이번에는 그러한 1930년대 '가족국가관'의 유행과 밀접한 관련을 가지고 군부가 대두하게 되는 배경과 천황 신격화의 관계에 대해서 설명해 주십시오.

일반적으로 군부의 대두와 천황 신격화의 관계는 두 가지로 나누지 않으면 안 됩니다. 군부의 대두에는 여러 가지 배경이 있습니다만, 원래부터 일본은 제도적으로 군부에 유리한 시스템이 만들어져 있었습니다. 예를 들어 천황이 대원수로서 친히 군을 통솔하는 것으로 되어있다는 점도 그렇고, 내각관제에서 육·해군대신은 군기·군령에 관한 것은 직접 천황에게 상소하여 재가를 얻을 수 있다는 점이 그렇습니다. 그리고 제국헌법 제11조에 천황은 육·해군을 통수한다는 내용을 가지고 '통수권 독립'[19]의 근거가 된다는 인식은 러일전쟁 이후 대체로 관례화 되어갑니다. 이밖에도 러일전쟁 후 군령이라는 법률이 생깁니다. 이것은 군의 작전 예정에 관해서는 내각에 관계없이 참모 본부나 해군 군령부가 마음대로 낼 수 있다는 것입니다. 이와 같이 입헌주의에서 보면 약간은 동떨어진 것처럼 보일지 모르지만, 제도적으로 군에 유리하게 되었습니다.

그러나 다이쇼 데모크라시[20]와 제1차 대전 후가 되면 국제 협정이 세계적으로 전개되고 국내에서도 데모크라시가 발생하면서 군이

---

19 통수권이란 군을 통솔하는 권능을 말한다. 대일본제국헌법 제11조에 의하면 군에 대한 통수권은 천황에게 있으며, 천황의 대권은 특별한 규정이 없으면 국무대신이 보필하게 되어 있었으나 헌법에는 명기되어 있지 않았으며 관습적으로 군령에 관해서는 국무대신이 보필하지 않고 통수부(육군참모총장과 해군군령부총장)가 보필하게 되어 있었다. 결국 천황의 통수권에 대해서는 의회나 정당이 이를 간섭하지 못한다는 통수권 독립에 대한 해석은 일본의 군국주의를 조장하는 결과를 가져왔다.

20 다이쇼 데모크라시는 나카무라 마사노리 인터뷰의 각주26(179쪽) 참조.

활약할 여지가 없어집니다. 한편 중국 대륙에서는 장제스의 국민당이 북벌을 개시하자 만주까지 그 영향이 확실히 드러나면서 군부는 상당한 위기감을 느끼게 되었습니다. 여기에 더하여 1930년에 세계 공황의 여파로 쇼와 공황이 일어납니다. 이를 계기로 국내에는 경제적 사회적으로 상당히 불안한 상황이 계속되는데 당시의 기성 정당이 여기에 제대로 대응하지 못하는 것에 대한 군부의 불만이 증폭됩니다. 이러한 인식을 배경으로 군부가 대두하여 만주사변에서는 국민이 열광적인 지지를 보내고 그것이 군부에 점점 유리하게 되어갑니다. 한편 5·15사건이 발생하여 이누카이 쓰요시犬養毅 내각21이 무너지고 사이토 마코토斎藤実22가 거국일치 내각을 만들면서 관료에게 유리하게 제도화되어 버린 결과 정당의 힘이 약해졌다는 점도 군부의 대두에 큰 의미가 있었습니다.

천황의 신격화 문제와 지금의 이 문제, 즉 군부의 대두는 어떤 관련이 있다고 보십니까?

군에서는 대체로 천황은 '현인신現人神'이라고 교육하고 있다는 점도 관련이 있지만, 또 하나 주의해야 할 것으로 미노베 다쓰키치美濃

---

21 이누카이 쓰요시(1855~1932)는 오카야마(岡山) 출신으로 게이오대학을 중퇴했으며 근대 일본의 정치가로 입헌개진당에 가담하여 반정부운동에 종사했다. 이후 정치권에 들어가 1929년 세이유카이(政友會) 총재로 선출되고 1931년 수상이 되지만 이듬해 해군 청년장교들이 일으킨 5·15사건에서 사살되었다.

22 사이토 마고토(1858~1936)는 이와테현(岩手県) 출신으로 해군대장, 정치가. 조선총독, 제30대 내각총리대신 역임(1932~1934)했다. 1936년 육군 청년장교들이 일으킨 2·26사건에서 사살되었다.

천황기관설사건으로 박해를 받은 미노베 다쓰키치.

部達吉의 천황기관설이 있습니다. 즉 헌법 제55조의 국무대신 보필
조항에 의하면 천황의 도장만 있고 국무대신의 도장이 없는 경우
법령은 효력이 없다는 것입니다. 이와 같이 천황은 내각의 보필을
받아야 한다는 조항은 군부의 입장에서는 빼버리고 싶은 항목입니
다. 왜냐하면 내각의 승인 없이 천황의 행동을 정당화하지 못하게
되면 군부로서는 불리하기 때문이죠.

또한 미노베의 헌법 해석에 의하면 헌법 제3조의 천황은 신성하며
침범해서는 안 된다는 규정은 제55조에 의해 담보되어 있다는 것입
니다. 그러나 군부는 이와 반대로 천황은 본질적으로 신성하며 무
엇을 해도 책임을 물을 수 없도록 하기 위해서는 천황을 신격화할
수밖에 없다고 판단한 것이죠. 때문에 1935년의 천황기관설사건에
서 군부가 재향군인회 등을 움직여서 미노베를 철저히 공격합니다.
그리고 2년 후 문부성이 〈국체國體의 본의本義〉란 팜플렛 20만부를
전국 학교에 배포하는데, 그 안에는 천황이 현인신으로 명시되어
있습니다. 그때부터 현인신이란 것은 공공연히 통용하게 되는 것입
니다.

최근 쇼와천황의 전쟁책임 문제에 관한 연구가 많이 나왔습니다. 예를 들면 요시다 유타카吉田裕, 야마다 아키라山田朗의 연구나, 또는 최근 미국에서의 허버트 빅스 등의 연구에 의하면 당시 쇼와천황이 대원수로서의 역할을 하고 있었다는 점이 더욱 명백해 지고 있습니다.23 선생님께서는 이 부분에 대해서 어떻게 생각합니까.

천황이 친정親政 혹은 친재親裁한다는 것이 가장 잘 나타나는 부분은 대원수로서의 측면입니다. 실은 쇼와천황은 메이지천황을 절대적인 존재로서 의식하고 있었습니다. 그렇기 때문에 메이지천황이 제정한 메이지제국헌법은 절대 준수해야 한다는 의식을 강하게 가지고 있었죠. 그래서 5 · 15사건 후 사이토 내각이 조각될 때, "헌법은 준수해야 한다. 그렇지 않으면 메이지천황을 뵐 수 없다"는 유명한 말을 합니다. 그런데 만주사변 직후 육군의 편에 가까웠던 동생 지치부노미야秩父宮가 쇼와천황을 만나 헌법을 정지하고 친정을 해야 한다고 말했을 때 쇼와천황이 대단히 격노했습니다. 헌법은 메이지대제가 제정한 것이기 때문에 절대 지키지 않으면 안 된다고 한 것이죠. 그런 의미에서 쇼와천황은 헌법과 헌법 관행을 지키려는 의식이 강했습니다. 문제는 2 · 26사건**24**의 반란군 진압에 육군이 애를 먹고 있을 때 쇼와천황이 "짐이 근위사단을 이끌고 직접 진압하겠다"고 말했지요. 이것은 명백히 대원수로서 직접 권력 행사를 하겠다는 것이었습니다.

---

23 90년대 이래 쇼와천황의 주체적인 전쟁 지도와 책임 회피에 한 연구로는 千本秀樹,《天皇制の侵略責任と戦争責任》, 青木書店, 1990 ; 吉田裕,《昭和天皇の終戦史》, 岩波新書, 1992; 山田朗,《昭和天皇の戦争指導》, 昭和出版社, 1990 등 참조. 이 밖에 허버트 빅스 앞의 책 참조.

24 2 · 26사건은 나카무라 인터뷰 각주28(181쪽) 참조.

▲ 1934년 천장절(4월 29일)에 대원수 예복차림으로 관병식에 임하는 쇼와천황.

▲ 1941년 천장절에 열병하는 쇼와천황.

그밖에도 여러 가지 에피소드가 있지만, 쇼와천황은 군인이 헌법을 무시하면 이것을 억제할 수 있는 것은 당시로서는 천황인 자신 밖에 없다고 하는 인식을 가지고 있었기 때문에 대원수로서의 힘을 행사하여 군부의 쿠데타를 저지하려는 의도를 가지고 있었다고 생각합니다. 이런 형태로 천황이 직접 권력을 행사하는 존재로 떠오른 것이며, 군부는 이를 역으로 최대한 이용해 가기 위해서 천황을 신격화한 것으로 생각합니다.

이 점과 관련해서 선생님의 저서 《근대의 천황》에서 근대천황제의 특징 가운데 하나로 궁중宮中, 부중府中의 구별을 설명하고 계십니다. 즉 천황의 사적 의지로서의 궁중宮中과 국가 의지로서의 부중府中을 구별하고 이것이 균형을 이루고 있었다고 하셨는데, 그것이 패전까지 일관하고 있었다고 보시는지요. 그리고 방금 말씀하신 2·26사건 당시의 천황의 행동은 궁중·부중 어느 쪽의 행동이었는지, 그리고 패전 당시 천황의 '성단聖斷'은 궁중·부중 어느 쪽이라고 볼 수 있는지에 대해서 설명해 주십시오.

우선 2·26사건의 대원수로서의 목소리는 분명히 부중입니다. 쇼와천황은 궁중과 부중의 구별을 의식적으로 하려고 했습니다. 그래서 내대신內大臣이 마음대로 할 수 없다는 말이 있었습니다. 이것은 《혼죠일기本庄日記》25를 보면 잘 나타나 있습니다만, 원로인 사이온지 긴모치西園寺公望26가 은퇴하고 기도 고이치木戸幸一27가 내대신이 되면서

---

25 혼죠 시게루(1876~1945)는 효고현(兵庫県) 출신으로 육군사관학교 졸업하고, 육군대학을 졸업했다. 육군대장, 'A급 전범' 피지정자이다. 1908부터 4년간 베이징, 상하이에 주재. 1919년 시베리아로 출병했다. 1931년 관동군 사령관을 맡고 1933년 시종무관장으로 쇼와천황을 보필했다. 1936년 예비역. 패전 후 8월 20일 자결했다.

천황의 의지와 군부 · 정부의 의지를 이어주는 파이프 역할을 하는 내대신의 지위가 급속하게 올라갑니다. 그리고 원로가 없어진 후 수상 경험자의 일부가 중신重臣이라는 형태로 등장합니다. 그렇게 되면서 1930년대 중반부터 궁중과 부중의 구별이 애매해지게 됩니다. 내대신과 중신이라는 것이 중요한 정치적 역할을 하게 되면서 궁중 · 부중의 구별이 애매해진 것이죠. 그리고 패전 당시에는 이미 궁중 · 부중을 구별하는 조건이 소멸되어 있으므로 천황의 성단이 어느 쪽에 속하는지에 대해서 논의하는 것은 무의미하다고 생각합니다.

그렇다면 그 구별은 지금 말씀하신 1930년대의 단계까지는 계속되어 왔다는 것입니까?

궁중 · 부중의 구별은 이토 히로부미가 1885년 내각 제도를 만들 때 시스템으로 확립시킨 것입니다. 원칙적으로서는 그런 시스템을 유지하는 것이 일본의 정부나 국가를 유지하는 데 매우 중요한 것이며 근대천황제국가란 것은 그러한 구별이 있었기 때문에 근대화에 대응해 온 것이죠. 1930년대 후반부터 그것이 애매해졌다는 것은 근대천황제라는 형태의 국가가 위태롭게 되었다는 것을 의미합니다.

---

26 사이온지 긴모치(1849~1940)는 공경 출신으로 서구 문화를 적극적으로 수용하고 프랑스 유학 등을 거쳐 귀국 후 메이지대학(明治大学)을 설립했다. 각국 공사, 추밀고문관, 문부성장관, 추밀원의장 등을 거쳐 제12, 14대 내각총리대신. 1924년부터 '최후의 원로'로서 천황을 보필했다.

27 기도 고이치(1889~1977)는 도쿄 출신으로 교토대학을 졸업했다. 쇼와 시대의 정치가, 농상무성, 내대신비서관장, 문부대신, 후생대신 내무대신을 거쳐 1940~1945까지 천황을 가장 측근에서 보필하는 내대신으로서 궁중 정치에 관여했다. 고노에 후미마로와는 교토대학 동문으로 교우가 깊었으며 패전 시의 종전 공작에도 관여했다. 도쿄재판에서는 자신의 일기를 증거로 제출했으며 종신금고형의 판결을 받고 복역했다. 1955년 가석방 후 정계에서 은퇴했다.

선생님의 또 다른 저서 《황실제도》는 한국에서 《근대천황제》[28]로 번역되었습니다. 그 책의 마지막 장에서는 패전 후의 황실제도에 대하여 언급하고 계십니다. 그런데 전후의 천황제 존속이나 황실제도를 이야기할 때 천황의 전쟁책임 문제에 대한 언급은 불가피하다고 생각합니다. 다만 선생님의 저서에서는 이 부분에 관한 언급이 없었습니다. 이 점에 대해서는 어떤 생각을 가지고 계십니까?

저는 의도적으로 언급하지 않기로 했습니다. 천황의 전쟁책임 문제와 근대천황제 연구는 서로 관련된 문제임에는 틀림없지만, 근대천황제 전체의 역사에서 볼 때 한 부분이라는 점에 대해서도 유의해야합니다. 천황의 전쟁책임 문제는 과거에도 현재에도 국내외적으로 상당히 정치적인 문제로 취급되어 왔습니다. 이러한 논의에서는 어떤 근거에서 어떤 책임이 있는지 혹은 없는지를 진지하게 살펴보지도 않고 어느 쪽인가 하는 논의만 항상 나오고 있는 것이 문제입니다. 저는 몇 십 년 전에 국내에서 어떤 강연을 하면서 그러한 판단을 제시하지 않았더니, 이것은 아마도 좌익계의 사람이라고 생각하지만, 그 다음의 제 얘기는 전혀 들어주지 않았던 대단히 유감스런 경험을 한 적이 있습니다. 그것은 전쟁책임이 있다고 생각하는 자가 만약 내가 책임이 없다고 말한다면 나의 연구는 전부 무의미하게 받아들이게 된다는 것이죠. 반대로 책임이 없다고 생각하는 자에게 내가 있다고 하면 역시 나의 연구가 전부 무시당하게 되는 결과가 됩니다. 이런 극단적인 상황이 지금까지도 계속되고 있습니다. 따라서 저는 근대천황제의 역사를 많은 사람에게 학문적으로

---

28 鈴木正幸, 《皇室制度》, 岩波親書, 1993. 《근대일본의 천황제》 (류교열 옮김, 이산, 1998).

그리고 정확하게 이해해 주길 바라는 뜻에서 이런 문제를 명시하지 않는 입장을 취하고 있는 것입니다.

황실전범에 대하여

선생님은 황실전범에 대해서 비교적 상세하게 조사하신 걸로 알고 있습니다. 전전의 황실전범과 전후의 황실전범의 차이에 대해서, 그리고 금후 황실전범이 개정될 가능성이 있는지, 만약 개정된다면 어떤 방향으로 될 것인지에 대해 말씀해 주십시오.

우선 전전의 메이지 황실전범과 전후의 쇼와 황실전범의 가장 큰 차이는 헌법의 의미가 근본적으로 바뀌었다는 것에 근거하고 있다는 것입니다. 메이지의 황실전범은 황실 자립주의라는 입장에서 천황 자신이 정한 것으로 되어 있습니다. 따라서 천황가의 가법이라는 측면을 갖고 있습니다. 따라서 내각도 의회도 일체 관여할 수 없습니다. 그리고 황실과 황족의 신분 등을 정하는 황족회의가 전전의 전범에 있는데 이것은 천황이 심의하고 천황이 지명한 황족이 의장이 되어 성인 남녀 황족만으로 엄선된 것이므로 집안 회의와도 같은 것입니다. 그리고 추밀원 의장과 사법대신의 배석이 허락될 뿐입니다.

한편 전후의 황실전범은 먼저 일본국헌법에 근거하여 법률의 일종으로서 제정되었습니다. 따라서 법률의 개폐에 의해 바꿀 수 있습니다. 전전은 제국헌법과 황실전범을 2대법전이라고 했지만 전후의 황실전범은 법률입니다. 이것이 가장 큰 차이점입니다. 그리고 황족회의를 대신하여 황실회의가 있습니다만, 여기에는 내각총리대신, 중참양원의 정·부의장, 최고재판소 장관과 또 한명의 재판관이 기본 멤버이며 황족은 2명밖에 들어가지 않고, 의장은 내각총리대신입니다. 이러한 것도 큰 차이죠. 이것은 일본국헌법에서 국민 주권 원칙의 결과로서 나온 것입니다.

금후 황실전범이 개정될 가능성은 있습니까?

있을 수 있습니다. 지금 '여성천황'을 둘러싼 논의가 큰 문제가 되고 있기 때문에 있을 수 있다고 생각합니다. 여러 가지 어려운 문제는 있다고 보지만 황실은 하나의 집안이고 가족입니다. 따라서 황실의 의견을 무시하고 마음대로 국회에서 바꾼다는 얘기에 대해선 긍정할 수 없습니다. 역시 황실의 구성을 정하기 위해서는 황족의 의견도 들은 후에 개정할 것이 있으면 개정할 필요가 있다고 생각합니다.

이번에는 헤이세이 이후의 천황제 문제에 대해 말씀을 듣고 싶습니다. 특히 1989년 헤이세이천황이 즉위한 후 일본 내셔널리즘이 우경화로 경사하고 있는 상황은 다이쇼기와 유사하다고 봅니다. 즉 다이쇼 시대에 민주주의적인 분위기의 발달에 대한 반발로 쇼와기에 들어와 군국주의가 급속하게 진행한 것과, 헤이세이 이후 천황이나 황실의 부드러운 이미지의 한편에서 우경화와 네오내셔널리즘의 움직임이 진행하는 동향은 매우 흡사한 현상으로도 보이는데. 이 점에 대해서는 어떻게 생각하십니까?

분명히 다이쇼기와 헤이세이기는 시민적이라는, 국민에게 친숙한 천황을 목표로 하고 있는 점에서는 공통되지만, 역시 다이쇼기의 경우와 헤이세이기는 정통적인 배후가 전혀 다르기 때문에 그러한 유사점은 어디까지나 부분적이라고 생각합니다. 이것은 다이쇼기와 전후의 데모크라시의 성숙도에도 차이가 명백합니다. 그리고 우경화, 내셔널리즘의 부활에 관해서인데 저는 정치학자가 아니라서 특히 전전의 연구를 중심으로 하고 있어서 이것에 대해선 이렇다 할 학문적 뒷받침이 될 만한 것을 갖고 있지 않아 자신 있게 말할 수 없습니다.

아직도 남자 아이가 태어날 여지는 남아있지만, 만약 '여성천황'이 현실화된다면 무엇이 내셔널리즘의 중심이 될 것이라고 보시는지요?

'여성천황'에 대해선 여러 가지 논의가 있는데 저는 찬성입니다. 이미 일본국헌법에서는 남녀평등을 명백히 하고 있고 현재 정부도 남녀 평등 참획 사회를 추진하는 상황에서 천황에 한해서 여성에게 개방되어 있지 않은 것은 우스운 얘기죠. 황태자의 공주가 태어났을 때 여러 신문사에서 원고 청탁이 있어 글을 쓴 것이 있는데, 역시 전후의 황실에 대해 국민이 친애의 정을 가지는 근거는, 미치코 황후와 마사코 황태자비가 함께 현관에서 들어오는 그러한 광경이 황실을 국민과 연결시키는 데 큰 역할을 한다고 봅니다. 미치코 황후나 마사코 황태자비가 국민에게 친숙한 천황·황실을 담보하고 있는 것은 틀림없습니다. 그러나 이러한 측면을 내셔널리즘과는 연결시키기는 어렵습니다.

제 질문의 취지는 일본 근대화 이후부터 천황제가 줄곧 내셔널리즘의 중심적인 역할을 해 온 것은 틀림없다고 생각합니다. 그런데 1990년대 이후부터 점차 천황제와 내셔널리즘이 분리되는 경향을 보이고 있는 반면 한편으로는 내셔널리즘이 더욱 강화되어 가는 경향도 나타나고 있는 상황에서 국민적 아이덴티티의 중심이 되는 것은 과연 무엇인가 하는 것이었습니다.

만약 국민의 아이덴티티의 중핵이 되고자 한다면 국민 생활에 적합한 황실상이 있다고 봅니다. 지금이 그렇습니다. 말하자면 더욱 좋은 시민의 가족, 가정을 체현하고 있다는 것으로 지지를 받고 있습니다. 그러므로 반대로 황실이 일반시민의 이상 사회를, 이상적인 생활을 체현하고 있기 때문에 지지를 받고 있다는 식으로 이해해야 하지 않을까요? 그러니까 다만 일종의 문화적 아이덴티티로서 어떤가하는 것은 조금 얘기가 다르지 않을까 생각합니다. 그러나 국민 감정이 황실을 지지하고 있는 것은 지금 말했듯이 이상적인 가정 생활과 시민 생활의 형태를 체현하고 있기 때문입니다. 그렇지 않고 좀더 권위주의적인 모습이 된다면 지금의 국민 감정과는 맞지 않을 것이라고 생각합니다.

2004년 정월 맞이하여 찍은 황실 가족 사진이다. 맨 오른쪽의 공주는 2005년 11월 15일 평민과 결혼하면서 황적에서 이탈했다.

찾아보기

기 타

▩ 편자 약력

박진우 : 1956년 대구에서 출생. 계명대학교 사학과를 졸업하고 일본 쓰쿠바대학 지역연구과에서 메이지 초기의 천황순행과 민중과의 관계를 연구하여 석사 학위를 받았다. 박사 과정은 히토츠바시대학의 사회학연구과로 진학하여 일본민중사상사 분야에서 권위자로 알려진 야스마루 요시오安丸良夫 교수의 지도를 받았다. 학위 논문은 〈근대일본의 배외적 내셔널리즘과 천황숭배〉이며, 그 전반부를 엮어 《근대 일본 형성기의 국가와 민중》(제이앤씨, 2004)이라는 제목으로 출간했다. 주 전공 분야는 천황제를 중심으로 하는 일본 근대사이며, 최근에는 패전에도 불구하고 천황제가 폐지되지 않고 존속되었던 점과, 그것이 전후 일본의 역사인식에 미친 영향과 그 문제점에 관해서 집중적으로 연구하고 있다. 히토츠바시대학 특별연구원, 성심외국어대학 일어과, 영산대학교 국제학부를 거쳐 현재 숙명여자대학교 일본학과 교수로 재직 중이다.